Meer succes met Instagram!

De complete handleiding voor impactvolle Instagram marketing

Rik Keijzer

DIGITALMOVES

we are social

Copyright en auteursrechten

ISBN: 978-90-830968-4-1
NUR: 802, 811
Trefwoorden: Instagram, Social media, Marketing, Sales
Eerste druk: Juni 2021

© Copyright 2021 Rik Keijzer, Amersfoort: ww.digitalmoves.nl
Een uitgave van Some Books Uitgeverij: www.somebooks.nl

Design omslag en opmaak binnenwerk: Rik Keijzer – New Flavours
Foto auteur: Yvette Wolterinck - Eyescream
Eindredactie: Roelof Broekman

Je kunt Rik Keijzer voor tips, nieuws en de laatste ontwikkelingen op gebied van social media en digitale marketing volgen op de volgende socialmedia-kanalen en websites:

 Volg ons op Insta:
www.instagram.com/digitalmoves/

 Volg ons op Facebook:
www.facebook.com/corinnekeijzer.digitalmoves/

 Yes, ik zit ook op Twitter:
www.twitter.com/rikkeijzer

 Link met mij op LinkedIn:
www.linkedin.com/in/rikkeijzer/
www.linkedin.com/company/digital-moves/

 Onze workshops, blogs en (online video) trainingen:
www.digitalmoves.nl

 We geven onze boeken over social media uit via:
www.somebooks.nl

Voorwoord

Vanaf het moment dat ik de schoolbanken verliet om te gaan werken, heb ik mij beziggehouden met niet alleen mezelf nieuwe dingen aan te leren, maar vooral met het doorgeven van mijn kennis aan anderen. Wanneer collega's bij mij langskwamen om over een onderwerp te praten, gaf ik ze zo veel mogelijk informatie als ik maar had, waardoor we samen tot een betere prestatie kwamen.

Ook was ik altijd blij met stagiaires die ik begeleidde tot de dag dat hun stage ten einde was en ze helaas weer hun vleugels uitspreidden en verder gingen met hun studie. Velen van hen zie en spreek ik nog regelmatig, en ik vind het fantastisch om te zien hoe iedereen zijn weg heeft weten te vinden in de maatschappij.

Het doorgeven van kennis om samen beter te worden, zit dus al heel lang in mijn bloed en is de reden dat ik begonnen ben met het trainen van bedrijven en organisaties op het gebied van digitale en socialmedia-marketing. Het doorgeven van mijn kennis en ervaring aan andere marketeers en socialmedia-managers is ontzettend leuk en waardevol om te doen, en het geeft mij bijzonder veel voldoening als ik een bedrijf zie groeien.

Tijdens deze trainingen werd mij vaak gevraagd om een handleiding voor het opzetten van een strategie, een naslagwerk als houvast. Het was voor mij een logische stap om dit verzoek te vertalen naar het schrijven van een boek om dat houvast te geven. En dit boek heb je nu in handen: *Meer succes met Instagram!*.

Instagram is één van die fantastische platformen waar je als bedrijf, artiest, zzp'er, mkb'er, stichting of organisatie ontzettend veel uit kunt halen... Als je er maar de juiste energie in stopt. Ik wil je daar graag bij helpen. Helpen om alle geweldige mogelijkheden te ontdekken, je creativiteit te ontplooien en je business beter te maken.

Ik wens je heel veel succes met dit boek en met je reis door Instagram!

Rik Keijzer
Digital Moves

Voorwoord 4

1. Het belang van Instagram 11

Geschiedenis van Instagram 11

Verschil in opties en lay-out 13

De cijfers van Instagram 13

2. Instagram-profiel inrichten 16

Voor wie nog geen Instagram heeft 16

Instagram-account aanmaken via je iPhone of Android smartphone 16

Instagram-account aanmaken via de computer of laptop 18

Voor wie al een profiel heeft 19

Persoonlijk account vs bedrijfsaccount vs makersaccount 19

Persoonlijk Instagram-account 19

Bedrijfsaccount (Business Account) 20

Makersaccount (Creator Account) 21

Hoe maak je van je Instagram-profiel een bedrijfsaccount of makersaccount? 21

Jouw profiel 22

Jouw profielfoto 23

Check wat anderen van jouw profielfoto vinden 28

Biografie 29

Wat plaats je allemaal in je biografie? 30

Website informatie 32

SEO in je biografie 33

Hashtags in je biografie 34

Naam vs gebruikersnaam 35

Het kiezen van de juiste categorie 36

Plaats je adres, je telefoonnummer en 37

e-mailadres 37

Checklist na hoofdstuk 2 39

3. Instellingen 40

Vrienden volgen en uitnodigen 40

Je activiteit 41

Meldingen 41

Bedrijf 42

Privacy 43

Beveiliging 47

Account 48

Checklist na hoofdstuk 3 49

4. Bepaal wat je wilt bereiken met Instagram **50**

Wat is je doel? 51

Wat zijn je doelstellingen? 52

Wie is jouw doelgroep? 55

Wie is écht jouw doelgroep? – Segmentatie, focus en verdieping 56

Checklist na hoofdstuk 4 58

5. Jouw content-strategie **59**

Ga brainstormen 59

Maak een Contentkalender 61

De belangrijke voordelen van een contentkalender 62

Hoe ziet een contentkalender eruit 63

Download mijn gratis Instagram-contentkalender 66

Wat voor content ga je plaatsen? 66

Waar ga je je content plaatsen? 73

Hoe werkt het algoritme van Instagram 73

Wat maakt jouw Instagram-account nu succesvol? 78

Diverse onderdelen van Instagram 78

Checklist na hoofdstuk 5 79

6. Instagram-tijdslijn **80**

Let hierop als je content plaats op je Instagram-tijdslijn 82

Tips voor een succesvolle Instagram-tijdslijn 82

Post een Instagram Carrousel 83

Hoe maak je een Instagram Carrousel post? 85

Ideeën voor een Instagram Carrousel 88

Checklist na hoofdstuk 6 91

7. Instagram Stories **92**

Hoe werken de Instagram Stories? 93

Hoe maak je een Instagram Story 94

Instagram Story Stickers 99

De Locatie Sticker 101

De Hashtag Sticker 102

De Vermelding Sticker 103

De Vragen Sticker 104

De Poll Sticker 105

De Quiz Sticker.. 106

De Countdown Sticker 110

De Muziek Sticker 111

De GIF Sticker... 112

De teksttool 113

De tekentool 115

Tips voor succesvolle Instagram Stories strategie............................. 116

Instagram Stories Highlights 122

Hoe maak je een Highlight 123

Hoe pas je de cover en naam van een Highlight aan? 124

Ideeën voor Instagram Stories Highlights 125

Checklist na hoofdstuk 7 126

8. Instagram TV (IGTV) **127**

Hoe werkt Instagram TV?... 128

Creëer je eigen IGTV-serie... 133

Wat voor content plaats je op Instagram TV?.................................... 144

IGTV Statistieken 150

Tips voor een succesvol Instagram TV kanaal.................................... 151

Checklist na hoofdstuk 8 153

9. Instagram Reels **154**

Hoe werkt Instagram Reels?.. 155

Wat voor content plaats je op Instagram Reels? 158

Tips voor succesvolle Instagram Reels 159

Checklist na hoofdstuk 9 159

10. Instagram LIVE... **160**

Hoe werkt Instagram LIVE?.. 161

Instagram LIVE ROOMS - Split-screen live functie............................ 162

Wat voor content bied je aan via Instagram LIVE?............................ 164

Tips voor succesvolle Instagram LIVE 166

Maak van tevoren een leidraad 169

Checklist na hoofdstuk 10 170

11. Instagram Shopping **171**

Hoe werkt Instagram Shopping? 172

Checklist na hoofdstuk 11 183

12. Instagram Direct Messenger (DM) **184**

Tips & tricks om Instagram Messenger te gebruiken 184

Checklist na hoofdstuk 12 186

13. #Hashtags **187**

Hoe maak je hashtags? 188

Hoeveel hashtags gebruik je? 189

Welke hashtags ga jij gebruiken? 190

Gebruik een eigen 'branded hashtag'! 194

Checklist na hoofdstuk 13 195

14. Hoe krijg je (meer) Instagram volgers? **196**

De basis: een top profiel! 196

Fantastische content 196

Bedenk een goed werkende digitale strategie! 196

Timing is everything 197

Laat je Instagram-content zien op andere platformen 197

Gebruik een branded hashtag 199

Ga de samenwerking aan 199

Bedenk een uitdagende challenge en maak een virale hit! 201

Zet een leuke prijsvraag in 202

Volg andere Instagram-accounts 204

Reageer op andere Instagram-accounts 204

Broadcast live video op Instagram 205

Vraag hulp aan je familie en vrienden 205

Schakel je medewerkers in 206

Adverteer op Instagram 206

Checklist na hoofdstuk 14 207

15. Hoe krijg je (meer) interactie? **208**

Start een gesprek met je volgers 208

Reageren op reacties 211

Mentions en Tags 213

Hoe plaats je een mention of een tag? 214

Checklist na hoofdstuk 15 216

16. Tag je locatie **217**

Maak je eigen locatietag 220

Gebruik de locatietag in jouw voordeel 223

Checklist na hoofdstuk 16 224

17. Berichten inplannen **225**

De Facebook Creator Studio 225

   Koppel je Instagram aan Creator Studio (Studio voor makers) 225

   Hoe plan je een bericht op je Instagram-tijdslijn? 227

   Hoe plan je een bericht op je IGTV? 230

   Overzicht van alle ingeplande berichten 232

Hootsuite 233

   Koppel Instagram aan Hootsuite 233

   Hoe plan je een bericht in via Hootsuite 235

Wat is de beste tijd om te posten? 236

   Stap 1: bepaal je doelgroep en analyseer deze 236

   Stap 2: bekijk de statistieken van Instagram, je andere socialmedia-kanalen én je website!
.... 237

   Stap 3: bepaal de doelstelling van je bericht 241

   Stap 4: plaats berichten en houd alle statistieken bij 241

Checklist na hoofdstuk 17 242

18. Meten is weten – jouw statistieken **243**

Statistieken via Facebook Creator Studio 244

Stel jezelf doelstellingen 248

Werkt jouw Instagram-strategie? 249

Checklist na hoofdstuk 18 250

19. Gebruik ook deze handige apps **251**

Instagram-apps voor fotobewerking 251

   Adobe Photoshop Express (Android en iOS) 251

   Camera +2 (iOS) 252

   Snapseed (Android en iOS) 253

   Canva (Android en iOS) 253

   Instagram Layout (Android en iOS) 254

   Adobe Lightroom (Android en iOS) 255

Instagram-apps voor videobewerking 256

Quik (Android en iOS) 256
Splice (Android en iOS) 257
Adobe Premiere Rush (Android en iOS) 257
InShot (Android en iOS) 259
Kinemaster (Android en iOS) 259
Instagram Hyperlapse (iOS) 260
Instagram Boomerang (Android en iOS) 261
MixCaptions (iOS) 261

Rechtenvrije muziek 262

Waarom rechtenvrije muziek? 263
Audiojungle 263
Epidemic Sound 264
YouTube Audiolibrary 265
Incompetech 265
Artlist 266

Checklist na hoofdstuk 19 267

Dankwoord 268
Over de auteur 269
Workshops, sprekerssessies en trainingen 269
Online trainingen 270

1. Het belang van Instagram

"Instagram is een gratis app voor het delen van foto's en video's die beschikbaar is voor Apple iOS, Android en Windows Phone. Gebruikers kunnen foto's of video's uploaden naar onze service en deze delen met hun volgers of een selecte groep vrienden. Ze kunnen berichten die door hun vrienden op Instagram worden gedeeld ook bekijken, leuk vinden en er opmerkingen bij plaatsen. Iedereen die 13 of ouder is, kan een account maken door een e-mailadres te registreren en een gebruikersnaam te selecteren." Aldus de makers van Instagram zelf.

Maar Instagram is meer dan dat. Het is een verzamelplaats waar gelijkgestemden samenkomen om berichten, foto's en video's met elkaar te delen. Waar vrienden en familie contact met elkaar houden en elkaar op de hoogte brengen van hun dagelijkse bezigheden. Waar mensen hun gezamenlijke hobby's delen. Waar organisaties mensen en fondsen werven voor hun goede doel. Waar creatievelingen hun ideeën met de wereld delen en waar bedrijven hun producten en services laten zien. Een plek waar je inspiratie opdoet op allerlei (vak)gebieden. En het is een plek waar jij als ondernemer je (potentiële) klanten ontmoet en de interactie mee aangaat.

Vandaag de dag is Instagram een belangrijk en krachtig onderdeel van de digitale marketingmix binnen elk bedrijf of organisatie. Het is niet meer weg te denken uit ons dagelijks mediagebruik en het aantal gebruikers groeit nog steeds ontzettend hard. Wie had dat in 2010 gedacht?

Geschiedenis van Instagram

Het socialmedia-platform Instagram is in oktober 2010 gelanceerd door de heren Kevin Systrom en Mike Krieger. Beide waren student aan de universiteit van Stanford en hadden een idee om mee te liften op de populariteit van het fotograferen met je iPhone. Dit kwam pas net op en ze bedachten dat het cool zou zijn om een platform te hebben waar je die foto's dan ook kunt delen. Eén van hun herkenningspunten waren de vierkante foto's, geïnspireerd op de oude Polaroid en Kodak Instamatic camera's.

Binnen no-time werd de Instagram-app super populair, niet in de laatste plaats doordat Hollywood celebrities, zoals de bekende rapper Snoop Dogg, het een geweldig platform vonden om te communiceren met hun fans en zo onbewust ambassadeurs werden van Instagram. Twee maanden na de lancering had Instagram al 1 miljoen gebruikers.

In 2012 kreeg Instagram een mega-injectie doordat niemand minder dan Mark Zuckerberg, de eigenaar van Facebook, langskwam met een flinke zak geld en het bedrijf kocht. Kevin en Mike bleven wel aan als directeuren en kregen alle vrijheid om Instagram te laten groeien. Wat ze vervolgens geweldig hebben gedaan! In een paar jaar tijd was Instagram uitgegroeid tot een wereldspeler van formaat en in 2018 werd het miljardste account verwelkomt op het platform. In hetzelfde jaar stopten Kevin en Mike ermee.

Een overzicht van de belangrijkste veranderingen van Instagram:

- **2010** Lancering Instagram-app op de iPhone.
- **2011** Instagram start het gebruik van hashtags.
- **2012** Lancering Instagram voor Android en overname door Facebook.
- **2013** Naast foto's kun je nu ook video's van 15 seconden plaatsen, en de start van het adverteren op Instagram. Ook wordt Instagram Direct uitgebracht waarmee je persoonlijke berichten naar een ander Instagram-account kan sturen.
- **2014** Start gebruik maken van locatietags van Facebook Places.

- **2016** Nieuw design van Instagram en start van het liken van reacties. Lengte van de video's wordt nu maximaal 60 seconden. Instagram Stories wordt gelanceerd.
- **2017** Introductie van Instagram Story Highlights en Instagram LIVE.
- **2018** Lancering van IGTV: een YouTube-achtig platform met alleen video. Tevens wordt in 2018 de mijlpaal van 1 miljard accounts wereldwijd bereikt.
- **2020** Lancering van Reels. De Instagram-versie van TikTok waarbij je 15-seconden-video's opneemt en deze kan bewerken met audio, effecten en diverse creatieve tools.
- **2021** Live Rooms wordt toegevoegd. Je kunt nu live gaan met meerdere accounts tegelijk in één uitzending.

Instagram blijft zichzelf vernieuwen en verbeteren en regelmatig worden er nieuwe updates aan het platform toegevoegd. Ze zitten zeker niet stil!

Verschil in opties en lay-out

Instagram is continue aan verandering onderhevig. Ze brengen regelmatig nieuwe tools, nieuwe instellingen en nieuwe opties uit. Ook is de lay-out van Instagram door de loop der jaren veranderd en zijn er verschillen tussen de Android en de iOS (Apple) versie. Het kan dus zijn dat sommige aanwijzingen en afbeeldingen in mijn boek niet meer 100% kloppen en dat bepaalde functies een andere plek hebben gekregen. Daar ontkom je helaas niet aan.

Update regelmatig je Instagram-app op je smartphone, want in elke nieuwe versie brengen ze weer wat nieuws wat jij weer kunt gebruiken.

De cijfers van Instagram

Instagram is niet meer weg te denken uit de marketingmix van veel bedrijven en is het favoriete socialmedia-kanaal van velen. Maar hoe groot is Instagram daadwerkelijk? En wie gebruikt het nu het meest?

Onderzoeksbureau Newcom onderzoekt elk jaar het socialmedia-landschap, en daarmee laten ze zien dat Instagram nog steeds groeit.

Nederland telt 5,6 miljoen Instagram-accounts. Ter vergelijking: Facebook 10,4 miljoen. Bijna het dubbele. YouTube heeft maar liefst 9,1 miljoen accounts en staat daarmee vlak achter Facebook. Twitter heeft 2,8 miljoen gebruikers in Nederland.

In het dagelijkse gebruik is Instagram populairder dan YouTube. Zo'n 3,4 miljoen mensen zijn dagelijks op Instagram te vinden tegenover 2,8 miljoen op YouTube. Ook hier blijft Facebook koploper met 7,1 miljoen mensen.

Het omslagpunt in leeftijd voor het 'overstappen' van Facebook op Instagram ligt rond de 20 jaar. Instagram is het populairste kanaal voor mensen onder de 20 jaar. Logisch, want al hun vrienden en vriendinnen zitten erop. Pas als men gaat werken en het bedrijfsleven ingaat, en daarmee ook vaak vrienden van verschillende leeftijden krijgt, zie je dat Facebook de voorkeur krijgt.

Ongeveer 55% van de 20-39-jarigen gebruikt Instagram en deze groep groeit elk jaar. Het Facebookgebruik onder deze leeftijdscategorie is ruim 80%. In de doelgroep 40-64 jaar zakt het aandeel Instagram naar iets boven de 30%. Boven de 60 jaar heeft nog geen 20% een Instagram-account. Je ziet dat Instagram boven de 40 jaar nog een flinke boost kan gebruiken om tot hetzelfde level te komen als Facebook.

Bekijk deze gegevens goed en bepaal voor jezelf of Instagram het juiste kanaal is om jouw doelgroep te bereiken. Zit deze op Instagram: ja of nee?

2. Instagram-profiel inrichten

Het Instagram-platform bestaat uit miljoenen profielen die je kunt volgen om zo de updates te volgen van dat desbetreffende profiel. De berichten die een profiel plaatst, komen dan in jouw tijdslijn terecht. Daarnaast kun je ook als profielen onderling privé berichten sturen via de DM optie van Instagram. Zonder een Instagram-profiel kun je wel profielen bekijken via je je webbrowser, maar het is natuurlijk veel makkelijker én leuker om zelf een Instagram-profiel te hebben.

Als je als bedrijf op Facebook zit, dan weet je dat een bedrijfspagina beheerd wordt door één of meerdere beheerders. Die moeten op hun beurt een privé account hebben, anders is het niet mogelijk om een pagina beheren.

Op Instagram werkt dat anders. Daar kun je gewoon een account als bedrijf of organisatie opzetten zonder een privé profiel te hebben. Handig om te weten.

Voor wie nog geen Instagram heeft

Een Instagram-account kun je op twee verschillende manier aanmaken. De eerste manier is om dat via je iPhone of Android smartphone te doen. De tweede manier is om het via je laptop of desktopcomputer te doen. Ik leg je hier beide manieren uit.

Instagram-account aanmaken via je iPhone of Android smartphone

Dit is natuurlijk dé manier om een Instagram-account aan te maken, want Instagram is bij uitstek hét socialmedia-platform waarbij je je telefoon gebruikt.

Download de Instagram-app via de Apple store:
https://apps.apple.com/nl/app/instagram/id389801252

Of als je een Android toestel hebt, dan download je hem via de Google Play Store:
https://play.google.com/store/apps/details?id=com.instagram.android&hl=nl

Open de app na installatie. Je komt dan op onderstaand scherm terecht. Klik op **REGISTREREN.** In het volgende scherm kun je dan kiezen om te registreren met je bestaande Facebook-account, wat natuurlijk erg makkelijk is. Alle informatie heb je daar al ingevuld en wordt dan direct in je Instagram-account geplaatst. Facebook is eigenaar van Instagram, dus qua data werkt dat op hetzelfde platform.

Wil je dat niet, dan heb je de keuze om te registreren via een telefoonnummer of een e-mailadres.

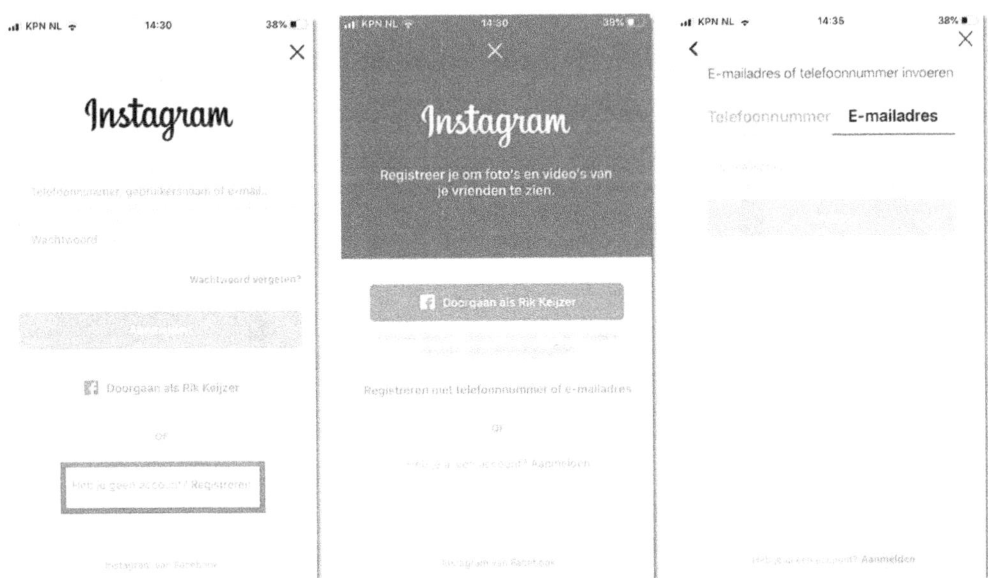

Vul daarna je naam in zodat je gevonden kan worden op Instagram en kies vervolgens een veilig wachtwoord om je registratie compleet te maken.

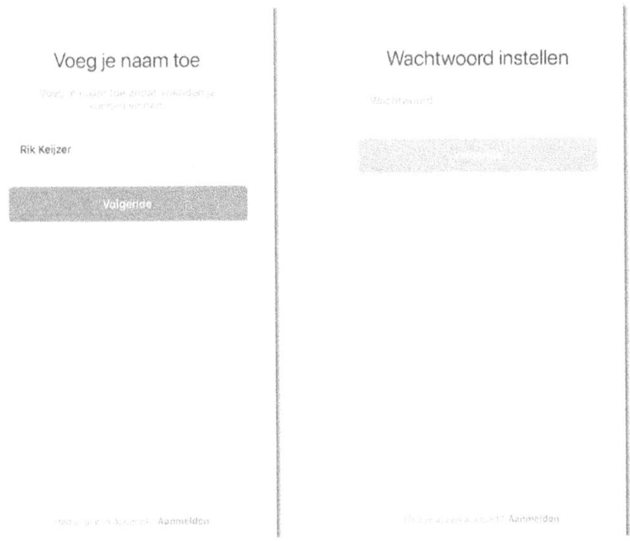

Zodra je dit gedaan hebt, is je Instagram-account aangemaakt en kun je beginnen.

Instagram-account aanmaken via de computer of laptop

Vind je het makkelijker om een Instagram-account aan te maken via je pc of laptop? Surf dan naar https://www.instagram.com en klik op **REGISTREER JE DAN.**

Ook via pc of laptop kun je ervoor kiezen om te registreren met je Facebook account óf via een telefoonnummer of e-mailadres.

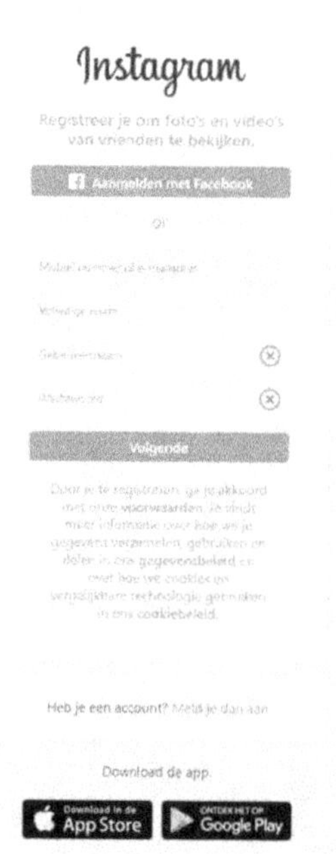

Vul je volledige naam in en kies een gebruikersnaam en wachtwoord en vervolg de registratie.

Als je alles in hebt gevuld, dan kun je van start met Instagram! Zoek al je vrienden op die een Instagram-profiel hebben en ga ze volgen. Download de Instagram-app en plaats je eerste Insta of ga aan de slag met Instagram Stories. Er is zó veel te ontdekken op dit mooie platform!

Voor wie al een profiel heeft

Gefeliciteerd! Je hebt al een Instagram-profiel en jij snapt dat Instagram een prachtig en vooral krachtig socialmedia-platform is waar je ontzettend veel mee kunt bereiken als je het op de juiste manier inzet.

Persoonlijk account vs bedrijfsaccount vs makersaccount

Instagram kent drie verschillende soorten accounts met ieder zijn eigen voor- en nadelen.

- **Persoonlijke accounts**
- **Bedrijfsaccount** (Business Account)
- **Makersaccount** (Creator Account)

Een persoonlijk account is bedoeld voor personen. Een bedrijfsaccount is bedoeld voor bedrijven, MKB, organisaties, goede doelen en merken. En een makersaccount is door Instagram speciaal in het leven geroepen voor bekende mensen (celebrities), contentmakers, artiesten en influencers. Voorwaarde is wel dat je meer dan 10.000 volgers moet hebben om in aanmerking te komen voor een makersaccount.

Persoonlijk Instagram-account

Het persoonlijk account van Instagram is het basis account en geschikt voor wanneer je Instagram persoonlijk gebruikt. Je hebt alle functionaliteiten op het gebied van het plaatsen van foto's, video's en Stories, maar je krijgt geen uitgebreide statistieken te zien.

Een persoonlijk Instagram-account heeft als enige account de mogelijk om deze af te kunnen schermen voor andere Instagram-gebruikers. Eventuele volgers moeten een verzoek aan jou indienen om je te mogen volgen. Hiermee bepaal jij dus zelf wie jouw content kan bekijken. De optie om dit in te schakelen vind je onder je privacy instellingen onder het kopje **Accountprivacy**.

Onder je bio komt dan een bericht te staan dat je account privé is. Jij krijgt dan een bericht als iemand je wilt volgen. Als jij het verzoek goedkeurt, pas dan kan de ander jouw berichten zien.

Bedrijfsaccount (Business Account)

De naam zegt het al: dit is het Instagram-account voor bedrijven. Uiteraard met dezelfde functionaliteit als een persoonlijk profiel, maar met een aantal belangrijke extra's.

Het belangrijkste voordeel van een bedrijfsaccount ten opzichte van een persoonlijk account, is dat je inzicht krijgt in hoe de berichten en Stories op jouw Instagram-account het doen. Je kunt namelijk diverse statistieken uitlezen, zoals:

- Hoeveel likes een bericht heeft gehad
- Waar je volgers vandaan komen
- Hoeveel reacties je hebt gehad
- Hoe je filmpjes worden bekeken

... en nog veel meer interessante feiten over de gebruikers die jouw content bekijken (zie ook het hoofdstuk over 'statistieken' verderop in dit boek). Uit deze uitgebreide statistieken haal je ontzettend veel informatie die jij weer kunt gebruiken om je strategie en je content te verbeteren.

Een ander groot voordeel is dat je in je biografie een contactbutton kunt plaatsen waar Instagram-gebruikers direct je e-mailadres en telefoonnummer vinden.

Makersaccount (Creator Account)

Instagram ontdekte dat haar platform uitermate geschikt was voor makers van creatieve content en voor influencers. Ze zagen dat deze groep een hele grote rol spelen op Instagram. Om deze doelgroep beter te bedienen werd de makersaccount in 2019 in het leven geroepen. Het makersaccount (Creators Account) is speciaal geschikt voor dj's, artiesten, publieke figuren (bekende mensen), influencers en contentmakers.

De verschillen met een bedrijfsaccount zijn niet erg groot, maar je krijgt in het makersaccount uitgebreidere statistieken over het aantal mensen dat jou volgt en ontvolgt.

Verder heb je een handig en overzichtelijker postvak voor je berichten. Je kunt daar je DM's ordenen en meldingen beheren. De meeste gebruikers die een makersaccount hebben, krijgen vaak heel veel berichten van bijvoorbeeld fans, bedrijven die met hen samen willen werken of, helaas, ook hate-mail. Om dit beter te scheiden heeft Instagram voor dit account een speciale inbox opgezet waar je berichten in meerdere folders kunt plaatsen zodat je beter het overzicht kunt bewaren.

Is er ook een nadeel aan dit type account? Helaas wel. Op het moment van schrijven kun je een makersaccount nog niet koppelen aan andere software, zoals Hootsuite.

Hoe maak je van je Instagram-profiel een bedrijfsaccount of makersaccount?

Het is heel makkelijk om van account te wijzigen binnen Instagram. Ga naar je instellingen en klik op **Overschakelen naar professioneel account.** Je krijgt dan twee opties te zien. De bovenste om een makersaccount te worden, de onderste om een bedrijfsaccount te worden.

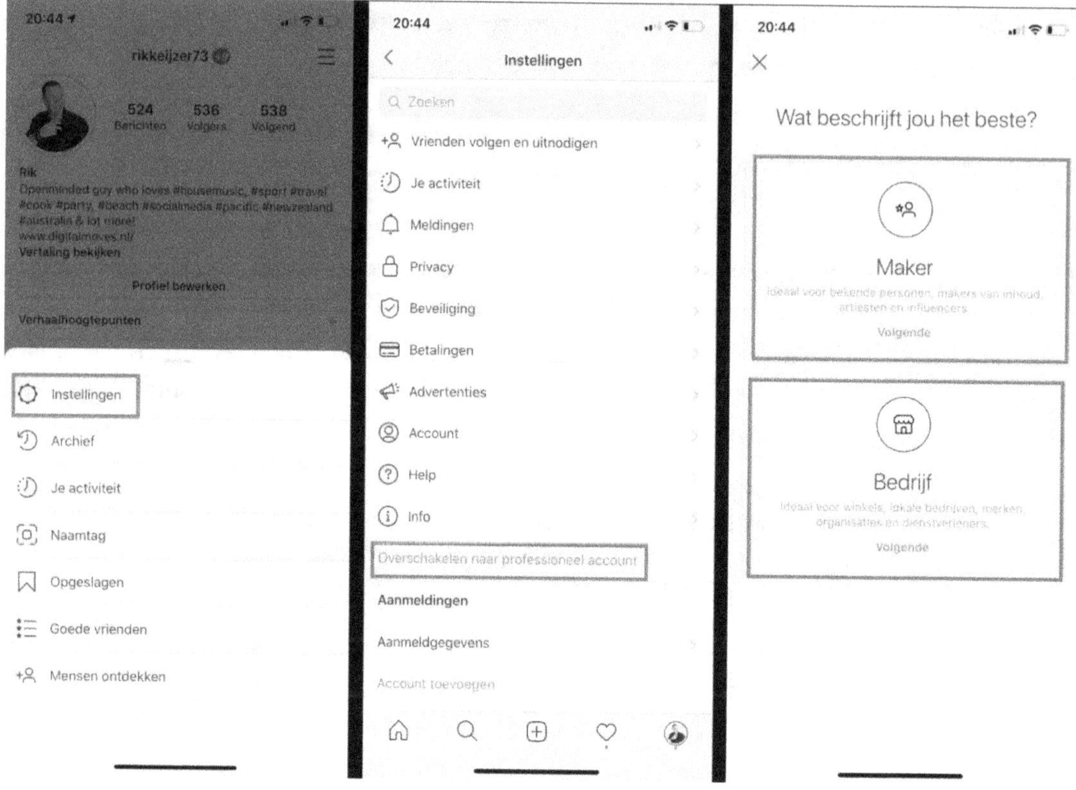

Heb je al een bedrijfsaccount maar past een makersaccount beter bij je? Klik dan op **Overschakelen naar makersaccount** als je migreert vanaf een bedrijfsprofiel.

Jouw profiel

Je profiel is je uithangbord op Instagram. Het is de plek waar jij laat zien wie je bent, wat voor bedrijf of organisatie je bent en het is de plek waar andere accounts jou kunnen volgen.

Het profiel op Instagram bestaat uit een aantal onderdelen:

- Je naam
- Profielfoto
- Gebruikersnaam
- Categorie
- Je biografie
- Contactbuttons
- Story Highlights (zie hoofdstuk over Instagram Stories)

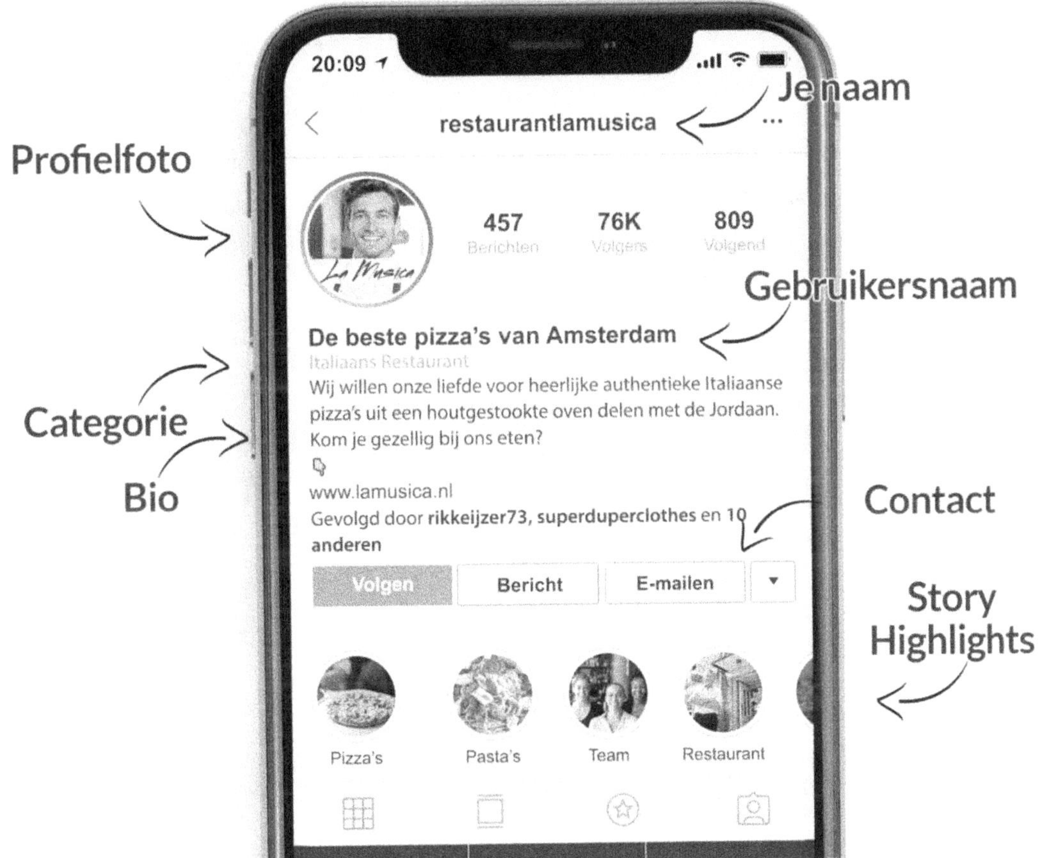

Jouw profielfoto

Instagram groeit als kool! Ondertussen zijn er wereldwijd al meer dan 1 miljard accounts en het aantal wordt alleen maar groter en groter. Wil je tussen al die accounts opvallen, dan moet je in ieder geval ervoor zorgen dat je profielfoto duidelijk is en opvalt. Het is het eerste wat mensen zien als ze op je profiel komen; binnen een kwart van een seconde hebben ze een eerste indruk van je en een beslissing genomen of ze je wel of niet interessant vinden om te volgen.

Ik geef je daarom 10 belangrijke tips waar je op moet letten!

Tip 1: Logo of foto van een echt persoon

Wat gebruik ik nou als profielfoto? Mijn logo of mijn eigen gezicht? Deze vraag wordt mij heel vaak gesteld.

Het hangt er helemaal vanaf wat voor bedrijf je bent. Heb je een echt (groot) bedrijf, dan is het logo de beste keuze vanwege herkenbaarheid. Denk aan Heineken, Coca-Cola, Albert Hein en dat soort bedrijven.

Ben jij een zzp'er, artiest, influencer of écht het gezicht van een bedrijf, dan zeg ik direct: *je eigen foto!*. Mensen doen graag zaken met mensen, en een gezicht bij een Instagram-account is daarom in dit voorbeeld absoluut de beste keuze. De belangrijkste vraag die je jezelf moet stellen is: **wat is het herkenbaarst voor mijn klanten?**

Er is eventueel nog een derde optie, en dat is een combinatie van beiden. Als je het gezicht bent van het bedrijf, maar toch ook het bedrijfslogo aandacht wilt geven, dan zou je ervoor kunnen kiezen om het logo samen te laten gaan met een foto van het gezicht van het bedrijf zoals in onderstaand voorbeeld.

20:09

< **restaurantlamusica** ...

457	76K	809
Berichten	Volgers	Volgend

De beste pizza's van Amsterdam
Italiaans Restaurant

Tip 2: Het formaat van je profielfoto

Het formaat van je profielfoto op Instagram is 180×180, wat verkleind wordt tot 110×110. Met elke goeie smartphone maak je tegenwoordig foto's in een groot formaat. Uitstekend om te gebruiken voor je profielfoto. Investeer in een goeie camera of smartphone met een goeie camera. Of laat een profielfoto maken door een goeie fotograaf. Er zijn fotografen gespecialiseerd in het maken van profielshots voor socialmedia-kanalen zoals LinkedIn, maar ook voor Instagram. Zeker als je een zzp'er bent loont het de moeite om te investeren in je eigen merk en een goede fotograaf te gebruiken.

Tip 3: Zorg voor goeie kwaliteit

Helaas zie ik nog steeds profielfoto's van slechte kwaliteit geüpload worden. Terwijl dit zeker niet meer hoeft. Foto's die op een socialmedia-platform worden geüpload, die worden direct gecomprimeerd. Zo worden ze stukken kleiner, maar verliezen ook een stukje kwaliteit. Dit doen de socialmedia-bedrijven om ervoor te zorgen dat hun servers niet razendsnel vol zitten. Dit geldt voor zowel Facebook, Instagram als LinkedIn.

Als jouw originele profielfoto al van slechte kwaliteit is, dan wordt hij nog slechter gemaakt door die compressie. Zorg dus altijd voor een uitstekende kwaliteit voordat je upload. Gebruik daarom foto's met een hoge resolutie én die haarscherp zijn.

Tip 4: Check op een smartphone/tablet

Het merendeel van de mensen die Instagram gebruiken, doet dit via de smartphone. Hartstikke leuk dat je profielfoto er goed uitziet op een laptop, maar hoe is dat op een mobieltje? Daar is de profielfoto een stuk kleiner! Check dus goed hoe jouw profielfoto er daarop uitziet.

Tip 5: Herkenbaarheid is belangrijk

Als je met je eigen gezicht op een profielfoto staat, zorg dan dat je herkenbaar bent. Neem de foto niet van te veraf, maar zeker ook niet van te dichtbij. Als je te veraf staat, dan word je minder herkenbaar omdat er meer van je lichaam op de foto komt in plaats van je gezicht, zeker met het kleine formaat op de smartphone. Speel met de afstand en je ziet direct de verschillen.

Tip 6: Je profielfoto wordt rond afgesneden

Je profielfoto wordt op Instagram rond afgesneden. Des te meer reden om te kijken hoe het eruit ziet op een smartphone. Zorg dus dat je goed in beeld bent en dat er geen stukje van je afvalt als de foto wordt bijgesneden.

Tip 7: Zorg voor goed licht

Goed licht is van groot belang! Als je er niet duidelijk opstaat, dan wordt de profielfoto al snel een donkere vlek. Of juist het tegenovergestelde, dat je een grote witte vlek ziet als hij overbelicht is.

Zacht licht werkt het beste. Het morgenlicht of (juist) het avondlicht is daar uitermate geschikt voor. Dan is het licht niet te fel, maar wel voldoende om voor een mooie foto te zorgen.

Tip 8: Denk aan je achtergrond

De aandacht moet op het belangrijkste deel van de foto liggen: jezelf of jouw logo. De achtergrond moet ervoor zorgen dat de voorgrond als het ware 'shined'. Door een goede achtergrond versterk je het contrast met de voorgrond waardoor jouw profielfoto nog beter opvalt.

Tip 9: Komt ook onder reacties en bij plaatsing updates

Je profielfoto komt niet alleen tevoorschijn op je eigen Instagram-profiel, maar ook wanneer je een reactie geeft of wanneer je een update plaatst. Kijk dus niet alleen hoe je profielfoto eruitziet op je profiel, maar stel je gelijk de vraag of hij nog wel herkenbaar is als je een reactie plaatst. Daar wordt je profielfoto namelijk nóg kleiner getoond.

Tip 10: Je profielfoto is zichtbaar bij zoeken in Instagram

En denk ook aan het feit dat je profielfoto zichtbaar wordt als mensen gaan zoeken binnen Instagram. Bij de zoekresultaten komt niet alleen de naam, maar ook je profielfoto naar voren. Hoe herkenbaarder en duidelijker je in beeld bent, des te eerder zijn mensen geneigd om op je te klikken.

Nog even alle tips op een rijtje:

- Het minimale formaat is 180 x 180 pixels
- Zorg voor een goede kwaliteit, hoge resolutiefoto
- Check altijd hoe je profielfoto er op een smartphone/tablet uitziet
- Je profielfoto wordt rond afgesneden
- Zorg voor goed licht
- Denk aan de achtergrond
- Komt ook onder reacties en bij plaatsing updates
- Is zichtbaar bij zoeken in Instagram
- **WEES HERKENBAAR!**

Check wat anderen van jouw profielfoto vinden

Om er zeker van te zijn dat je een aantrekkelijke en interessante profielfoto gebruikt, is het raadzaam om deze door anderen te laten beoordelen. Op de website Photofeeler.com beoordelen andere socialmedia-gebruikers profielfoto's, gebaseerd op drie pijlers:

- Of je zelfverzekerd overkomt.
- Of je authentiek en echt overkomt.
- Of je leuk, boeiend en interessant overkomt.

Om de beoordelingen te kunnen krijgen moet je wel eerst een aantal anderen een beoordeling geven. Dat is ontzettend leuk om te doen, want je krijgt zelf heel snel door wat wél werkt en wat niet werkt voor een profielfoto.

Photofeeler is een leuke tool om eens te kijken of je foto goed gewaardeerd wordt op deze drie verschillende onderdelen. Aan de hand van deze beoordelingen kun je misschien eens bekijken of je niet een nieuwe foto moet (laten) maken.

Ga hiervoor naar https://www.photofeeler.com/my-account. Kies wel de juiste categorie, in dit geval 'social'. De uitkomsten kunnen je weleens verbazen. Ik heb ook een test gedaan en drie verschillende profielfoto's geupload, en je ziet dan mooi de verschillen.

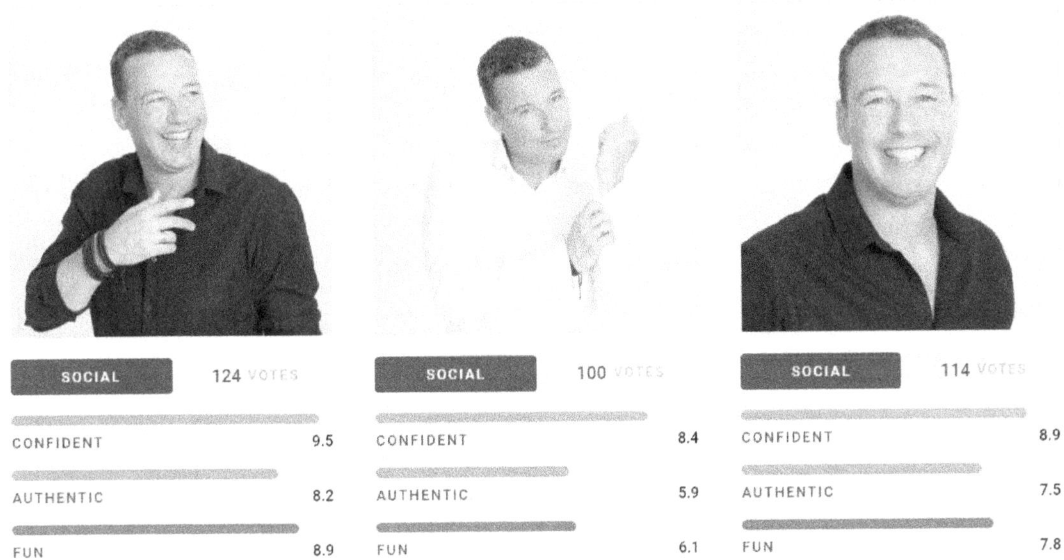

Op photofeeler.com kun je ook je professionele profielfoto voor LinkedIn of je datingfoto voor bijvoorbeeld Tinder laten beoordelen. Dus kijk goed uit welke categorie je kiest ☺.

Biografie

Het stukje tekst onder je gebruikersnaam noemen we de Instagram-biografie. Dit is de plek om details over jezelf of over je bedrijf, organisatie of goede doel te plaatsen, en dus dé plek waar je je potentiële volger kan verleiden om jou te volgen. Een eerste indruk maak je namelijk maar één keer. Alleen daarom al is je Instagram-biografie van ontzettend groot belang. Bijna iedereen die een Instagram-profiel bezoekt leest eerst snel de biografie. Binnen één seconde maakt een bezoeker de keuze of ze je wél of niet gaan volgen. Het moet voor de bezoeker direct duidelijk zijn waar jouw Instagram-account over gaat en wat voor toegevoegde waarde jouw account is voor hun Instagram ervaring. Als men besluit om jou te volgen, dan komt immers jouw content in hun tijdslijn en in hun Stories terecht. *So it better be good!*

Wees dus helder met je teksten en zorg ervoor dat deze de bezoeker aanspreken. Valt jouw biografie positief op, dan heb je grote kans dat ze je gaan volgen. Is jouw biografie niet aantrekkelijk genoeg, dan verlies je waarschijnlijk een waardevolle volger en zie je deze niet snel meer terug. En dat zou zonde zijn.

Daarom is een goed geschreven bio, naast de juiste profielfoto, één van de elementen waar je echt zorgvuldig aandacht aan moet besteden!

Wat plaats je allemaal in je biografie?

Laten we beginnen met de omschrijving van je bedrijf, je dienst(en) of product(en). Leg in een paar zinnen uit wat je bedrijf is en wat het doet. Formuleer deze zo dat bezoekers gelijk geïnteresseerd raken in jouw Instagram-profiel. Je hebt maximaal 150 tekens de ruimte om dat te doen, dus wees creatief met je woordkeuze.

Er zijn diverse mogelijkheden hoe je dit kunt doen. Bekijk voor jouw eigen bedrijf of organisatie welke manier bij jullie en bij jullie doelgroep past.

1. **Opsomming:** De eerste manier waarop je dit kunt doen is door de belangrijkste keywords die jouw bedrijf of product het best omschrijven als een opsomming strak achter elkaar te plaatsen, zoals in dit voorbeeld. Je ziet dan heel snel waar het account over gaat.

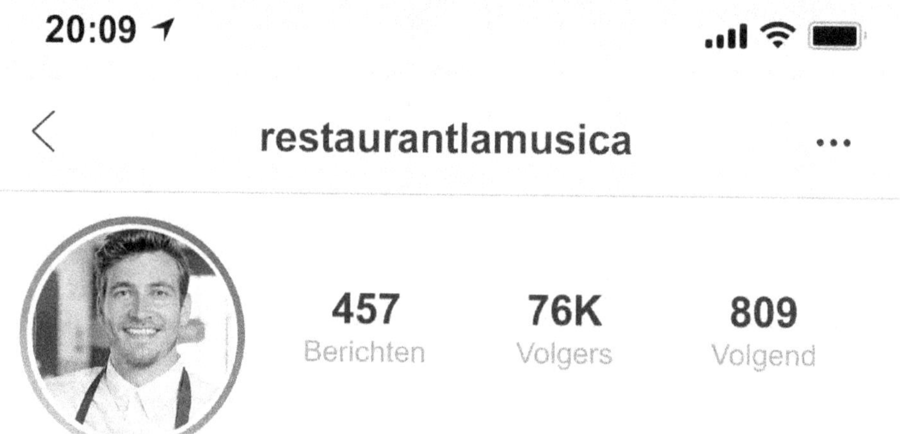

2. **De visie van jouw bedrijf:** Je kunt er ook voor kiezen om de visie van jouw bedrijf in één of twee zinnen te plaatsen in je bio, zoals in dit voorbeeld.

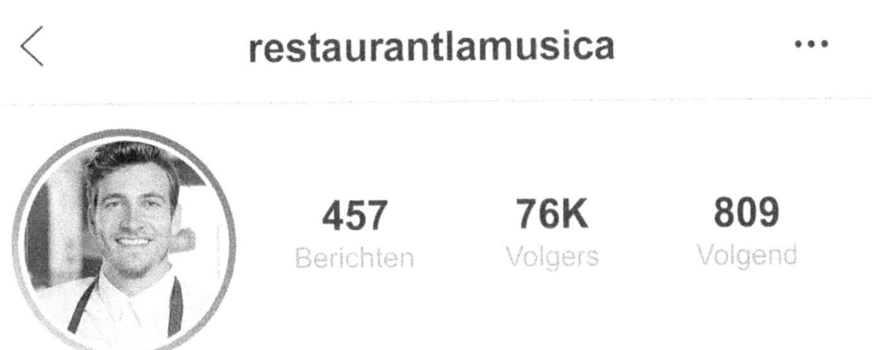

3. **Contactgegevens:** Sommige bedrijven kiezen ervoor om hun contactgegevens in hun bio te plaatsen. Ik ben daar geen voorstander van, tenzij je een persoonlijk profiel hebt. Als je een bedrijfsaccount hebt, dan heb je namelijk al een mogelijkheid om je contactgegevens onderaan je profiel te plaatsen in de buttons.

Wat wel interessant kan zijn is een verwijzing naar je andere socialmedia-kanalen om te laten zien dat je ook daar aanwezig bent zoals in onderstaand voorbeeld. Wellicht is je bezoeker iemand die vaker op Facebook zit of misschien wel een fervent twitteraar.

De beste pizza's van Amsterdam
Italiaans Restaurant
Authentieke houtgestookte Italiaanse pizza's in de Jordaan.
Facebook.com/lamusica - twitter.com/lamusica -
youtube.com/lamusica
Bekijk ons menu
www.lamusica.nl

4. **Call To Action (CTA):** Wat mij betreft is dit een must in elke bio bij elk bedrijf. Je bent namelijk niet voor niets aanwezig op Instagram. Je wilt vast graag dat mensen je product kopen of je dienst afnemen. Zorg ervoor dat je je volgers de mogelijkheid geeft om dat vanuit je biografie te kunnen doen. Denk aan zinnen als:

-   **Bekijk ons menu**
-   **Reserveer een kamer**
-   **Bestel nu**
-   **Boek nu je …**
-   **Lees mijn blog**
-   **Bekijk mijn video**
-   **Luister naar mijn muziek**
-   **Shop**
-   **Download snel mijn e-book**
-   **Etc.**

En daaronder plaats je dan de verwijzing naar je website. Het is verstandig om de CTA als laatste zin in je biografie op te nemen. Een klein trucje om mensen naar je URL te laten kijken is het gebruik van de emoji 👇 die omlaag wijst of een pijl die omlaag wijst. De hersenen van mensen zijn in hun jeugd voorgeprogrammeerd om pijlen en/of wijzen naar iets te volgen. Ze zullen automatisch naar je link kijken en daarmee vergroot je de kans dat ze daar dan op klikken.

Website informatie

Op Instagram kan je bij een post geen website of link plaatsen. De enige plek waar je dit kunt doen is in je biografie. Gebruik die plek om je website, een artikel, blog of je product te promoten. Deze URL kun je regelmatig veranderen als je bijvoorbeeld een nieuw artikel hebt geschreven of wanneer je een speciale marketingcampagne wil promoten. Zet dan bij het bericht wat je erover plaatst de tekst 'link in bio' om de gebruiker naar je biografie te leiden waar ze dan verder klikken naar jouw website.

Het nadeel hiervan is dat wanneer iemand op een oude Instagram-post van je komt, dat de link in de bio niet meer up-to-date is. Ik ontwerp daarom altijd één pagina op een website waarop ik de informatie, die ik op Instagram deel, zet.

Als je bijvoorbeeld regelmatig naar een blog verwijst vanuit een Instagram-bericht, dan ontwerp je op je website een pagina waar je al deze blogs netjes bij elkaar zet in een overzicht. Zo pak je twee vliegen in één klap.

SEO in je biografie

Het is verstandig om, voordat je je Instagram-biografie gaat invullen, een zoekwoorden-onderzoek te doen. Instagram-gebruikers zoeken op bepaalde woorden, termen of producten. Als je wilt dat ze jouw profiel vinden, dan zul je daar rekening mee moeten houden bij het schrijven van je biografie. Zoekmachine-optimalisatie, oftewel SEO (*Search Engine Optimization*), is de sleutel tot succesvol gevonden worden.

Het werkt min of meer op dezelfde manier als gevonden willen worden in Google. Je onderzoekt welke keywords (zoekwoorden) het meeste worden gebruikt door je (potentiële) volgers en je gebruikt die woorden in je biografie. Jouw bedrijf is bekend om bepaalde diensten of producten. Via tools als Google Trends (https://www.google.nl/trends) bekijk je welke woorden het hoogste scoren wat betreft zoekvolume. Vergelijk de woorden met elkaar en gebruik de keywords waar het meeste op gezocht wordt.

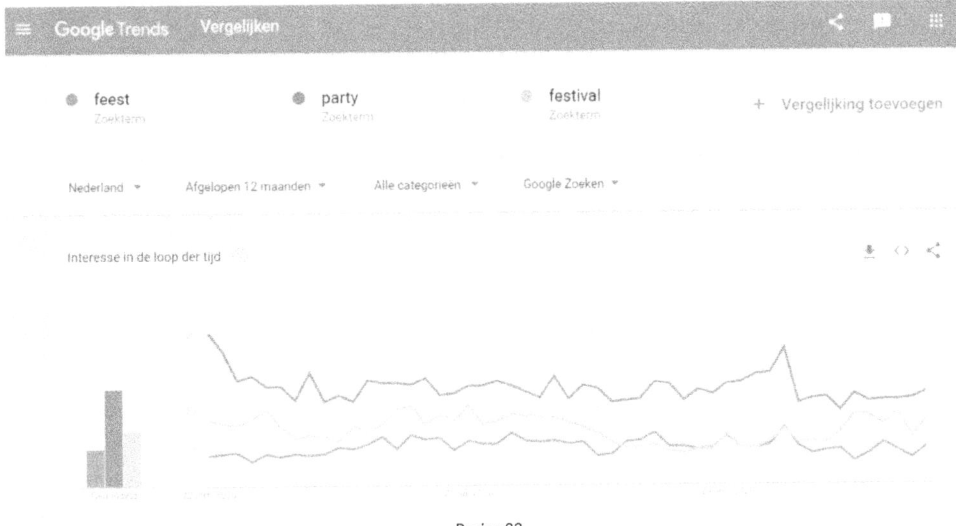

Gebruik deze woorden in je biografie en gebruik ze op een manier zodat een bezoeker direct ziet waar jouw Instagram-kanaal over gaat. Bedenk daarbij goed waar je (potentiële) bezoeker op zit te wachten. Verplaats jezelf in die bezoeker en gebruik dan de juiste SEO-termen waarmee je de aandacht trekt van die bezoeker. Verleid mensen en leg uit waarom ze juist jou zouden moeten volgen. Plaats dat in je biografie. Dit kun je doen als een hele zin, maar je kunt het ook overzichtelijk houden door middel van streepjes te plaatsen tussen de keywords. Bedenk altijd hoe je de persoon aan de andere kant overtuigt om jou te volgen.

Hashtags in je biografie

Je hebt ook de mogelijkheid om clickable hashtags in je bio te plaatsen. Ga naar **Profiel bewerken** en vul daar in je bio de hashtags in waarmee jij geassocieerd wilt worden met je bedrijf of organisatie. Een hashtag toevoegen in je biografie zorgt ervoor dat je bereik en zichtbaarheid wordt vergroot.

Als je een **#** typt, dan begint Instagram meteen wat voorzetten te geven voor hashtags.

Een slim idee is om hier bijvoorbeeld een hashtag te plaatsen van een marketingcampagne die je hebt opgezet. Of juist om *User generated content* te krijgen, zoals GoPro (fabrikant van kleine actiecamera's) en Adobe (bekend van o.a. Photoshop) doen in hun bio's. Zij roepen daar gebruikers van hun producten op om op Instagram foto's en filmpjes te delen met de hashtag van hun bedrijf. GoPro doet dit standaard met de call to action *Share your clip with #GoPro.*

Een fantastisch idee, want daardoor gaan de gebruikers van hun product berichten op Instagram plaatsen met de hashtag #GoPro waardoor de zichtbaarheid én het bereik gigantisch wordt vergroot. Gratis positieve reclame, welk bedrijf wil dat niet?

In een later hoofdstuk leg ik je uitgebreid uit hoe hashtags werken en hoe je deze het beste kunt gebruiken.

Naam vs gebruikersnaam

Als je een Instagram-profiel hebt, dan heb je een @hierkomtjenaam gekozen. Maar wist je dat je ook een gebruikersnaam hebt? Instagram vult hier automatisch de door jouw gekozen naam in, maar je kunt dit zelf aanpassen.

De meeste bedrijven zetten hier de bedrijfsnaam neer. Dat is verstandig om te doen, want jouw bedrijfsnaam is herkenbaar voor (potentiële) bezoekers. Maar je kunt er ook aan denken om juist een andere koers te varen. Zet hier bijvoorbeeld neer welk product of dienst je aanbiedt. Of misschien sta jij wel bekend om een bepaalde expertise of bepaald onderwerp. Dan is het een idee om juist die termen in je titel te gebruiken.

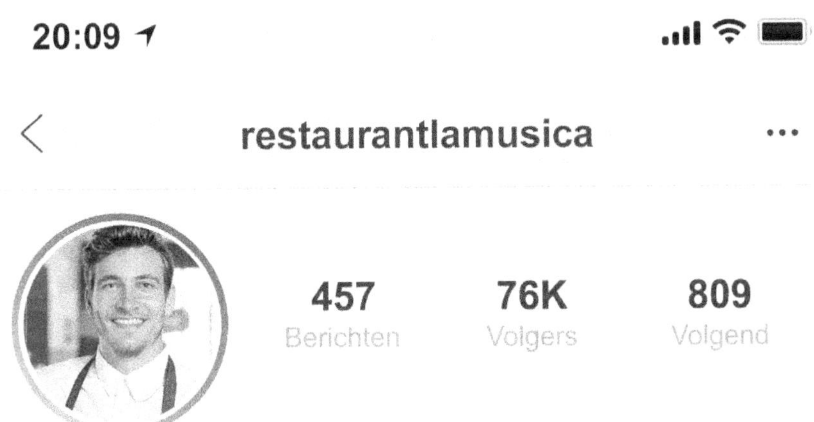

In dit voorbeeld is 'restaurantlamusica' de naam, en als gebruikersnaam is gekozen voor 'De beste pizza's van Amsterdam'. Veel opvallender, vind je niet?

Vooral voor een mkb'er of zzp'er kan dit een goede strategie zijn. Zet de keywords in je titel en wellicht kom jij naar boven als mensen op deze woorden zoeken. De naam van je Insta-kanaal én de titel zijn namelijk de enige twee velden die naar voren komen in de zoekresultaten van Instagram. Bedenk dus goed wat je met de titel doet. Je mag op deze plek maximaal 30 tekens gebruiken.

Je gebruikersnaam bewerk je in de **Profiel bewerken** instellingen. Je mag van Instagram dit één keer in de 14 dagen aanpassen. Dit is handig om te weten voor als je vaker van plan bent om dit aan te passen.

Het kiezen van de juiste categorie

Deze optie is alleen aanwezig voor een bedrijfsaccount, dus niet voor een persoonlijk Instagram-profiel. De bedrijfscategorie staat bovenaan het Instagram-profiel, direct onder je gebruikersnaam. Het helpt bezoekers te begrijpen wat voor soort bedrijf je hebt.

Klik op de button **Profiel bewerken** en selecteer daarna **Categorie**, waar je kunt zoeken naar de categorie die het beste bij jouw bedrijf past. Instagram heeft al ontzettend veel categorieën toegevoegd, dus de kans is groot dat je een categorie vindt die geschikt is voor jouw bedrijf. Als je geen juiste categorie vindt, zoek dan naar een categorie die het beste overeenkomt met de diensten of producten die jouw bedrijf aanbiedt.

< **restaurantlamusica** ...

457 Berichten   76K Volgers   809 Volgend

De beste pizza's van Amsterdam
Italiaans Restaurant

Je kunt maar één categorie kiezen, dus neem de tijd om alle categorieën door te nemen. Wees zo specifiek mogelijk. In dit voorbeeld had ik kunnen kiezen voor de categorie 'Restaurant', maar eigenlijk past 'Pizzeria' of 'Italiaans restaurant' veel beter bij dit bedrijf, omdat ze naast pizza ook overheerlijke pasta's op het menu hebben staan.

Zo zie je maar hoe één eenvoudig lijkende handeling al zo veel effect kan hebben op hoe iemand jouw Instagram-profiel bekijkt.

Plaats je adres, je telefoonnummer en e-mailadres

Als iemand jouw Instagram-kanaal bekijkt, dan is dat een mooi contactmoment! Maak het eenvoudig voor bezoekers om contact met je op te nemen via e-mail en plaats daarom je e-mailadres. Altijd handig!

Klik op **Profiel bewerken**, en daarna op **Contactmogelijkheden** onder het kopje **Bedrijfsinformatie** en vul daar je e-mailadres in. Deze komt in je biografie te staan onder de knop **E-mailen.**

Nu je toch bij **Bedrijfsinformatie** bent, stel dan ook je telefoonnummer in. Voor een bezoeker van je Insta is het dan ontzettend fijn om je telefonisch te bereiken. Met één druk op de button **Bellen** kunnen ze je direct bellen. Ideaal!

Heb je ook een e-mailadres toegevoegd, dan zie je in plaats van **e-mailen** of **bellen** het woord **contact** in je biografie staan. Vanuit daar krijgt je bezoeker een keuze of ze willen e-mailen of bellen.

Een simpele, maar een vaak vergeten optie: de mogelijkheid om je adres in te voeren. Maak het je klanten gemakkelijk en zet je adres op je Instagram-kanaal. Dit doe je in hetzelfde venster als bij het e-mailadres en telefoonnummer.

Je adres komt dan onderaan je Instagram-profiel terecht. Een leuke optie van Instagram is dat je adres tegelijkertijd een link wordt naar Google Maps vanuit waar je bezoeker direct de route naar jouw locatie kan bekijken.

Checklist na hoofdstuk 2

Na het doornemen van dit hoofdstuk:

- ☐ Weet je de verschillen tussen de diverse soorten accounts;
- ☐ Heb je je profielfoto gecheckt via de site Photofeeler.com en aangepast in je profiel;
- ☐ Weet je het verschil tussen een naam en een gebruikersnaam;
- ☐ Heb je opgezocht welke keywords je wilt gebruiken in je biografie;
- ☐ Heb je de juiste categorie opgezocht voor jouw profiel;
- ☐ Heb je je contactgegevens ingevoerd;

3. Instellingen

Zoals elk socialmedia-platform heeft ook Instagram een behoorlijk uitgebreid aantal instellingen waar je doorheen moet lopen. Het is vaak wel even een dingetje wat je moet doen, maar geloof me, het is de moeite waard om ze bij Instagram te bekijken, want er zitten een paar hele handige tooltjes tussen. De instellingen vind je door op het hamburgermenu (**de drie streepjes**) te klikken en dan op **Instellingen** te klikken.

Je krijgt dan de volgende mogelijkheden te zien:

Vrienden volgen en uitnodigen

De eerste instelling is gelijk een leuke. Via deze stap kun je je vrienden uitnodigen via WhatsApp, sms, e-mail of andere tools om jou te volgen op Instagram.

12:27

<   **Volgen en uitnodigen**

Vrienden uitnodigen via WhatsApp

Vrienden uitnodigen via sms

Vrienden uitnodigen via e-mail

Vrienden uitnodigen via...

Selecteer op welke manier jij je vrienden wilt uitnodigen en volg de stappen. Je kunt op het laatst de boodschap zelf nog aanpassen voordat het verstuurd wordt. Handige optie om snel je vrienden en familie te bereiken en om het aantal volgers van je Instagram-account te vergroten. Dit is één van de eerste dingen die ik doe als ik een bedrijf ga helpen bij hun socialmedia-activiteiten. Kleine moeite die heel snel positief resultaat oplevert.

Je activiteit

Deze laat de gemiddelde tijd zien dat je de Instagram-app per dag hebt gebruikt in de afgelopen week. Leuk om een keer gezien te hebben, maar ik doe er zelf verder niks mee.

Meldingen

Een belangrijke om even door te lopen, want hier vind je alle pushmeldingen die Instagram je wilt sturen. En dat zijn er nogal wat! Niet alleen pushmeldingen, maar ook meldingen die je binnenkrijgt via e-mail en sms. Loop ze allemaal door en zet aan/uit waar jij behoefte aan hebt. Wil je de focus houden en niet al te vaak afgeleid worden, dan kan ik je uit ervaring zeggen dat het handig is om er veel uit te zetten. Zo word je minder gestoord tijdens je werkzaamheden. De meldingen kunnen namelijk enorm afleiden, want je wordt toch nieuwsgierig gemaakt. De verleiding is dan groot om toch even te kijken wat er binnenkomt.

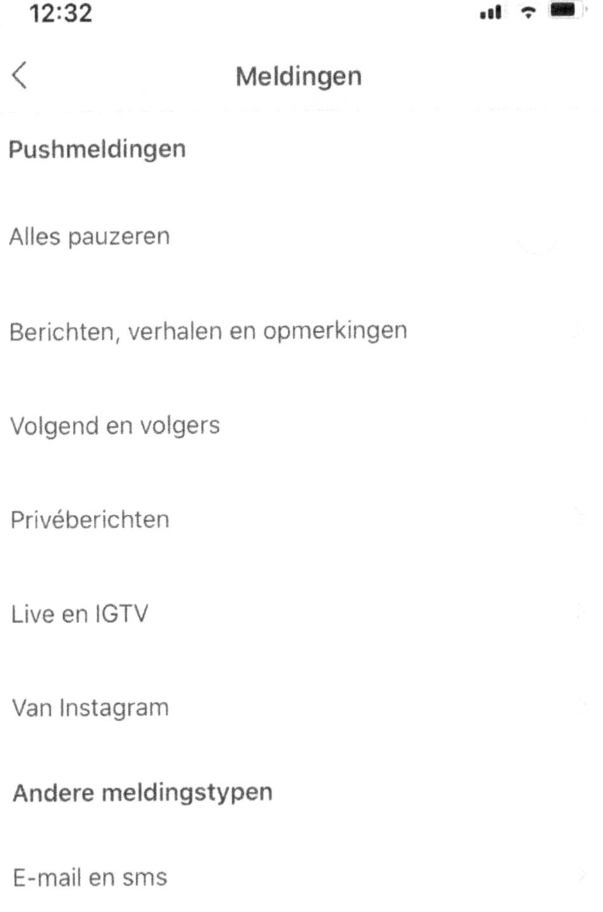

Loop dus alle meldingen even één voor één langs en laat degene aanstaan die je écht belangrijk vindt.

Bedrijf

Hier vind je de zakelijke instellingen van je bedrijfsaccount. Als eerste de betalingen die je gedaan hebt als je geadverteerd hebt. Leuk om te zien, maar deze kun je beter uit het advertentiecentrum zelf halen.

Het tweede onderdeel is het goedkeuren van tags. Hier geef je aan of alleen de door jou goedgekeurde partners je kunnen taggen in berichten en verhalen met merkinhoud. Ook de tagverzoeken vind je hier terug.

De optie **Opgeslagen antwoorden** is een handige. Hier kun je antwoorden op veel gestelde vragen opslaan en deze onder een sneltoets zetten. Deze veelvoorkomende antwoorden kun je dan op elk gewenst moment gebruiken. Dit scheelt je enorm veel tijd als je heel vaak dezelfde vragen binnenkrijgt via DM.

Wij krijgen bijvoorbeeld vaak de vraag wat het adres is waar een bepaalde training van ons wordt gehouden. Ik heb daarom als sneltoets 'adres' gemaakt met onder die code een opgeslagen antwoord.

Als ik nu een DM wil beantwoorden en ik toets 'adres' in, dan zie ik een blauw tekstballonnetje ernaast verschijnen.

Als ik daarop klik komt mijn antwoord op deze veelgestelde vraag tevoorschijn. Deze kan ik dan eventueel nog aanpassen voordat ik op **Verzenden** druk.

De volgende optie onder **Bedrijf** is de mogelijkheid om te eisen dat de gebruiker een minimumleeftijd heeft om je account, inclusief je profiel, berichten en Stories te kunnen zien. Deze minimumleeftijd kun je voor je gehele account instellen, maar je kunt ook per specifiek land een bepaalde leeftijd instellen. Handig als bijvoorbeeld de wetgeving daar anders geregeld is voor 18+ content.

De laatste optie is de **Instagram Shopping** optie waarmee je een winkel aan je account kunt toevoegen. Deze neem ik mee in een apart hoofdstuk.

Privacy

In dit onderdeel bepaal je (onder andere) de instellingen omtrent wie er mag reageren onder je berichten. Je hebt de keuze uit: iedereen, mensen die je volgen en jouw volgers, of alleen mensen die jou volgen of alleen de mensen die je zelf volgt. Als je een bedrijf of organisatie bent, dan zet je deze op 'iedereen'. Uiteraard kun je altijd individuele gebruikers blokkeren om te reageren.

Een andere belangrijke optie die je hier vindt, zijn de filters waarmee je gemakkelijk alle ongewenste reacties kunt uitbannen. Door middel van dit speciale filter kun je automatisch bepaalde (negatieve) reacties laten verdwijnen.

Filters

Aanstootgevende opmerkingen verbergen

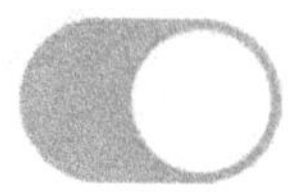

Verberg opmerkingen die aanstootgevend kunnen zijn automatisch in je berichten, verhalen en livevideo's.

Handmatig filter

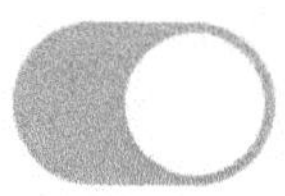

Woorden, gescheiden door komma's...

Kies woorden of zinnen. Wij verbergen vervolgens opmerkingen die deze woorden of zinnen bevatten.

Meest gerapporteerde woorden filteren

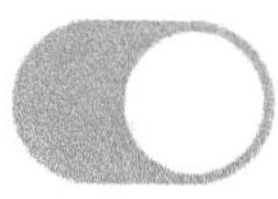

Verberg opmerkingen die woorden of zinnen bevatten die het vaakst worden gerapporteerd in je berichten en verhalen.

Naast een automatisch filter kun je ook handmatig woorden of zinnen kiezen die je niet als opmerking wilt zien. Denk aan scheldwoorden, woorden met een vervelende betekenis, maar denk bijvoorbeeld ook aan namen van concurrerende bedrijven. Niets is vervelender als iemand onder jouw bericht de naam van je concurrent noemt en jouw volgers daarnaartoe verwijst.

In de privacy-instellingen vind je ook de mogelijkheid om aan te geven wie jou mag taggen of mag vermelden. Bij de meeste bedrijven heb ik deze op 'iedereen' gezet, maar voor een enkel bedrijf kan dat onhandig zijn. Vooral als gebruikers misbruik maken van tags en jou overal te pas en te onpas taggen. Je kunt er dan voor kiezen om tags handmatig goed te keuren. Weet dat je dit dan hier kunt aanpassen.

Je vindt hier ook de berichten terug waarin jij getagd bent.

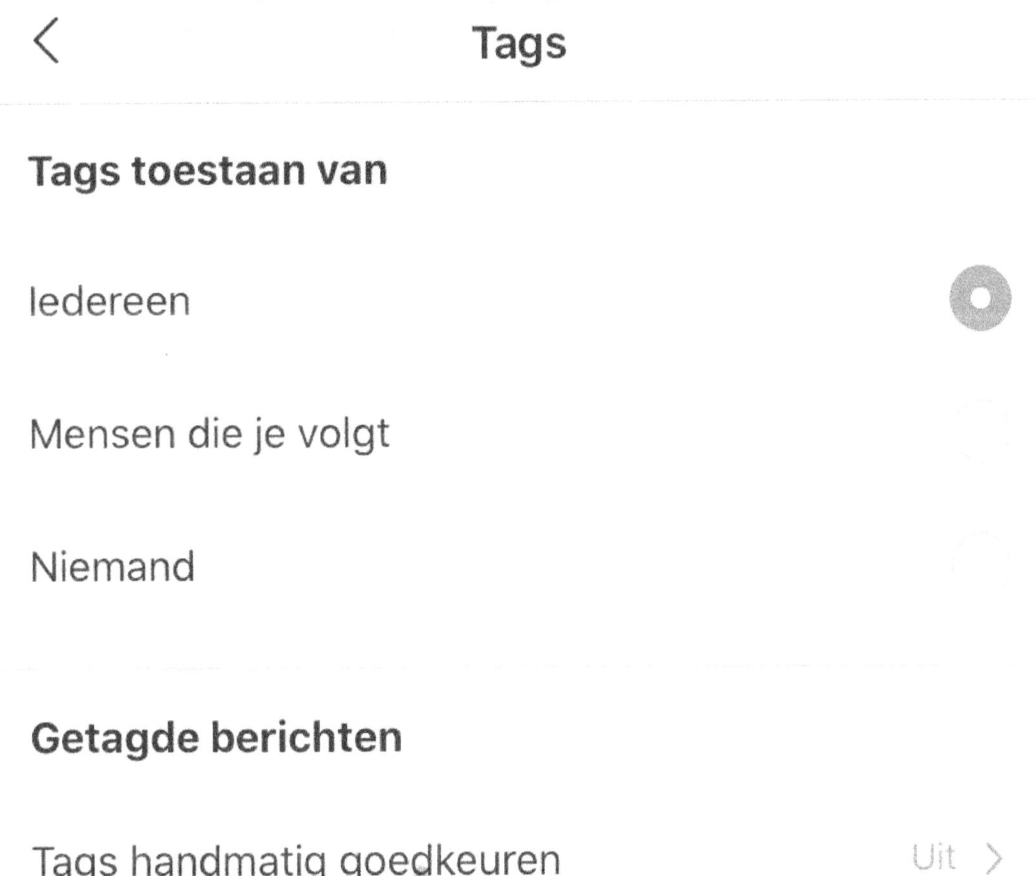

Als laatste vind je in de privacy-instellingen overzichten van beperkte accounts, geblokkeerde accounts en gedempte accounts. De beperkte accounts zijn accounts waarvoor je een tijdelijke beperking voor interacties instelt, zonder diegene te blokkeren of niet meer te volgen. Geblokkeerde accounts zijn accounts die helemaal niets meer van je mogen zien.

Beperken en blokkeren doe je op profielniveau. Ga naar het profiel wat je wilt beperken of blokkeren en klik bovenaan op het hamburgermenu. Je krijgt dan een menu te zien waar je de keuze krijgt om het desbetreffende profiel te beperken of te blokkeren. De optie om een volger te verwijderen vind je daar trouwens ook.

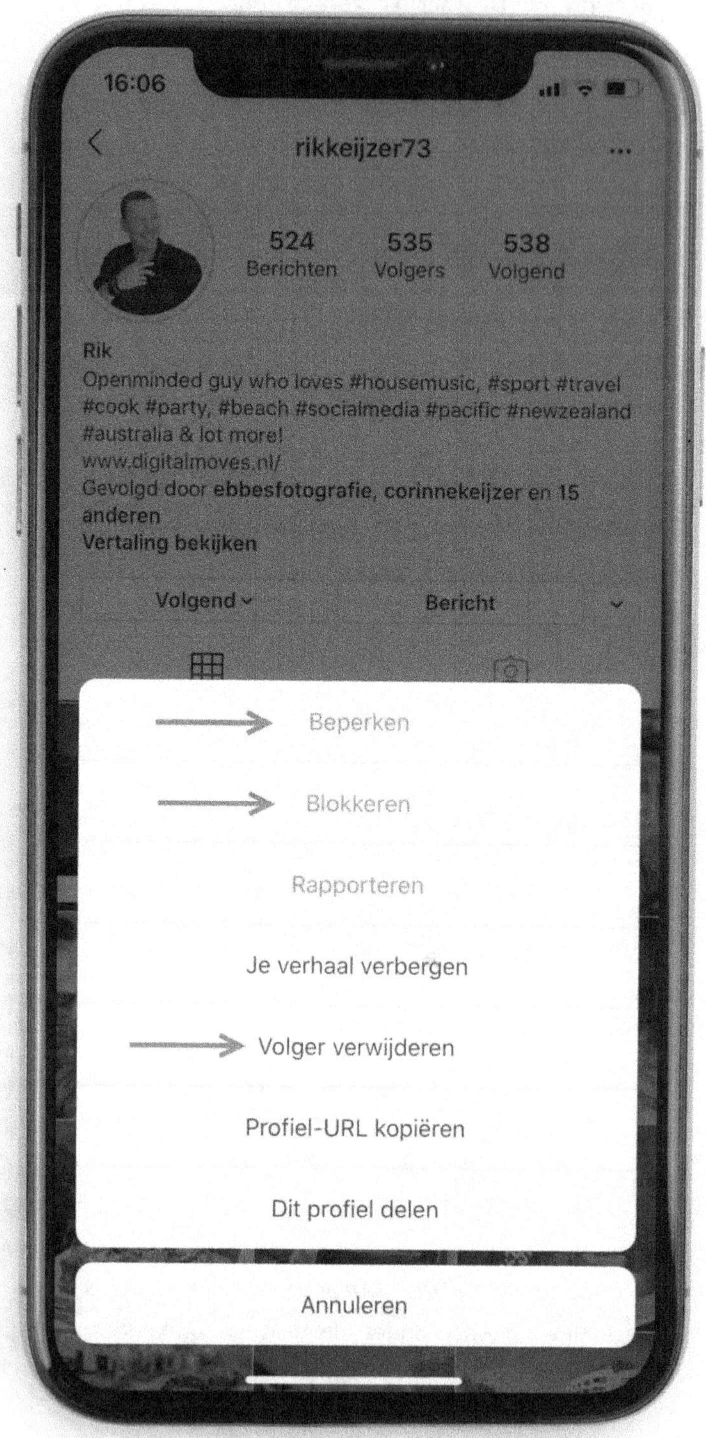

De persoon die jij blokkeert of beperkt krijgt daar geen bericht van. Nadat je iemand hebt geblokkeerd, worden de likes en reacties van die persoon bij je berichten verwijderd.

Beveiliging

Ik kan niet genoeg benadrukken hoe belangrijk het is dat je je Instagram-account goed beveiligd. Als je Instagram-account gehackt wordt ben je verder van huis en kost het je enorm veel moeite om dit weer te herstellen. En dan heb ik het nog niet eens over de schade die een hacker kan aanrichten als hij bijvoorbeeld nare berichten uit jouw naam plaatst of zelfs je hele account verwijdert. Je wilt niet dat je in zo'n situatie terecht komt. Zorg daarom voor een zo moeilijk mogelijk te hacken wachtwoord en verander deze regelmatig.

Daarnaast adviseer ik altijd om **Tweestapsverificatie** aan te zetten. Dit voegt een extra beveiliging toe aan je account. Het beschermt je account door een aanvullende code te vereisen wanneer je je aanmeldt op een apparaat dat Instagram niet herkent. Je hoeft het dus maar één keer per apparaat te doen. Deze code wordt dan via sms gestuurd naar het telefoonnummer wat gekoppeld is aan je Instagram-account.

Je kunt er ook voor kiezen om dit via een verificatie-app te laten regelen. De meest gebruikte app hiervoor is **Google Authenticator** dat voor zowel Android als iOS beschikbaar is. Een andere aanrader is de app **Authy.** Als je veelvuldig van apparaat wisselt op een dag, dan is dit de beste keuze.

Account

Onder het kopje **Account** vind je nog een aantal handige opties. Allereerst de optie om je Instagram-bedrijfsaccount te koppelen met je Facebook-bedrijfspagina. Klik op **Gekoppelde accounts** en volg de stappen om je Facebookpagina te koppelen.

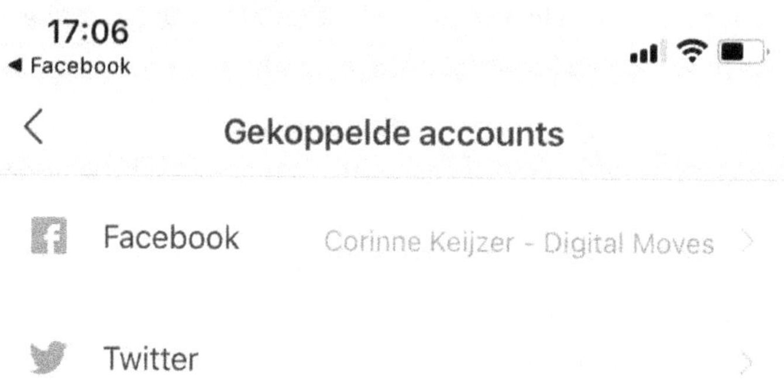

Zoals je ziet vind je hier ook de optie om je Twitter-account te koppelen. Klik op de pijl naar rechts, vul je gebruikersnaam en wachtwoord in en klik vervolgens op **App autoriseren**.

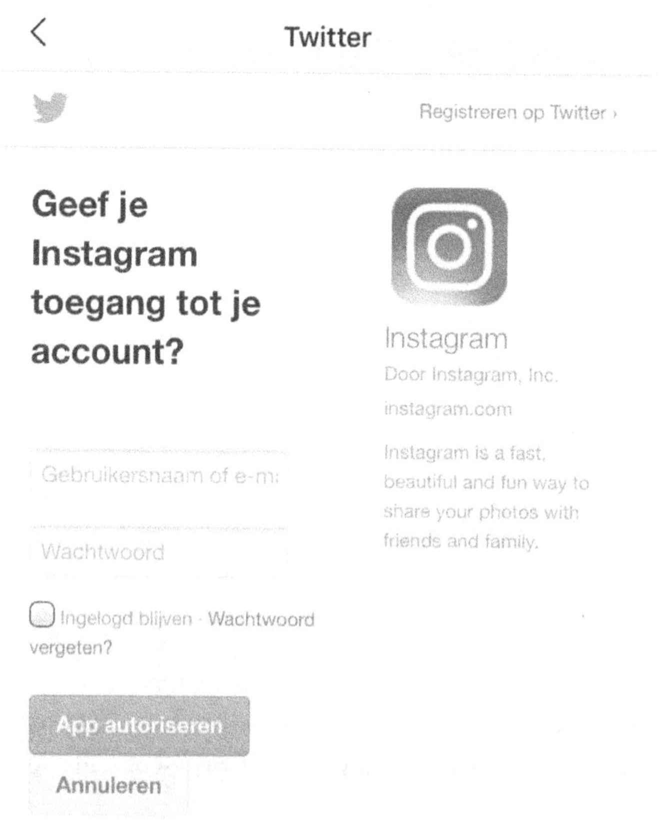

Zodra je een Twitter of Facebook-account hebt gekoppeld, krijg je bij het plaatsen van een bericht nu de optie om hetzelfde bericht op je Facebookpagina en Twitterfeed te plaatsen. Mijn advies is om dit niet te doen. Ieder kanaal heeft zijn eigen manier van 'praten' en zijn eigen manier van omgang met elkaar. Twitter is echt een microblog met maar 240 tekens en gaat veel sneller dan Instagram. Facebook werkt (nog) niet veel met hashtags. Het staat dan heel vreemd als je een overduidelijke Instagram-post op een Facebookkanaal ziet staan.

Wat je wel makkelijk kunt koppelen zijn de Instagram Stories aan je Facebook Stories. Dat werkt min of meer op dezelfde manier. Bekijk hoe je dit doet in het hoofdstuk over Instagram Stories verderop in dit boek.

Checklist na hoofdstuk 3

Na het doornemen van dit hoofdstuk:

- ☐ Heb je alle instellingen nagelopen;
- ☐ Heb je alle meldingen nagelopen;
- ☐ Weet je waar de filters voor aanstootgevende opmerkingen zitten;
- ☐ Weet je hoe je bepaalde accounts kunt blokkeren of rapporteren;
- ☐ Heb je je account beveiligd door tweestapsverificatie aan te zetten;
- ☐ Weet je hoe je je Instagram-account koppelt aan Facebook en Twitter;

4. Bepaal wat je wilt bereiken met Instagram

'We moeten iets doen op Instagram!' Hoe vaak ik deze zin gehoord heb is niet meer op twee handen te tellen. Bedrijven zijn als de dood dat ze iets missen en zeker iets missen op social media gebied. Je moet toch immers overal aanwezig zijn toch? Nou, nee... Als je alleen op Instagram aanwezig wilt zijn *omdat je aanwezig moet zijn*, dan ga je het nooit redden met dit kanaal en zal het zeker geen succes worden.

Ga je daarentegen goed voorbereid van start en weet je wat je met Instagram wilt bereiken én wie je doelgroep is, dan heb je kans van slagen. Stel voordat je eraan begint jezelf de volgende vragen:

- Wat is mijn doel met Instagram?
- Wie is mijn doelgroep en kan ik ze op Instagram bereiken?
- Heb ik voldoende mankracht, tijd én budget om een succes te maken van mijn Instagram-kanaal?

Deze laatste vraag wordt helaas vaak over het hoofd gezien. Een Instagram-account opzetten kost niets, het aanmelden en opzetten is geheel gratis. Maar het onderhouden en beheren kost wel degelijk tijd én geld. Bepaal dus goed of je aan deze randvoorwaarden voldoet:

- Heb ik de juiste kennis in huis?
- Welke personen binnen mijn organisatie zijn verantwoordelijk voor het Instagram-kanaal?
- Heb ik de juiste techniek in huis? Denk aan computers, software/apps, smartphones, camera's, licht en geluid.
- Kunnen we de teksten, afbeeldingen en video's zelf maken of moet ik dit uitbesteden?
- Heb ik budget vrij om alles goed op te zetten?

Dit zijn een aantal basisvragen die je jezelf moet stellen voordat je echt aan de slag gaat. Als je deze vragen positief weet te beantwoorden, dan is het tijd om je doel te bepalen.

Wat is je doel?

Wat is je doel? Een hele simpele vraag, maar wel eentje waar je goed over na moet denken. Want wat is nu je doel met je Instagram-kanaal? Waarvoor wil je Instagram inzetten? Je kunt ontzettend veel met Instagram, en je kunt het platform op diverse manieren inzetten.

Bepaal eerst je doel(en) voordat je met Instagram aan de slag gaat.
Vanuit je doel(en) bepaal je de te volgen strategie.

Voor jou de taak om goed na te denken waar jij Instagram voor wilt inzetten, want dat heeft gevolgen voor de te kiezen strategie. Jij bepaalt zelf waar je Instagram voor wilt gebruiken.

Wil je

- de naamsbekendheid van je bedrijf of product vergroten
- meer verkeer naar je website trekken
- de verkoop van je producten verhogen
- het aantal leads vergroten
- service aan je klanten bieden en daarmee de klanttevredenheid verhogen
- de klantenbinding vergroten en zorgen dat bestaande klanten je merk trouw blijven
- nieuwe mensen aantrekken

De keuze voor doelen bepaalt niet alleen de keuze voor een strategie, maar bepaalt ook wat voor doelstellingen je aan deze doelen koppelt. Je wilt uiteindelijk weten of je strategie succes heeft of niet. **En wat is de definitie van 'succes'?** Als je bijvoorbeeld meer bezoek op je website wilt hebben, dan moet je er wel voor zorgen dat je kunt meten of dat bezoek via Instagram komt en met welk percentage je totale bezoek gestegen is. Bepaal duidelijk van tevoren welk percentage je een succes vindt.

Na het vaststellen van de doelen bepaal je dus ook de doelstellingen. Deze dienen **SMART** (Specifiek, Meetbaar, Aanvaardbaar, Realistisch en Tijdsgebonden) geformuleerd te worden.

Wat zijn je doelstellingen?

Een doelstelling is een van tevoren vastgelegd doel dat een bedrijf probeert te behalen binnen een bepaalde termijn.

Om te meten of je daadwerkelijk succes hebt met Instagram om je doelen te bereiken, is het verstandig dat je van tevoren doelstellingen bepaalt en dat je deze zorgvuldig bijhoudt. Door regelmatig te meten en de vinger aan de pols te houden, weet je of je op het goede pad zit en de juiste strategie hebt gekozen om je doel te behalen.

Ik heb een aantal doelstellingen gedefinieerd die je per doel kunt meten. Bepaal voor jouw bedrijf welke doelstellingen van toepassing zijn.

Naamsbekendheid vergroten:

- **Het aantal volgers tellen.** Begin met een nulmeting en bepaal hoeveel volgers je aan het einde van het jaar erbij wilt hebben. Verdeel dat over 52 weken en je weet wat je wekelijkse groei in het aantal volgers moet zijn. Zet dat in een Excelsheet of Google Spreadsheet en hou dit nauwkeurig bij. Check elke week of je aan je eigen verwachtingen voldoet.
- **Bereik van je Instagram-berichten.** Hoeveel mensen bereik je per bepaalde periode? Bekijk wat je nu doet en bepaal wat je zou moeten doen om succesvol te zijn. Bedenk ook dat wanneer het aantal volgers groeit, dat het bereik van je Instagram-berichten ook groeit.
- **Vermeldingen.** Hoe vaak wordt jouw bedrijf genoemd/getagd in berichten van anderen? Houd dit ook wekelijks bij.

Verkeer naar je website trekken:

- **Meet het websiteverkeer wat via Instagram op jouw website komt.** Met hoeveel procent wil je dat zien stijgen?
- **Bouncepercentage van het verkeer wat van Instagram komt.** Bekijk met deze statistieken of het verkeer wat vanuit Instagram op je website komt ook daadwerkelijk interesse heeft in wat er op jouw website staat. Het bouncepercentage (bounce rate) is daarbij een belangrijke indicatie. Fijn dat er verkeer naar je website komt, maar als ze vervolgens na één pagina weer snel weg zijn, dan heb je wellicht weinig aan dat verkeer.
- **Gemiddelde tijd op je website.** Naast het bouncepercentage een belangrijk meetpunt om te kijken wat de bezoekers vanuit Instagram op je website doen.
- **Percentage bezoekers op je website dat van Instagram afkomt.** Hoe groot is het totale bezoek van je website en welk percentage komt van Instagram?

Deze cijfers haal je uit de Google Analytics van je website. Zorg dat je deze goed hebt geïmplementeerd. Een website zonder statistieken is als een schip zonder roer en kompas. Je hebt dan geen idee waar je heen gaat en wat er gebeurt. Belangrijk dus om deze goed in de gaten te houden.

Verkoop van je producten verhogen:

- **Aantal leads dat je krijgt.** Krijg je veel leads via Instagram? Komen er door Instagram veel mensen op je webshop of op je productpagina?
- **Aantal producten wat verkocht wordt.** Hoeveel procent meer producten wil je verkopen door je Instagram-activiteiten?
- **Aantal verkochte producten via Instagram-advertenties.** Zet je Instagram-advertenties in, dan kun je heel goed meten hoeveel omzet je daaruit haalt. Zet voor jezelf een doelstelling dat voor elke X euro je Y aantal producten wilt verkopen.

Vergroten van het aantal leads:

- **Database vergroten.** Hoeveel nieuwe mensen wil je in je database erbij die via Instagram zijn gekomen?
- **Aantal abonnees op je nieuwsbrief.** Hoeveel nieuwe inschrijvingen heb je gekregen die via Instagram zijn gekomen?

- **Aantal downloads van bepaalde gratis 'weggeef' content op je website, zoals whitepapers, checklisten of ebooks.** Heb je deze lead-magnets op je website staan, meet dan het aantal downloads van mensen die via Instagram zijn gekomen.

Meet vervolgens ook hoeveel van deze leads uiteindelijk klant bij je worden, want zo weet je of de leads die via Instagram komen ook kwalitatief goede leads zijn.

Service bieden:

- **Hoeveel vragen, klachten en opmerkingen komen er via Instagram?** Meet het aantal, en ook hoeveel je daarvan naar tevredenheid van je klant beantwoordt.
- **Tevredenheid van klanten.** Via speciale helpdesktools als bijvoorbeeld Zendesk (https://www.zendesk.com/) hou je de klanttevredenheid bij. Je kunt je Instagram-DM via Zendesk laten lopen en vanuit daar uitgebreide rapportages krijgen.

Vergroten klantenbinding:

- **Aantal likes per bericht.** Hoe goed vinden ze je content? Bepaal een X-aantal likes per bericht.
- **Aantal reacties per bericht.** Hoeveel interactie krijg je op je berichten?
- **Hoe vaak word je getagd in een bericht van een ander.** Ben je top-of-mind bij je doelgroep? Plaatsen ze content met jouw product en taggen ze je?

Hoe betrokken is je doelgroep bij jouw bedrijf en/of jouw producten? Door bovenstaande doelstellingen te bepalen en door nauwkeurig te meten krijg je een heel goed beeld van hoe trouw je volgers aan je merk zijn. Denk ook hier aan het feit dat wanneer het aantal volgers van je account groeit dat het aantal likes en reacties daar ook mee moeten groeien.

Nieuwe mensen aantrekken:

- **Hoeveel vacatures vul je via Instagram?** Als je regelmatig vacatures hebt, laat de HR-afdeling tijdens de sollicitatie vragen hoe ze bij jullie terecht zijn gekomen. Op deze manier meet je of mensen via Instagram zijn gekomen.
- **Hoeveel open sollicitaties krijg je via Instagram?** Als je je bedrijf goed laat zien via Instagram, dan zal je zien dat mensen zich geïnspireerd gaan voelen zodat ze graag voor je willen werken.

Bij dat laatste speelt Instagram-content een grote rol in. Maar je kunt natuurlijk ook een bericht met een vacature plaatsen. Beide zorgen ervoor dat iemand bij jou wil komen werken en solliciteert op jouw vacatures.

Bepaal dus goed wat je doelen zijn en welke doelstellingen je eraan koppelt. Meet dit wekelijks en bekijk of de door jouw gekozen strategie de juiste is, of dat je moet bijschaven. De cijfers vertellen het verhaal wat jij moet gaan doen en of je moet fine-tunen ja of nee.

Wie is jouw doelgroep?

Als ik deze vraag aan een bedrijf stel tijdens de eerste ontmoeting, dan krijg ik vaak te horen: *'Tja, iedereen koopt eigenlijk onze producten.'* Als ik dan verder vraag, komt er uiteindelijk langzaam maar zeker een echte doelgroep naar boven drijven. Want van al die klanten die je product of dienst kopen, hoeveel percentage is eigenlijk vrouw of man? Welke leeftijd hebben deze mensen? Waar komen ze vandaan? Met het beantwoorden van deze eerste drie vragen zie je al een eerste beeld ontstaan.

Als je wilt dat je bedrijf echt een succes wordt, dan is kennis van je doelgroep één van de belangrijkste sleutels. Diepgaande kennis van jouw doelgroep is daarom een essentieel onderdeel van je Instagram-strategie. Als je niet volledig weet voor wie jij je content maakt, dan ga je het enorm moeilijk krijgen om een succesvol Instagram-kanaal te maken en ga jij je doelen niet halen.

Even een simpel voorbeeld om dat te illustreren; Stel dat jij een restaurant hebt waar veel klanten van tussen de 25 en 35 jaar komen en jij spreekt deze groep met 'u' aan in je berichten op Instagram, dan voelt deze leeftijdsgroep een afstand met jou en gaan ze je nooit volgen, laat staan dat ze wat met je content doen. Het succes van een Instagram-kanaal staat of valt met de manier waarop je communiceert met je (potentiële) klanten. Investeer daarom tijd en leer je doelgroep kennen. **Wie is nou precies jouw klant?**

Ik heb een paar handige tips voor je om te bepalen wie jouw belangrijkste doelgroepen zijn:

- **Kijk naar je huidige klanten.** Wie koopt er je producten? Breng dat goed in kaart. Geslacht, leeftijd en woonplaats zijn de eerste elementen die je al snel boven water haalt.

- **Bekijk de statistieken van je website.** In Google Analytics kun je de demografische gegevens vinden van de bezoekers van je website. Bekijk die en vraag je af of deze overeenkomen met de uitkomsten die je gevonden hebt bij je klanten. Je vindt deze in je Google Analytics onder het kopje 'Doelgroep' en daarna klik je door naar 'Demografie' waar je informatie vindt over het geslacht en de leeftijd. Onder 'Geo' vind je de landen en de plaatsen waar je websitebezoekers vandaan komen.

- **Bekijk de statistieken van je socialmedia-kanalen.** Instagram en Facebook laten jou in de statistieken zien wie jouw volgers zijn. Facebook laat niet alleen je volgers zien en wie je bereikt hebt, maar in de statistieken vind je ook welke personen er betrokken zijn bij jouw content. Check ook hier wat die demografische gegevens zijn.

Via bovenstaande gegevens krijg je inzicht in wie jouw doelgroep is en wie de personen zijn die interesse tonen in jouw bedrijf, producten of diensten. De volgende stap is een verdiepingsslag maken.

Wie is écht jouw doelgroep? – Segmentatie, focus en verdieping

Je hebt je doelgroepen bepaald. Als je doelgroep nog behoorlijk groot is, bijvoorbeeld 'alle vrouwen tussen de 25 en 35 jaar', dan is dat nog te breed. Dan is de volgende stap om die grote doelgroep nog beter te leren kennen. Hoe beter jij je doelgroep kent, hoe beter jij ze begrijpt en weet waar ze op zitten te wachten, hoe succesvoller jij bent met het maken van content op je Instagram-kanaal.

Je zal zien dat je je doelgroep verder kunt segmenteren op basis van:

- **Inkomen** – hoeveel verdienen ze?
- **Relatiestatus** – single of getrouwd?
- **Opleiding** – vmbo/mbo/hbo/universitair?
- **Werk** – wat voor baan hebben ze?

Maar ook op andere eigenschappen, zoals: interesses, hobby's, lifestyle, karakter/persoonlijkheid en gedrag. Daar komen dan diverse profielen uit. Om het voor jezelf makkelijk te maken en om je klanten beter voor de geest te halen, is het handig om persona's aan te maken.

De vrouwen tussen de 25 en 35 jaar, die ik in mijn voorbeeld gebruik, zou je verder kunnen segmenteren en daarvan persona's maken zoals deze:

- **Monique**
  25 jaar, single. Receptioniste. Houdt van make-up, uitgaan met vriendinnen en winkelen. Rijdt in een tweedehands Kia en gaat drie keer in de week naar de sportschool.

- **Emma**
  29 jaar, samenwonend. Werkt als manager-assistente en rijdt in een VW Polo van de zaak. Houdt van uiteten gaan, reizen naar verre landen, yoga en leest de Linda.

- **Chantal**
  33 jaar, getrouwd en heeft twee kinderen. Ze werkt part-time als HR-manager en rijdt een stationwagen waarmee ze de kinderen naar hun sporten brengt. Ze is vrijwilligster op de tennisclub en in de zomer gaat ze met het hele gezin naar een all-inclusive-resort in Turkije.

Als je op deze manier je doelgroep segmenteert, als je ziet wat hun levensstijl is en wat ze willen, dan kun je een betere Instagram-strategie ontwikkelen om je bedrijf of product te promoten. Hoe beter jij je klanten kent en hun taal spreekt, des te betrokkener voelt de klant zich met jou op social media. Simpelweg omdat jij ze snapt, je begrijpt ze en je weet waar hun behoeften liggen.

Checklist na hoofdstuk 4

Na het doornemen van dit hoofdstuk:

□   Weet je hoe belangrijk het is om een doel te bepalen;
□   Weet je dat er aan dat doel doelstellingen hangen;
□   Begrijp je dat je doelstellingen SMART formuleert;
□   Weet je dat je doelgroepen bepaalt;
□   Weet je dat je doelgroepen in verschillende segmenten verdeelt;

5. Jouw content-strategie

De meest gestelde vraag aan mij is: **Wat moet ik plaatsen op Instagram?** Deze vraag is echter al een stap te ver, want vóór dat je bedenkt *wat* je gaat plaatsen is het verstandiger om te bedenken *voor wie* je iets gaat plaatsen en *wat voor doel* het bericht heeft.

Vandaar dat het zo enorm belangrijk is om je doelgroep(en) te definiëren, deze te segmenteren en om heel goed te weten waar ze interesse in hebben. Jouw doelgroep heeft een bepaalde behoefte, en als jij aan die behoefte voldoet, dan blijven ze jou volgen, 'likes' geven en reageren. En dat is wat je wilt op social media. De interesse vasthouden van je doelgroep.

Vergeet daarbij niet wat het totale doel is van je Instagram-activiteiten. Want uiteindelijk is dat waarom je een Instagram-account bent begonnen. Stel daarom een content-strategie op.

Een content-strategie is een plan waarin je de planning, de ontwikkeling en het beheer van je content bepaalt om je doel te bereiken.

Ga brainstormen

Ik zie veel bedrijven worstelen met hun content. De verantwoording voor content wordt geheel bij de marketing en communicatie-afdeling gelegd. *'Zij moeten toch alles verzinnen?'*, hoor ik vaak op de werkvloer. En dat is eigenlijk ontzettend jammer. Want waar zit de kennis over de producten en service van een bedrijf? Juist! Op diezelfde werkvloer.

Daarom kies ik er altijd voor om de collega's van de werkvloer mee te laten denken over de content die je op social media plaatst. Maak ook juist *hen* medeverantwoordelijk voor de content, want op die manier krijg je ontzettend veel verdieping in wat je plaatst op Instagram. De kennis van de werkvloer komt dan direct op het scherm van je doelgroep terecht. Juist de doelgroep die jij wilt laten weten wat je bedrijf allemaal in huis heeft.

Mijn advies is om regelmatig (elke maand bijvoorbeeld) met afgevaardigden van elk onderdeel samen te gaan zitten om te brainstormen over wat je op Instagram gaat plaatsen. Iemand van het salesteam, iemand van de productie, iemand van HR, een persoon van de helpdesk, etc. En ga samen met het team van Marcom (Marketing & Communicatie) sparren over wat er geplaatst kan worden op Instagram. Je zal zien dat er binnen no-time ontzettend mooie ideeën op tafel komen. Te allen tijde blijft de Marcom-afdeling of de socialmedia-manager eindverantwoordelijk voor het plaatsen en beheren van de content op het kanaal.

Kijk niet alleen naar mensen die zelf al veel op social media zitten en er enthousiast over zijn, maar betrek ook collega's erbij die misschien minder of niets met Instagram hebben, maar wel een schat aan kennis bezitten. Op deze manier dragen zij een waardevol steentje bij.

Loop ook samen de cijfers door van de periode ervoor zodat elke afdeling op de hoogte wordt gehouden van de voortgang van alles wat jullie op Instagram doen. Op deze manier kweek je goodwill en creëer je draagvlak voor social media binnen de organisatie. Inzichten geven en successen delen werkt immers fantastisch en energie verhogend! Zo heb ik een keer bij een bedrijf elke afdeling op stroopwafels getrakteerd toen we de grens van 100.000 volgers haalde. Je snapt dat iedereen dan gelijk met je meeleeft én dat je werkzaamheden flink op de kaart staan bij je collega's. Successen samen vieren werkt ontzettend goed voor de groepsdynamiek.

Een verassende manier van werken is om je doelgroep bij zo'n brainstormmeeting te betrekken. Zoek uit wie er enthousiaste ambassadeurs zijn van jouw merk en nodig ze een keer uit om mee te denken over je content. Je zal zien dat dat enorm verfrissend werkt. Bovendien maak je de band met die ambassadeur nog vele malen sterker en zal deze persoon meer en meer een 'vriend' van je bedrijf worden. Hoe sterker de band met je ambassadeurs, hoe krachtiger en succesvoller jouw Instagram-kanaal wordt.

En wat dacht je ervan om eens in de zoveel tijd enkele enthousiaste pubers uit te nodigen om aan tafel te komen zitten? Deze generatie leeft met een smartphone in hun hand en weten alles over de nieuwste trends, de nieuwste gadgets en wat helemaal **hot and happening** is. Je zal verbaasd staan over wat voor input zij voor jouw bedrijf kunnen leveren. Ik geniet zelf altijd enorm van deze unieke sparringsessies en pik daar regelmatig nieuwe ideeën op. Ook voor het schrijven van dit boek heb ik ideeën opgedaan bij zonen en dochters van mijn vrienden 😊 De creativiteit van deze generatie kent geen grenzen.

Maar wat als je een zzp'er of mkb'er bent en zonder grote teams om je heen? Hoe ga je dan brainstormen? Deze groep adviseer ik om hetzelfde te doen, maar dan met vrienden en familie. Kijk om je heen wie er interesse heeft in social media en vaak op Instagram te vinden zijn. Vraag die personen of ze met jou mee willen denken. Jij hebt verstand van je product, maar zij kunnen je wellicht verder helpen met het bedenken van leuke en interessante content. Je gaat merken dat het verzinnen van iets nieuws vele malen makkelijker én leuker wordt.

Maak een Contentkalender

Je hebt een content-strategie bepaalt. Je hebt een brainstormsessie gehouden. *What's next?* Het plaatsen van je content! En dan komt het: je raakt binnen no-time het overzicht kwijt. *'Wie deed nou ook alweer wat? Welk bericht ging er nou vandaag live? O, had daar een filmpje bij gemoeten? Dat duurt te lang, daar hebben we geen tijd voor!'*

Content maken kost tijd. Veel tijd. Teksten schrijven. De juiste hashtags erbij zoeken. Een afbeelding ontwerpen. Een foto laten maken. En wat dacht je van een video? Het schieten én het editen van een filmpje kost tijd. Daar wordt vaak niet aan gedacht.

De allergrootste valkuil van een succesvol Instagram-kanaal is dan ook het gebrek aan overzicht én inzicht in hoe je het kanaal moet beheren. Maar daar is een fantastische oplossing voor: De contentkalender!

Een contentkalender zorgt in één oogopslag voor een volledig overzicht. Je ziet gelijk wat je al hebt gecommuniceerd met welke doelgroep, wat voor berichten je nog gaat plaatsen in een bepaalde periode en wat je nog moet doen om bepaalde content te maken en wie daar verantwoordelijk voor is.

De belangrijke voordelen van een contentkalender

De contentkalender is een hele belangrijke tool wat je enorm veel voordelen biedt als je dit in gebruik neemt:

- **Je krijgt gelijk inzicht op hoeveel content je moet maken.** Doordat je de kalender invult, zie je of je voor bepaalde dagen nog content moet maken.

- **Je krijgt gelijk inzicht in specifieke content.** Elk stukje content heeft zijn eigen doel en doelgroep. Door de kalender in te vullen zie je of elk doel en elke doelgroep ook daadwerkelijk bediend worden met bepaalde stukken content.

- **Je krijgt inzicht in hoeveel tijd je kwijt bent aan het produceren van de content.** Zorg dat je in je kalender ook de tijd invult hoe lang je bezig bent met het produceren van content. Houd bij hoeveel tijd het je kost om tekst te schrijven, een afbeelding of foto te maken en hoeveel tijd een filmpje kost om te maken. Je krijgt dan duidelijk te zien hoeveel tijd je per maand kwijt bent aan het maken van je content. Dat zijn waardevolle inzichten waardoor je per maand de kwaliteit van je productieproces verbetert.

- **Je krijgt inzicht in hoeveel geld je nodig hebt om je content te produceren.** Filmpjes zijn duurder (want tijdrovender) om te maken dan tekst. Houd bij wat een stuk content je kost en je krijgt perfect overzicht wat de kosten zijn en of het maken van een stuk content nog in je budget past.

- **Het geeft rust.** Nooit meer iets plaatsen op het laatste moment. Nooit meer de gedachte *'je moet nog wat posten'*. Want je ziet in het overzicht wanneer je wat moet plaatsen én wie er verantwoordelijk voor is. Je bereid dus rustig alle content goed voor en je bent op tijd klaar om het bericht te posten, want je werkt met duidelijke deadlines. Last minute stress ben je daarom kwijt en dat geeft weer ruimte in je hoofd voor creativiteit.

- **Je verhoogt de creativiteit.** Overzicht geeft tijd en geeft rust. Die rust in je hoofd zorgt ervoor dat je creatiever wordt en dat je berichten beter en beter worden.

- **Je mist nooit meer een belangrijke datum.** Omdat je je content vooraf aan het bedenken bent, mis je nooit meer belangrijke data als feestdagen (Kerst, Valentijnsdag, Moederdag etc.) maar ook de belangrijke momenten van jouw bedrijf. Een start van een verkoop van een product, een speciale uitverkoop of het zoveel jarig bestaan, om maar een paar voorbeelden te noemen.

- **De kwaliteit van je berichten zijn hoger.** Je weet hoeveel tijd je nodig hebt om iets te maken en daarom wordt geen bericht meer afgeraffeld. Je plaatst daardoor alleen maar kwalitatief goede content.

- **De relatie met je doelgroep wordt sterker.** Door de rust en overzicht plaats je nu met de juiste frequentie consequent kwalitatief goede content. Je bouwt hierdoor een betere band op met je volgers. Je geeft immers wat zij verwachten van je en je houdt dit ook vol.

Hoe ziet een contentkalender eruit

Ik heb al veel contentkalenders voorbij zien komen met verschillende soorten lay-outs. De meeste waren gemaakt in Excel. Prima als je alleen bent of wanneer er één persoon verantwoordelijk voor is. Maar als je er samen met een team aan werkt, dan is een oplossing in de cloud toch makkelijker. Een contentkalender is immers een levend document dat voortdurend wordt aangepast. Ik gebruik daarom liever een Google Spreadsheet (https://www.google.nl/intl/nl/sheets/about/), waar je met meerdere tegelijk aan kunt werken en dat je op elk apparaat overal en altijd kunt bekijken én aanpassen.

Wat je allemaal plaatst in een contentkalender:

- **Datum van plaatsing.** Wanneer moet het online staan en hoe laat?
- **Conceptdatum.** Wanneer moet de content af zijn voor goedkeuring?
- **Status.** In welk stadium bevindt zich het bericht? Ben je er nog mee bezig of staat het al ingepland?
- **Onderwerp/thema en doel.** Waar gaat de post over en wat wil je ermee bereiken?
- **Doelgroep.** Voor wie is het bericht bedoeld?
- **Tekst.** Welke tekst komt erbij?
- **Hashtags.** Welke hashtags plaats je bij de post?
- **Afbeelding of video.** Geef aan wat voor type content je gaat plaatsen en welke naam deze heeft.
- **Welk kanaal.** Plaats je het op de tijdslijn? IGTV, een Reel of is het een Story?
- **Wie.** Welke persoon is verantwoordelijk voor het bericht?
- **Tijd.** Hoe lang ben je bezig geweest met het maken van de content?
- **Kosten.** Wat zijn de kosten om deze content te maken?

Dit zijn de basiselementen waaruit een contentkalender wat mij betreft bestaat. Deze kun je nog uitbreiden met wie de goedkeuring van een bepaald bericht doet en wie de afbeelding of video maakt. Ook een apart gedeelte voor de evaluatie is aan te raden. Hoeveel likes heeft het bericht gekregen? Wat was het bereik van het bericht? Hoeveel seconden video werd er gekeken?

Zo maak je van jouw contentkalender gelijk een handige tool om resultaten terug te kijken, maar ook een bron van informatie voor je budgetten en voor het berekenen hoeveel tijd (en wellicht personeel) je nodig hebt om content te maken. Reken uit hoeveel minuten je gemiddeld bezig bent met het schrijven van tekst. Doe hetzelfde voor het maken van afbeeldingen en filmpjes. Vul dit gemiddelde elke keer in als je bezig bent met het invullen van de contentkalender en je ziet direct hoeveel tijd je die maand nodig hebt om alleen al de visuals en teksten te maken. Bepaal dan of dat haalbaar is.

Doe dit ook met de kosten en je komt niet voor budgettaire verrassingen te staan. Een afbeelding maken kost gemiddeld X euro. Een filmpje maken kost gemiddeld Y euro. Vul dat in en bepaal of de plannen die jij hebt binnen het totale budget vallen.

Doordat je consequent de tijd én de kosten in de gaten houdt, zul je zien dat je meer inzicht krijgt in de financiële gevolgen van de door jouw gekozen strategie. Bij het verzinnen van content wordt dit vaak over het hoofd gezien en is 'the sky the limit'. Maar uit ervaring is gebleken dat de 'sky' wordt bepaald door de hoeveelheid man-uren én het aanwezige budget.

In een Google Spreadsheet is het gebruik van kleuren aan te raden. In het bijzonder voor de doelgroep. Geef elke doelgroep een bepaalde kleur en verwerk deze consistent in je contentkalender. Door het gebruik van kleuren zie je gelijk of een bepaalde doelgroep te veel of te weinig content krijgt voorgeschoteld.

Doe dit ook met de status van een bericht.

- Rood = work in progress
- Oranje= ter goedkeuring
- Geel = ingepland
- Groen = gepubliceerd

Door specifiek een kleur te kiezen voor wanneer een bericht is gepubliceerd, 'dwing' je jezelf om te kijken of een bericht ook daadwerkelijk live staat. Met techniek kan er altijd iets fout gaan. Door deze controle in te bouwen zorg je ervoor dat het niet mis kan gaan.

Als je met een team werkt, dan is het gebruik van kleuren ook verstandig. Bij het aanwijzen van de uitvoer van bepaalde content zie je gelijk hoeveel werk persoon A op zijn bord heeft en hoeveel content persoon B en C moeten maken. Het te maken content wordt op deze manier beter verdeeld over het team. Ook dit creëert weer rust en vertrouwen.

Download mijn gratis Instagram-contentkalender

Ik heb een template gemaakt van de basis contentkalender die ik zelf altijd gebruik. Het is een Excel sheet wat je omzet naar een Google Spreadsheet, zodat je er met meerdere personen tegelijk aan werken kan. Je kunt het template aanpassen naar je eigen wensen en gebruik. Ideaal om mee te starten.

Download nu gratis mijn contentkalender template. Deze is te verkrijgen via deze link:
https://bit.ly/instagramcontentkalender

Naast het zelf maken van een contentkalender zijn er ook talloze tools waarmee je heel goed een planning kunt maken. Zo heeft het Nederlandse bedrijf Coosto (https://www.coosto.com/nl/producten/social-media-publishing) een fijne tool waar vanuit je direct kunt publiceren. De tool van Hootsuite (https://www.hootsuite.com/) wordt door veel bedrijven gebruikt. Beide tools werken met een maandelijks abonnement.

Wat voor content ga je plaatsen?

Als je terugdenkt aan hoe het algoritme van Instagram werkt, dan besef je dat je voor je feed altijd de beste content moet verzinnen. De kwaliteit van jouw inhoud bepaalt uiteindelijk het bereik van jouw berichten. Die kwaliteit zorgt ervoor dat je volgers interactie aangaan, dat ze gaan reageren, gaan liken en daadwerkelijk iets met jouw berichten doen in plaats van er alleen maar doelloos langs scrollen.

Een berichtje plaatsen om *'maar een berichtje te plaatsen'* werkt dus absoluut niet. Dit is waar veel bedrijven in de fout gaan: **'Ik moet nog iets plaatsen vandaag.'** Herken je dit? Dan weet je dat je aan de verliezende kant zit. Je volgers vragen aandacht en die moet je ze zeker geven, anders verlaten ze je simpelweg en doen niets meer met je content... En daarmee ook niets met je bedrijf. Het algoritme van Instagram zorgt ervoor dat bedrijven met de beste inhoud en de beste berichten het meeste opvallen. Zo simpel is het eigenlijk. Zorg ervoor dat jij altijd opvalt met jouw content. Besteed dus 200% aandacht aan content die je plaatst.

Zoals ik al eerder aangaf is de meest gestelde vraag tijdens mijn trainingen *'Wat moet ik plaatsen op Instagram?'*. Daar ga ik je nu eindelijk antwoord op geven.

Ik denk altijd in thema's als ik een contentstrategie ga bepalen voor een bedrijf. En onder die thema's hang ik de diverse onderwerpen die met dat thema te maken kunnen hebben. Die onderwerpen geef je allemaal een gradatie zodat de belangrijkste onderwerpen boven komen drijven.

Een voorbeeld.
Als je een restaurant bezit, dan kunnen dit thema's zijn waar jij mee aan de slag kunt:

- De gerechten die je serveert.
- De sfeer in je restaurant.
- De locatie van je restaurant.
- Je gasten.
- Een kijkje achter de schermen.
- Het personeel.

En deze thema's ga je dan weer onderverdelen in onderwerpen waar je het over kunt hebben. Ik pak even als thema *'de locatie van je restaurant'* om het te verduidelijken.

Daaronder kun je onderwerpen verzinnen als:

- Het gebouw zelf.
- Details van het gebouw, denk aan de keuken, de bar, de diverse eethoekjes.
- De geschiedenis van het gebouw. Hartstikke leuk om regelmatig oude foto's en verhalen uit het verleden te plaatsen. Dit zorgt voor mooie herinneringen bij klanten.

- Uitzicht vanuit het gebouw. Kijk je uit op een mooie plek, zoals bijvoorbeeld een groot plein of een prachtig natuurgebied? Dan is dat natuurlijk geweldig om te laten zien.

En zo ga je elk thema langs. Doe dat samen met je team in een brainstormmeeting en je zal zien dat het ene na het andere idee over tafel vliegt.

Om je op weg te helpen heb ik hier een waslijst aan ideeën waar jij alvast verder mee kunt met jouw bedrijf:

Nieuws/actualiteit over je bedrijf of jezelf

Het laatste nieuws! Breaking news! Waar ben je mee bezig? Wat gebeurt er allemaal rondom jou of je bedrijf?

Verhalen over je bedrijf of jezelf

Verhalen vertellen doen we als mensen al sinds de oertijd. Niets is krachtiger dan een goed verhaal en elk bedrijf of merk heeft er talloze te vertellen. Je moet ze alleen als dusdanig herkennen. Dat kan van alles zijn. De reden waarom je een nieuwe machine hebt gekocht, bijvoorbeeld. Of de uitbreiding van je pand. Hoe is het idee voor een bepaald product tot stand gekomen? Vertel je doelgroep jouw verhaal zoals je je verhaal vertelt aan de bar van een café en laat je volgers aan je lippen hangen.

Projecten waar je aan werkt

Laat zien waar je mee bezig bent. Als je laat zien dat je druk bent met leuke nieuwe dingen, dan werkt dat niet alleen aanstekelijk, maar is tegelijkertijd ook een vorm van sluikreclame. Zo heb ik een aantal posts gemaakt terwijl ik dit boek aan het schrijven was. Ik laat zien dat ik met een boek bezig ben en ik heb al tig reacties met de vraag wanneer het klaar is 😊.

Ontwikkelingen binnen je bedrijf of bij jezelf

Wat gebeurt er allemaal? Waar ben je mee bezig?

Aankondiging/sneak previews nieuwe producten/diensten

Als je iets van Apple kunt leren is het wel het hypen van hun nieuwe producten. Sneak previews in combinatie met geheimzinnigheid trekken aandacht voor de lancering van nieuwe producten. Dit kan jij ook doen met jouw producten. Warm je doelgroep op met sneak previews.

Jouw producten

Showcase je producten. Simpeler kan ik het niet maken. Verkoop je kleding, make-up of andere goederen via een webshop? Laat het zien op Insta! En gebruik het in combinatie met Instagram Shopping zodat men direct het item kan bestellen.

Tips and tricks over jouw product of dienst

Wat zijn je producten, maar vooral, wat kun je er allemaal voor fantastische dingen mee doen? Nee, maak geen strak marketing verkooppraatje, maar laat zien wat de echte voordelen zijn van jouw producten en hoe je deze het beste kunt gebruiken.

Jouw diensten

Wat kan jij allemaal voor een ander betekenen? Laat zien wat jij in huis hebt, wat de voordelen daarvan zijn en waarom men jou moet hebben voor die diensten.

Make-overs – 'before and after'

Het grote succes van make-overs is al jaren bekend bij grote bladen en in televisieland. De voor en na foto's of filmpjes van een persoon of project is ook op Insta een groot succes. Kijk wat jij met dit onderwerp kunt doen.

Je klanten met jouw product/dienst

Niets is sterker dan dat anderen jouw product of dienst aanprijzen.

Aanbevelingen/reviews

Krijg jij fantastische reviews op TripAdvisor, op Facebook, via een forum of via Google? Dan mag je dat best wel delen op jouw Instagram-account.

Mijlpalen

Heb je een mijlpaal bereikt? Bijvoorbeeld dat een product klaar is voor lancering? Of dat je een X-aantal producten hebt verkocht? Of dat je zo veel mensen blij hebt gemaakt met jouw dienst? Deel het op een leuke manier op Insta. Probeer het zo in te steken dat je enorm blij en trots bent op die mijlpaal zonder dat je jezelf al teveel op de borst slaat.

Historie – 'Throw Back Thursday'

Foto's en filmpjes uit het verleden doen het altijd goed op social media. 'Throw back Thursday' is een bekend fenomeen waarbij je op donderdag iets plaatst van een gebeurtenis jaren terug. Het feest der herkenning, het *o jaa!* gevoel, dat is de sleutel tot succes met dit thema. Duik dus in je archieven en haal die pareltjes naar boven en plaats deze op vaste dagen met #ThrowBackThursday.

Vacatures

Heb jij een plek vrij in je team? Dan is Insta een mooie plek om dat aan de wereld te vertellen. Probeer weg te blijven van de standaard supersaaie teksten die je altijd ziet, maar maak er eens een spetterende post van. Wedden dat je daar veel reacties op gaat krijgen van de juiste mensen?

Aankondigingen evenementen

Ga je een evenement organiseren? Dan heb je gasten nodig. Instagram is dan dé plek waar jij je event gaat aankondigen om mensen te enthousiasmeren om te gaan. Deel de voorpret, tel af naar het event en maak iedereen enthousiast om te gaan.

Aftermovies

Heb je een event gehad? Een congres? Een beurs? Film het en maak er een te gekke aftermovie van die je op je Instagram-kanaal post.

Aankondiging webinar

Ga jij via een webinar een presentatie geven? Denk dan eens aan Instagram om daar aandacht voor te vragen. Niet alleen als aanjager voor je webinar, maar vergeet ook niet tijdens je webinar een foto te maken die je een dag later weer kan gebruiken als post. Ook leuk: een post maken waarin je deelt hoeveel mensen er hebben meegedaan aan je webinar. De personen die niet hebben meegedaan krijgen nu vast en zeker dat FOMO (Fear Of Missing Out) gevoel en willen de volgende echt niet missen.

Behind the scenes, een kijkje achter de schermen, bijvoorbeeld interviews of ontwikkeling van nieuwe dingen

Neem je volgers mee achter de schermen van je bedrijf. Het gebied waar ze anders nooit komen. Iedereen is nieuwsgierig wat zich daar allemaal afspeelt. Licht een tip van de sluier op en laat zien hoe het daar toegaat. Ook als je bijvoorbeeld geïnterviewd wordt door een journalist voor radio, krant of televisie. Laat zien dat dat gebeurt en post het. Gegarandeerd succes.

Interviews

Is er met jou een interview afgenomen? Super om dit via Instagram te verspreiden. Dit kan ook een interview zijn dat je zelf hebt opgezet.

Wist je datjes

Niet voor niets heeft elk clubblad of lokale krant een 'Wist je datjes' sectie. Dit is altijd één van de meest gelezen onderdelen van dat soort bladen. Haal inspiratie uit deze succesformule, geef er je eigen draai aan en maak er een wekelijkse rubriek van.

Q&A (opgenomen of live)

Question and answer. De bekende Q&A. Je krijgt vast ontelbaar veel vragen over jouw bedrijf, je product of je dienst. Zie het als een kans en maak van elke vraag en antwoord een aparte post in een serie. Leuk om te doen en geeft gelijk je doelgroep antwoord op die meest gestelde vragen.

Voorspellingen (trends bv)

Weet jij veel over een bepaald onderwerp? Laat dan je expertise zien en voorspel de toekomst of showcase de laatste trends over dat onderwerp. Dit kan van alles zijn. Denk breed.

Trendig topics

Vertel je mening over iets wat op dit moment het trending onderwerp is waar iedereen het over heeft. Hou het wel bij jezelf en denk eraan dat het onderwerp bij jou als merk moet passen, anders sla je de plank mis.

Presentaties

Maak van de belangrijkste slides van je presentatie een aparte afbeelding en creëer zo je eigen carrousel post boordevol interessante informatie.

Cases

Heb jij een fantastisch resultaat behaald bij een klant doordat hij van jouw product of dienst gebruik maakt? Maak er een case van om anderen te inspireren om hetzelfde bij jou af te nemen. Vraag uiteraard even toestemming voordat je het publiceert.

Onderzoeksvragen en -resultaten

Heb jij een bepaald onderzoek gedaan? Deel dan de resultaten van dat onderzoek als een Instapost. Vergeet niet van tevoren te laten zien dat je met dat onderzoek bezig bent om er meer bekendheid voor te genereren.

Infographics

Zet bepaalde cijfers op een rijtje in een duidelijke infographic en je hebt de aandacht van velen.

Samenwerkingen met anderen

Ben je samen met iemand anders bezig met een project? Post er berichten over, tag die ander en je boort gelijk een compleet nieuwe doelgroep aan.

Wat is leuk in de omgeving

Deze gebruik ik vaak voor de horeca. Focus je niet alleen op jezelf maar ook op de omgeving. Wat maakt het juist zo leuk om bij jou te komen eten of logeren? De gave plekjes in jouw dorp, stad of regio kun jij gebruiken als extra pluspunt om bij jou langs te komen.

Lijstjes - de 5 beste/leukste/mooiste etc.

Iedereen is gek op lijstjes. Je komt dit tegen in elk magazine, op tv en zeker ook op social media. Je kunt hier helemaal mee losgaan qua creativiteit. Bedenk een onderwerp.

Vlogs

YouTube is er groot mee geworden: Vlogs! Haal inspiratie uit de meest succesvolle vlogs en ga zelf aan de slag. Film je privéleven, film je reizen, film van alles en nog wat en maak er een soort tv-serie van.

Polls en quizes

Een eenvoudige met zeer eenvoudige antwoorden. Een heerlijke en laagdrempelige manier om interactie te krijgen.

Opinie – een vraag stellen aan je volgers

Wil je iets weten van je doelgroep? Stel ze dan gewoon een vraag! Check naderhand de reacties en je hebt het antwoord.

Vraag om advies

Dit werkt altijd voortreffelijk. Ten eerste houden mensen ervan om vragen te beantwoorden en problemen te helpen oplossen. Bovendien, als je een vraag stelt die ook hen kan helpen met een probleem, zullen ze je dankbaar zijn voor de hulp!

Quotes

Vanaf dag 1 van het bestaan van social media wordt deze vorm van communicatie gebruikt: de quotes. De *inspirerende* quotes kan ik beter zeggen. De *motiverende* quotes. Voor elke bedrijfstak zijn er wel quotes te vinden op het web of misschien gebruik jij wel bepaalde zinnen die je als quote kunt gebruiken. Gooi ze in een jasje wat bij jouw merk past en plaats ze op Insta.

Een challenge

Daag je volgers uit met een leuke challenge. Dit kan van alles zijn. Een uitdaging kan een geweldige manier zijn om je fans samen te brengen en ze te betrekken. Niet alleen bij jou, maar ook bij elkaar. Als je een leuke challenge verzint kan deze zelfs viral gaan.

Jouw favoriete...

Je kent ze wel, de favorietenlijstjes. Ook zo'n succesverhaal uit magazines. Vertel je volgers wat jouw favoriete film is, favoriete eten, favoriete YouTube-video, favoriete vakantieplek, favoriete muziek etc. etc. etc. Geef via dit soort posts een inkijkje in wie jij bent.

Moedig mensen aan om berichtmeldingen in te schakelen

Een goede manier om je engagement te verhogen is mensen te vragen om hun berichtmeldingen aan te zetten. Zo ontvangen ze elke keer dat je iets post een notificatie. Dit verhoogt het aantal vind-ik-leuks en reacties die je ontvangt.

Laat zien in wat voor stemming je bent

Niet alle dagen zijn hetzelfde. De ene dag is beter dan de andere. Laat je menselijke kant zien en toon in wat voor stemming je bent. Zowel de vrolijke als de minder happy kant van je leven. Heb jij een rotdag omdat er iets vervelends is overkomen, dan kun je dat eventueel delen met je volgers. Het wordt juist gewaardeerd als je die menselijke kant van je laat zien. Probeer niet altijd perfect te zijn, want niemand is dat. Je geloofwaardigheid groeit hierdoor.

Etc. etc. etc...

Je ziet het. Ideeën zat! En zo kan je nog wel een tijdje doorgaan met waanzinnig leuke ideeën voor je Instagram-kanaal. Sta compleet open voor alles, probeer alles zelf uit, want wat voor het ene bedrijf misschien niet werkt, kan voor jou perfect werken. Houd altijd jouw eigen doelgroep voor ogen en het doel dat jij met Instagram wilt behalen.

Waar ga je je content plaatsen?

Je hebt nu een idee hoe je content verzint. Maar heb je al een idee waar je het gaat plaatsen? Instagram is tegenwoordig meer dan alleen de tijdslijn. Het is uitgebreid met **Instagram Stories** waar je content maximaal 24 uur blijft staan. **Instagram TV** (IGTV), het videoplatform van Insta. Je hebt daarnaast nog de **Instagram Messenger, Reels, Instagram LIVE** en niet te vergeten: **Instagram Shopping!** Instagram heeft dus maar liefst zeven verschillende mogelijkheden waar jij met je content terecht kunt. Maar wat plaats je nou waar? Om dat te bepalen moet je eerst weten wat elk onderdeel precies inhoudt en hoe het algoritme van Instagram in elkaar steekt.

Hoe werkt het algoritme van Instagram

Net als Facebook en LinkedIn gebruikt ook Instagram een bepaald algoritme om de gebruikers van haar platform berichten en bepaalde advertenties voor te schotelen. De tijdslijn werkt dus niet chronologisch, maar op basis van een algoritme. Hoe dit algoritme in elkaar steekt is 'Top Secret' en weet niemand voor de volle 100%. En dit algoritme wordt ook nog eens regelmatig door Instagram aangepast.

Instagram heeft wel een klein tipje van de sluier gelicht en wat inzichten gedeeld met haar gebruikers. Zij gaven aan dat het algoritme uit 6 belangrijke elementen bestaat. Al deze elementen zorgen ervoor dat Instagram werkt zoals het werkt. Aan jou de taak om deze 6 elementen te begrijpen en ervoor te zorgen dat jouw Instagram-feed aan deze elementen voldoet.

1. Wat vond een gebruiker allemaal interessant?

Het eerste element gaat over het gedrag van een gebruiker op Instagram. Hoeveel likes geven ze aan bepaalde content? Hoe lang kijken ze naar bepaalde video's? Welke type Stories kijken ze lang naar? Welke zoekwoorden vullen gebruikers in? Welke hashtags vinden ze interessant? Wat voor onderwerpen vinden ze interessant?

Deze factoren zorgen ervoor dat de tijdslijn van een gebruiker bepaalde inhoud krijgt. Belangrijk om je dit te realiseren als bedrijf zijnde. Want deze factoren zeggen iets over hoe goed jij je doelgroep kent. Als jij je doelgroep leuke en interessante content aanbiedt, dan krijg jij meer likes op je post. Dan zullen ze je video's interessant vinden en helemaal afkijken en zoeken ze naar de zoekwoorden die jij in je berichten hebt geplaatst.

Verdiep je daarom maximaal in je doelgroep en zorg te allen tijde dat je de kwaliteit van je content aanpast aan de behoefte van je doelgroep. Daarmee valt of staat het succes van een Instagram-kanaal. Zorg er dus voor dat je consistent relevante en pakkende content maakt die veel geliket wordt en waarbij je veel interactie krijgt. Dan kom je sneller voor in de feed van jouw gebruiker.

2. De relatie van een gebruiker met een Instagram-profiel

In het dagelijkse leven heb je het meeste contact met je vrienden en je familie. Zij zijn de interessante mensen in je leven en met hen praat je vaker dan met andere. Met je beste vriend(in) praat je meer dan met bijvoorbeeld een winkelier of een ober in een restaurant.

Instagram probeert dat digitaal na te bootsen en kijkt naar de relatie van een gebruiker met een Instagram-profiel, en dan vooral naar de hoeveelheid interactie die gebruikers met elkaar hebben. Reageren ze vaak op jouw content? Dan ziet Instagram dat als een waardevolle relatie. Reageer jij dan weer op de reacties, dan ontstaat er interactie. Nog een teken voor Instagram om die band als 'innig' te bestempelen. Ditzelfde geldt ook voor het berichten sturen via DM. Hoe vaker, hoe intiemer de band is en hoe hechter de relatie, aldus Instagram.

Niet alleen interactie, maar ook het taggen van elkaar in elkaars berichten is voor Instagram een teken aan de wand dat de relatie tussen gebruikers waardevoller is dan andere.

Een warme relatie is voor Instagram dus belangrijk. Zorg er dus voor dat je niet alleen interessante content plaatst, maar vooral ook content waar je interactie mee uitlokt. Laat de gebruiker reageren op jouw berichten en op jouw Instagram Stories. Plaats dan zelf ook een antwoord op die reactie. Deze o zo belangrijke stap wordt zo vaak vergeten door bedrijven en organisaties, omdat er alleen maar aan content wordt gedacht. Niet aan interactie. Maar zoals Instagram zelf heeft aangegeven: een waardevolle relatie tussen gebruikers is één van de 6 elementen voor een succesvol Instagram-kanaal.

Bovendien is het wel zo netjes om antwoord te geven als iemand reageert. Dat doe je in dagelijkse leven toch ook? ☺

3. Hoe vaak checkt een gebruiker Instagram?

Dagelijks worden er enorm veel berichten op Instagram geplaats. Zo veel dat je die nooit allemaal kunt bekijken. Je zal zien dat wanneer je maar één keer per dag je feed checkt dat je dan puur de hoogtepunten krijgt te zien. Dat zijn de berichten waar de meeste interactie op geweest is en waarvan Instagram denkt (dankzij het algoritme) dat je die posts echt moet zien.

Kom je vaker dan één keer per dag op Insta, dan zal je tijdslijn er anders uitzien. Dan krijg je veel meer berichten voorgeschoteld in chronologische volgorde. Instagram kijkt dus ook naar de hoeveelheid tijd die een gebruiker spendeert op hun kanaal.

Een interessant gegeven, want als jouw doelgroep bestaat uit personen die de hele dag hun telefoon in hun handen hebben en continue hun feed checken, dan kan het de moeite waard zijn om meerdere keren per dag een bericht te plaatsen. Op die manier ben je bij die doelgroep vaker in beeld en houd je ze meer betrokken bij je merk.

Hetzelfde geldt voor het omgekeerde. Heb jij een doelgroep die maar één keer per dag of een paar keer per week Instagram checkt, dan heb je aan één kwalitatief waardevolle post per dag voldoende. De kennis van het Instagram-gedrag van jouw doelgroep is wederom een bepalende factor voor het succes van jouw kanaal.

4. Hoe lang gebruiken ze de app?

Hoe langer je als gebruiker scrolt, des te meer content krijg je te zien. Tja, dit is natuurlijk geen hogere wiskunde. Instagram gaat je niet in één sessie herhalingen van berichten laten zien. Dus hoe langer je aan het scrollen bent, des te meer content krijg jij als gebruiker te zien. Content die wellicht minder bij jou aansluit, het beste content laat Instagram als eerste zien, maar wel wat door de profielen die jij volgt gepost wordt.

5. Hoeveel profielen volgt een gebruiker?

Hoe meer Instagram-profielen iemand volgt, des te meer keuze aan content. Het is zo simpel als het maar kan. Instagram heeft een grotere grabbelton aan content als een gebruiker veel profielen volgt. Dus je snapt dat de kwaliteit van jouw content wederom doorslaggevend is, want Instagram prefereert kwalitatieve content waar regelmatig veel interactie mee is boven mindere content.

Zorg dus dat je op regelmatige basis kwalitatieve content plaatst zodat Instagram jouw bericht uit die grote grabbelton haalt. Kwaliteit heeft immers voorrang op de tijdslijn. En jij wilt natuurlijk als bedrijf zijnde op die tijdslijn in beeld komen bij je volgers.

6. Actualiteit van een bericht

Je ziet zelden in een Instagram-feed berichten die ouder zijn dan een week. Waarom? Omdat Instagram ervanuit gaat dat wat er vandaag gepost wordt, dat dat relevant is voor haar gebruikers. Dat is dus weer een belangrijke factor om goed te begrijpen wat dit voor jouw kanaal betekent.

De timing van het plaatsen van een bericht is daarom ontzettend belangrijk. Plaats dan ook berichten wanneer jouw doelgroep online is. Instagram kijkt namelijk écht naar de tijd van publicatie. Als jij midden in de nacht een bericht plaatst terwijl je doelgroep overdag online is, dan betekent dit dat jouw bericht al 12 uur 'oud' is. Dus minder relevant, aldus het algoritme van Instagram. Dan scoor je dus negatieve punten in plaats van positieve.

Wederom is het kennen van jouw doelgroep hier een ontzettend belangrijke factor. Als jij weet wanneer jouw doelgroep online is en waar ze op dat moment behoefte aan hebben, dan is dat direct winst voor jou want dan kun je daar op inspelen met het plaatsen van relevante content. Je statistieken van je Instagram-kanaal, je Facebookpagina, maar zeker ook de Google Analytics van je website, helpen je hierbij om het juiste tijdstip te bepalen.

Het algoritme van Instagram is een self-learning system. Het past zichzelf aan de gebruiker aan, waar als bedrijf de kansen dus liggen. Want als jij ervoor zorgt dat je jouw volgers interessante en relevante content aanbiedt, dan zorgt het algoritme ervoor dat ze dat te zien krijgen. Instagram gaat voor kwaliteit en beloont dat door jouw content een plek te geven in de feed van je volgers.

Wat maakt jouw Instagram-account nu succesvol?

Het vertrouwen hebben van jouw doelgroep is het allerbelangrijkste. Je volgers moeten bouwen op het feit dat jij content publiceert en met ze deelt. Dat is de basis van succes hebben op elk socialmedia-platform: Het constant publiceren van kwalitatief goede content die relevant is voor jouw doelgroep.

- Relevante content voor jouw doelgroep
- Consistent publiceren
- Blijven volhouden

Het plaatsen van relevante content, deze consistent publiceren én blijven volhouden Is DE sleutel tot succes op Instagram!

Dat is de sleutel tot het succes op Instagram! Als je dit niet goed in orde hebt, dan kan je het wel vergeten. Werk hieraan en zet dit bovenaan je prioriteitenlijst. Je wilt je doelgroep op vaste momenten berichten voorschotelen waar zij zich mee kunnen relateren en wat impact op hun heeft. Dit ritme moet je zien te vinden, zodat het een gewoonte wordt voor zowel jou als voor je doelgroep.

Diverse onderdelen van Instagram

Instagram is in 2010 begonnen als een socialmedia-platform waar je op een makkelijke en snelle manier foto's aan kon toevoegen. Maar vandaag de dag is het meer dan dat. Veel meer dan dat. Instagram heeft niet alleen de 'gewone' tijdslijn waar het allemaal mee begon. Nee, Instagram heeft inmiddels meerdere onderdelen in haar platform zitten. Je hebt inmiddels **zeven verschillende onderdelen** binnen Instagram:

1. **Instagram-tijdslijn - 'de feed'**
2. **Instagram Stories**
3. **Instagram TV - IGTV**
4. **Instagram LIVE**
5. **Instagram Reels**
6. **Instagram Shopping**
7. **Instagram Messenger**

In de volgende hoofdstukken loop ik deze onderdelen één voor één door. Ieder heeft zijn eigen unieke kenmerken die je moet weten alvorens je een digitale strategie gaat maken voor je bedrijf of organisatie.

Checklist na hoofdstuk 5

Na het doornemen van dit hoofdstuk:

☐ Weet je wat een content-strategie is;
☐ Heb je de gratis contentkalender gedownload;
☐ Weet je hoe belangrijk het plaatsen van content is;
☐ Heb je inspiratie opgedaan qua thema's en onderwerpen voor je content;
☐ Weet je hoe het algoritme van Instagram werkt;
☐ Besef je dat Instagram uit diverse onderdelen bestaat;

6. Instagram-tijdslijn

De oudste van alle onderdelen: de tijdslijn. Ook wel de 'feed' genoemd. Dit zie je direct als je de Instagram-app opent. Op de tijdslijn zie je de foto's en video's die mensen die jij volgt plaatsen.

Op de tijdslijn heb je de mogelijkheid om drie verschillende soorten berichten te plaatsen:

- Een afbeelding
- Een video
- Een carrousel

De volgorde van de foto's en video's in je feed zal gebaseerd zijn in hoeverre Instagram denkt dat je geïnteresseerd bent in de inhoud. Als jij veel interactie hebt (een 'like' geeft, hoe lang je het filmpje bekijkt of een reactie plaatst) op een bericht met bijvoorbeeld een kat erin, dan zal

"

Instagram jou ook meer kattenfoto's en –filmpjes laten zien en minder posts met bijvoorbeeld honden. Dat werkt ook zo met de Instagram-accounts die jij volgt.

Instagram bekijkt namelijk ook jouw relatie met de persoon die het bericht plaatst. Hoe vaker jij interactie hebt met een bepaald account, is voor Instagram van belang om jou juist die berichten te laten zien.

De laatste factor is de factor tijd. Instagram wil je graag berichten laten zien die recent en dus relevanter zijn voor jou.

Dit is natuurlijk ontzettend belangrijk om een succesvol Instagram-kanaal te maken. Daarom is interessante content van wezenlijk belang. Alleen de juiste berichten, waarbij je volgers veel interactie hebben, komen naar boven in de tijdslijn. De berichten die je op je Insta-tijdslijn plaatst, blijven daar voor altijd staan, tenzij je de berichten zelf verwijdert.

Het grote voordeel hiervan is, is dat je daardoor ook 'ontdekt' kan worden door mensen die jouw Instagram-kanaal nog niet volgen. De berichten van je tijdslijn komen namelijk ook terug in de **explore**-tab (klik onderaan op het vergrootglas icoontje om hier te komen), waar niet-volgers jouw berichten kunnen tegenkomen. Vanuit die berichten komen ze op je profiel terecht. Beschouw je eigen profiel als het officiële gezicht van jouw bedrijf op Instagram, waar je je bedrijf als een echt merk presenteert. Je snapt nu wellicht nog meer waarom het zo belangrijk is om hier fantastische content te plaatsen.

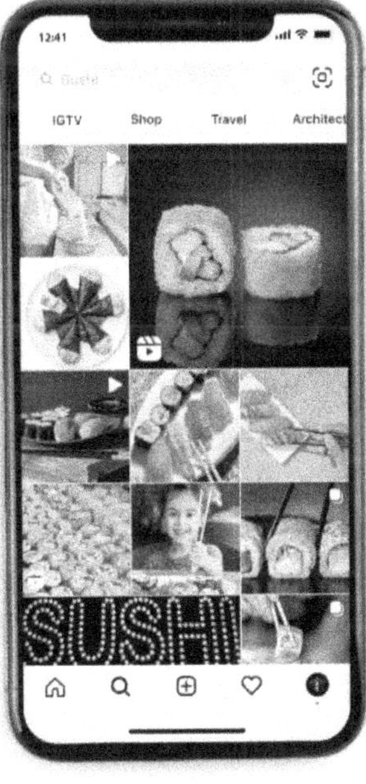

Let hierop als je content plaats op je Instagram-tijdslijn

Als je berichten gaat plaatsen op je Instagram-tijdslijn, dan zijn er drie belangrijke elementen waar je 200% focus op moet hebben:

1. **De visual (foto of filmpje)**
2. **De tekst**
3. **De hashtags**

Het een kan niet zonder het ander. Een slechte tekst kan een goede visual compleet verknallen, en andersom. De hashtags zijn er vooral om gevonden te worden, maar ze kunnen ook een interessante rol spelen in je tekst. Ik kom daar later in een apart hoofdstuk op terug.

De visual is het eerste wat iemand ziet die door zijn tijdslijn heen scrolt. Deze moet meteen aanspreken en de aandacht grijpen. De eerste afbeelding moet gelijk opvallen, perfect zijn. Je krijgt nooit een tweede kans voor een eerste indruk. Zorg daarom dat je foto's en filmpjes professioneel zijn en je doelgroep aanspreken. Een foto van hoge kwaliteit ziet er scherp en uitnodigend uit en zorgt ervoor dat mensen eerder dubbelklikken (een 'like' geven) op je foto. Investeer daarin, want alleen met de juiste visuals kun je een succesvolle Instagram-strategie ontwikkelen.

De tekst is het andere belangrijke onderdeel van je bericht. Deze moet meteen aanslaan en de aandacht grijpen van je doelgroep. De eerste twee zinnen zijn daarbij het allerbelangrijkste omdat die direct zichtbaar zijn als iemand door zijn/haar tijdslijn scrolt. Grijp dat moment dus aan om de attentie van je doelgroep te krijgen en pak ze in met de juiste tekst in de taal die zij spreken. Simpel gezegd: een vrouw van 30-35 jaar spreek je anders aan dan een man van 50-55 jaar. Iedere doelgroep vraagt weer om een andere een benadering, heeft zijn eigen manier van omgang en interesses.

De berichten die je plaatst op de tijdslijn blijven voor altijd daar staan. Zorg er dus voor dat je feed een fantastisch visitekaartje is voor jouw bedrijf.

Tips voor een succesvolle Instagram-tijdslijn

Om succesvol te zijn op Instagram zijn diverse elementen belangrijk om in ogenschouw te nemen. Het gaat om meer dan alleen een plaatje of filmpje met een leuke tekst plaatsen. Veel meer. **De drie belangrijkste elementen zijn:**

- **Relevante content plaatsen voor jouw specifieke doelgroep.**
- **Consistent publiceren. Zorg dat je publiek mee gaat met het ritme waarin jij post.**
- **Blijf volhouden!**

Succesvolle Instagram-feeds hebben deze drie belangrijke elementen volledig in orde. Die doen er alles aan om op de juiste tijdstippen de juiste berichten te plaatsen die de aandacht van hun doelgroep trekken. Dus zorg ervoor dat jij je doelgroep door en door kent. Zonder die kennis gaat het niets worden. Die kennis vergaren is je allereerste en tevens belangrijkste stap om succes te krijgen op Instagram.

Maak consistent gebruik van een bepaald kleurenpalet of filter, en wees herkenbaar

Als een potentiële volger jouw profiel bezoekt en het is een wirwar van allerlei kleuren en diverse soorten uitingen, dan geeft dat een rommelige aanblik en zijn ze binnen een seconde weer vertrokken. Het creëren van een consistente *look and feel* van je feed geeft duidelijkheid en helpt om je te onderscheiden van de concurrentie. Bekijk maar eens de feed van een groot merk als Coca-Cola waar duidelijk de huiskleuren rood, wit en zwart overheersen of Coolblue waar de kleur blauw veelvuldig terugkomt. Je ziet in één klap waar je bent beland en wat voor content ze plaatsen.

Laat je huisstijl terugkomen in je posts waardoor je berichten direct herkend worden door je volgers die door hun tijdslijn scrollen. Herkenbaarheid is je grote kracht. Dat draagt absoluut bij aan het succes van je feed.

Post een Instagram Carrousel

Je kunt in de feed ook een x-aantal foto's en/of video's naast elkaar zetten in een zogeheten Carrousel. Een Instagram Carrousel is een post met meerdere foto's of video's die kan worden bekeken door naar links te vegen. Je kunt maximaal tien foto's of video's toevoegen, en die deel je dan als een enkele post op de feed. Dus in plaats van (max) tien losse foto's wordt het één post met tien foto's erin. Een ontzettende eye-catcher als je het goed inzet. Heel handig voor wanneer één foto niet de volledige lading van je boodschap dekt.

Als je de post plaatst, dan zie je rechts bovenin een tellertje. Samen met de bolletjes midden onder het beeld geeft dat aan hoeveel frames het bericht heeft (Progress marker). Net als bij een gewoon bericht plaats je hier geotags (de plaats waar de foto is genomen) en plaats je er tekst onder, samen met een aantal hashtags.

Een Carrousel-post is ontzettend leuk om bijvoorbeeld een mini-verhaal te vertellen zoals in dit voorbeeld van een pizza uit de steenoven:

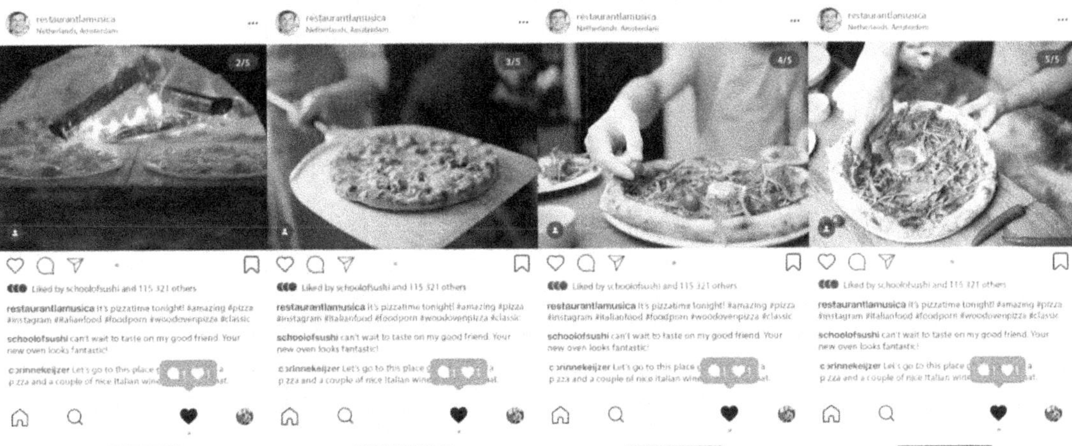

Een fijne bijkomstigheid van een Instagram Carrousel is dat je langer de aandacht grijpt van je volgers. Ze scrollen immers door je frames heen en dat kost meer tijd dan wanneer je maar een enkele afbeelding of video laat zien. Hoe langer jij je volgers bezighoudt met jouw content, des te belangrijker gaat Instagram jouw account vinden. Dit is één van de pijlers van het algoritme van Insta, dus ook daarom is het goed om regelmatig Carrousels te plaatsen.

Hoe maak je een Instagram Carrousel post?

Je maakt een Instagram Carrousel door de Instagram-app te openen en op het **+ icoontje** in de navigatie te klikken. Zorg er uiteraard eerst voor dat je alle foto's op je telefoon hebt staan in je foto-library. Klik daarna op het **Multiple icoontje**, zodat je meerdere foto's of video's kunt selecteren. Zoals gezegd mag je er maximaal tien selecteren. Doe dat in de volgorde waarin je ze wilt laten verschijnen. Je ziet op de foto een cijfer verschijnen als je deze selecteert.

Multiple selector

Image library

Selected image

Klik dan op **Volgende**. Daar kan je, als je wilt, filters of bewerkingen toepassen op elk frame. Schuif naar de foto die je wilt bewerken. Klik er vervolgens op om de bewerkingstools te openen. Doe dit eventueel bij elk frame, en als je klaar bent (of als je niet wilt bewerken en deze stap overslaan), klik je weer op **Volgende**. Ben je nog niet tevreden en wil je er toch nog één foto aan toevoegen, klik dan op **de grote +** aan het einde van alle frames. Dat geeft je de mogelijkheid om nog een frame toe te voegen (tenzij je al tien frames hebt gebruikt).

Als laatste voeg je je tekst, je hashtags en je geotag (locatie) toe en tag je eventueel de personen die op de foto's staan. Klik daarna op **Delen** en je bericht staat live!

Het succes van een Carrousel-post valt en staat natuurlijk bij het allereerste frame. Is dat beeld niet aantrekkelijk genoeg om verder te swipen, dan scrollen mensen gewoon door en is het effect van je Carrousel-post weg. Voorkom directe teleurstelling en plaats een tweede frame dat uiteraard ook de moeite van aandacht van je volgers waard is. Als ze teleurgesteld zijn in de inhoud van de overige frames is het lastig om ze een volgende keer te overtuigen om wel door te swipen. Gebruik je een Carrousel, onthoud dan dat deze écht de moeite waard moet zijn en zeker de eerste twee frames absoluut 'spot on'.

Mensen zijn gevoelig voor bepaalde opdrachten, dus is het best een goed idee om in je eerste beeld een **call to action** te plaatsen met de opdracht om verder te swipen. Dit kun je eventueel in je begeleidende tekst plaatsen. Je volgers laten weten wat ze met je bericht moeten doen, werkt vaak erg goed.

Wil je een Instagram Carrousel-bericht maken, houd dan rekening met de volgende specificaties.

Instagram Carrousel-maten:

- **Vierkant formaat:** 1080 x 1080 pixels
- **Landschap formaat:** 1080 x 566 pixels
- **Portret formaat:** 1080 x 1350 pixels
- **Beeldverhouding:** vierkant (1:1), landschap (1,91:1), verticaal (4:5)

- **Aanbevolen beeldgrootte:** breedte van 1080 pixels, hoogte tussen 566 en 1350 pixels (afhankelijk of het beeld liggend of staand is)
- **Aanbevolen formaten:** gebruik een afbeelding met het JPG of PNG formaat, GIF is niet mogelijk
- **Maximale afbeeldinggrootte:** 30MB per beeld

Wil je een Instagram Carrousel maken met video erin? Daar gelden de volgende eigenschappen voor.

Instagram-video Carrousel specificaties:

- **Lengte:** 3 tot maximaal 60 seconden
- **Aanbevolen formaten:** gebruik een filmpje met .MP4 of .MOV formaat
- **Aspectverhoudingen:** landschap (1,91:1), vierkant (1:1), verticaal (4:5)
- **Maximale videogrootte:** je filmpje mag niet zwaarder zijn dan 4GB

Je kunt foto's en video's door elkaar gebruiken, als je er maar voor zorgt dat ze hetzelfde formaat hebben.

Ideeën voor een Instagram Carrousel

Ik ben zelf groot fan van de Instagram Carrousel en ik zie dat het altijd goed presteert op gebied van interactie. Je kunt nét even beter je verhaal kwijt dan bij een enkele post. Omdat Carrousels in mijn ervaring meer betrokkenheid tonen dan een enkele afbeelding of video's, neem ik ze altijd op in mijn contentstrategie.

De Carrousel kun je voor heel wat onderwerpen inzetten. Ik geef je hier 11 ideeën hoe ik dit ontzettend leuke Instagramformaat inzet:

1. **The making off.** Laat zien hoe jouw product gemaakt wordt, zoals in het pizzavoorbeeld van hierboven. Een klein kijkje achter de schermen dat jouw volgers zeker gaan waarderen. Niet alleen *the making off a product* is interessant, maar denk ook bijvoorbeeld aan een verbouwing, of hoe je bedrijf is gegroeid in al die jaren met leuke foto's uit de geschiedenis achter elkaar gezet.

2. **Een make-over!** Ja, de bekende 'voor en na' fotosessie. Ontzettend populair bij kappers, schoonheidsspecialistes en stylisten. Maar een make-over kan bijvoorbeeld ook gaan

over een oud type vs nieuw type van hetzelfde product dat je dan naast elkaar zet. Mensen zijn altijd ontzettend nieuwsgierig naar wat jij ervan gemaakt hebt. Dit staat altijd garant voor succes. Kijk maar eens naar de grote hoeveelheid tv-programma's die over dit onderwerp gaat. Een extra voordeel is dat je bijna zeker weet dat deze content goed bekeken gaat worden en dat is weer goed voor het algoritme van Instagram. Pak dit onderwerp goed aan en je bericht kan weleens een heel groot bereik halen.

3. **Een evenement.** Als je een groot evenement hebt, dan kan een hoeveelheid foto's achter elkaar soms teveel zijn. Maak dan een fotocarrousel over een bepaald interessant onderwerp van je evenement. Bijvoorbeeld een serie over de foodtrucks die er stonden, of van alle dj's van een bepaalde area, of een serie foto's met alle mooie decoratieve elementen van je festival. Super om daarvan een soort mini-fotoalbum te maken.

4. **Het delen van resultaten.** Via een aantal frames plaats je op een leuke manier je behaalde resultaten. Bijvoorbeeld een serie over je maandresultaten. Zoveel klanten gehad, zoveel glazen witte wijn ingeschonken, het populairste gerecht was de steak, er zijn x-aantal bordjes Crème Brulee geserveerd etc. Bij elk resultaat plaats je een aantrekkelijke foto en je hebt een ontzettend leuke Carrousel gemaakt. Op deze manier laat je zien dat je bedrijf succes heeft, want mensen zien de resultaten en gaan erover praten. Plus je geeft je klanten en volgers gelijk inspiratie om één van de producten af te nemen die jij hebt laten zien. Succes zien, is succes kopen!

5. **Details van je product.** Wat dacht je van een gave fotoserie van details van je product. Mooie close-ups van dat ene knopje, details vanuit diverse hoeken. Een geweldige manier om aandacht te trekken door in te zoomen op de eigenschappen van jouw product. Je ziet dit veel bij retail en mode-influencers. In het eerste frame plaatsen ze de gehele outfit om vervolgens in de volgende frames in te gaan op detailniveau met mooie close-ups. De auto-industrie gebruikt deze handige truc ook en laat close-ups zijn van de wielen, de mooie lijnen van de auto en de knopjes op het dashboard, allemaal om potentiële klanten lekker te maken. Zo kun je voor elk product een mooie serie foto's verzinnen die de kracht van je product naar voren laten komen.

6. **Lancering van een nieuw product.** Als we het dan toch over producten hebben. Een fotocarrousel is natuurlijk een prachtige blikvanger om een nieuw product te lanceren en daar de focus op te leggen. Je hebt bijvoorbeeld de mogelijkheid om verschillende variaties van je product te laten zien, zoals diverse kleuren of verschillende versies. Maar natuurlijk kun je hier ook de kwaliteit van je nieuwe product laten zien door alle belangrijke kenmerken te vermelden. Zet deze achter elkaar en je klant/volger heeft gelijk een overzicht van hoe goed je nieuwe product is.

7. **Een mini catalogus.** Laat in één Carrousel al je verschillende producten uit een enkele productgroep zien. Bijvoorbeeld als je een restaurant hebt een serie over alleen de desserts, of als je in retail werkt een serie over de populairste jurkjes of jeans. Laat elk item zien in een fotocarrousel om je klant/volger een idee te geven wat je allemaal aanbiedt.

8. **Lijstjes.** Wij mensen zijn gek op lijstjes! En hoe kun je lijstjes nou beter tonen dan in een aantal foto's achter elkaar? Je kunt het zo gek niet bedenken of je kunt er een lijstje van maken. De Top 3 beste tracks van de week, de Top 10 van meest gekochte producten, de Top 7 van de beste tips over jouw product, en ga zo maar door. Hartstikke leuk om te maken en supermakkelijk om vorm te geven. Je hoeft maar de juiste foto te pakken en er een cijfer op te plakken en eventueel wat begeleidende tekst.

9. **Het delen van reviews.** Positieve reviews zijn ontzettend belangrijk voor een bedrijf. Of je ze nou op Google krijgt of via LinkedIn, Facebook of TripAdvisor, reviews zijn noodzakelijk om online succes te hebben. Hoe gaaf is het om wat van die positieve reviews te verzamelen en die in een Carrousel te zetten? Op die manier bouw je gelijk aan het vertrouwen in je merk omdat (potentiële) klanten nu meningen van anderen over jou zien. Er zit wel een klein gevaar aan dit onderwerp. Doe het niet te vaak, want dan wordt het snel als 'borstklopperij' gezien en dan heeft het juist het tegenovergestelde effect, en dat wil je niet. Maar om dit een paar keer in het jaar te doen is zeker niet verkeerd!

10. **A/B test.** Meerdere afbeeldingen achter elkaar, dat vráágt gewoon om een test! Plaats bijvoorbeeld diverse outfits of gerechten, producten of zelfs liedjes achter elkaar en vraag aan je volgers om hun favoriet te kiezen en die in de reacties aan te geven. Dit is echt een win-win situatie voor je. Niet alleen krijg je via een makkelijke en aantrekkelijke manier de mening van je volgers, welke je weer kunt gebruiken in je bedrijfsvoering, maar je krijgt ook nog eens heel veel reacties, en dat is weer goed voor het algoritme van Insta. Probeer het uit en je zult versteld staan van de resultaten!

11. **Landscape foto.** Last but not least: je Carrousel gebruiken voor een landscape of panorama-foto. Soms heb je een geweldige foto die je op Insta wilt gebruiken, maar als je die cropped tot een vierkant, dan is het hele 'wow' effect weg. Wat ik dan doe: ik snij die foto in twee (of meer) gelijke vierkanten en plaats die als een carrousel. Als je dan swiped, wordt het één foto. Hiermee gooi je gelijk een creatief sausje in je tijdslijn. Even een heerlijk fun-element! Dit kun je natuurlijk in Photoshop of Canva maken, maar je hebt ook speciale apps. Ik gebruik zelf het liefste de app SwipeMix (alleen iOS) waar al heel veel (gratis en betaalde) templates inzitten en waar je heel gemakkelijk aantrekkelijke Carrousels kunt maken.

Checklist na hoofdstuk 6

Na het doornemen van dit hoofdstuk:

- ☐ Weet je hoe de tijdslijn van Instagram werkt;
- ☐ Weet je welke drie elementen belangrijk zijn bij het plaatsen van content;
- ☐ Weet je dat relevante content, consistent publiceren en volhouden de sleutel is tot succes;
- ☐ Heb je ideeën gekregen om Carrousels te verzinnen;

7. Instagram Stories

In 2016 werd opeens Stories toegevoegd aan het Instagram-platform. De ontwikkelaars van Insta hebben deze functie afgekeken van het geweldige succes dat Stories had op de populairste app onder jongeren: Snapchat. Dit specifieke onderdeel van Instagram is een sectie waarbij je snelle verhalen vertelt door middel van foto's en filmpjes. Deze verhalen verdwijnen automatisch na een periode van 24 uur. En dát is het grote succes achter Stories. Ze zijn na die 24 uur niet meer terug te kijken. Juist dit tijdsaspect zorgt ervoor dat een specifiek deeltje van het menselijk brein wordt aangeroepen: **Fear Of Missing Out (FOMO)**. De angst om iets te missen! Psychologisch gezien een meesterzet om dit in een socialmedia-app te gebruiken. Want je wilt immers toch niks leuks missen?

Het succes van Instagram Stories komt doordat je volgers bang zijn iets te missen. The Fear of Missing Out (FOMO). Houd dit in gedachten als je content maakt voor je Stories!

Hoe werken de Instagram Stories?

Instagram Stories zijn makkelijke hapklare snacks die je tot je neemt. Het maakt niet uit wat voor een account je hebt, zakelijk of privé, iedereen kan deze verhalen maken.

Elk verhaal mag maximaal 15 seconden duren. Al deze verhalen worden één voor één achter elkaar gezet zodat het één groot verhaal wordt. Je vindt de Stories bovenaan het scherm met je tijdslijn. De eerste profielfoto is van jezelf, daarnaast zie je profielfoto's van accounts die je volgt met daaromheen een mooie gekleurde cirkel. Klik daarop en je komt op hun Stories terecht.

Een andere manier om de Stories van een account te bekijken is om simpelweg naar het desbetreffende account te gaan en dan bovenaan op de profielfoto te klikken indien er een gekleurd randje omheen zit. Het gekleurde randje geeft aan dat er een verhaal geplaatst is. Als je daar dan op klikt, dan zie je alle verhalen die maximaal 24 uur oud zijn, in chronologische volgorde.

Het oudste bericht zie je als eerste. Je kunt door de verschillende Stories heen 'zappen' door op **de rechter- of linkerkant** te klikken. Wil je naar een verhaal van een ander account? Geef dan een swipe naar rechts en je ziet de content van het volgende account dat een verhaal geplaatst heeft.

Toen deze functie in 2016 net live stond, plaatsten bedrijven daar vaak content die leuk was, maar niet goed genoeg voor de tijdslijn (waar de content altijd blijft staan). Maar je ziet de afgelopen tijd een enorme verandering plaatsvinden. De Stories zijn zo populair geworden onder de gebruikers, dat veel bedrijven en organisaties meer en meer tijd in deze content zijn gaan steken. Dit heeft als gevolg dat de Stories een professionaliteitsslag hebben ondergaan én het een steeds belangrijker onderdeel wordt in de contentstrategie. Eén van de grote voordelen van de Stories is dat je heel snel ontzettend leuke, creatieve en interactieve content maakt. Content waarmee je het publiek vermaakt, je snel een reactie op krijgt vanuit je doelgroep én waarmee je de menselijke kant van je bedrijf nog beter in beeld kan brengen. Stories hoeven er niet super gelikt uit te zien en juist de menselijke factor is allesbepalend binnen Insta Stories. Ik zie het soms ook als een grote speeltuin waar ik van alles en nog wat kan uitproberen, want het staat toch maar maximaal 24 uur online. Dus als ik een misser maak, dan is dat niet zo erg. Op die manier kun je af en toe lekker experimenteren met content en nieuwe dingen uitproberen. Een soort try-out plek voor je andere content-platformen.

Hoe maak je een Instagram Story

Om een Story op Instagram te maken, klik je op het **+ icoontje** in de rechterbovenhoek in je feed of via je profiel van het scherm. Een andere manier is om naar rechts te swipen. Dan kom je in hetzelfde scherm terecht.

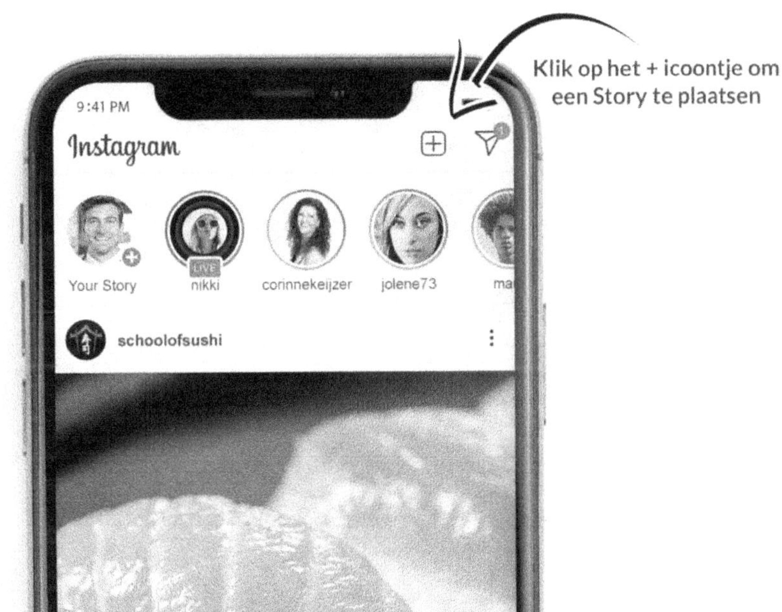

Of swipe naar rechts

Je komt nu in de contentmaker van Instagram terecht. Vanuit dit scherm kun je een gewone post maken, een 'Reel', maak je een 'live-uitzending' of plaats je een verhaal.

Kies onderaan voor de optie **Story (Verhaal)**. Je scherm verandert direct in het edit gedeelte van Stories. Het is nu tijd om een leuk verhaal te maken! Je hebt de mogelijkheid om een foto te nemen of om een filmpje te maken. Dat doe je door óf op de **grote witte button onderaan** te klikken, óf om deze ingedrukt te houden. Je ziet dan dat je een filmpje kan maken.

Naast die witte button zie je allemaal gekleurde rondjes met vrolijke icoontjes erop. Dat zijn de bekende filters van Instagram Stories. Deze kun je op zowel foto als video toepassen. Het ene filter is leuker dan het andere. Er zit een groot 'fun-element' in het gebruik van deze filters. Er komen steeds nieuwe bij, dus probeer ze allemaal uit, zou ik zeggen!

Aan de linkerkant vind je nog een paar andere leuke opties. Deze vind ik voor zakelijk gebruik interessanter dan de filters. Ik loop ze één voor één met je door:

- **Maken:**
  Dit is een optie om een Story te maken zonder afbeelding. Ik gebruik deze optie als ik snel een Story wil maken met puur en alleen tekst met een bepaalde kleur achtergrond. Handig bijvoorbeeld als tussenblad tussen twee afbeeldingen. Zorg echter wel dat de tekst niet te lang is, want een verhaal blijft maar een paar seconden in beeld staan voordat het alweer naar het volgende frame gaat. Kort en krachtig is ook hier het advies.

- **Boomerang:**

De naam is natuurlijk afgeleid van de Australische Boomerang die door de oorspronkelijke bewoners, de Aboriginals, werd gebruikt voor de jacht. Met deze coole tool maak je korte video's die continue voor- en achteruit worden afgespeeld. Een 'loopfilmpje' dus! Hier kan je enorm goed je creativiteit in kwijt. Ik gebruik deze tool vooral met scenes waar veel beweging in zit. Bijvoorbeeld producten op een lopende band, een glas wijn dat je inschenkt, een kledingstuk dat je uit een rek haalt of iemand die springt of rent. Hier kun je eindeloos mee spelen en dit geeft een ontzettend leuke fun-waarde aan je Instagram-content. Zeker de moeite waard om uit te proberen.

Instagram heeft trouwens ook een aparte app van deze tool die je gratis kunt downloaden en installeren. Deze app is verkrijgbaar voor zowel iOS als voor Android.

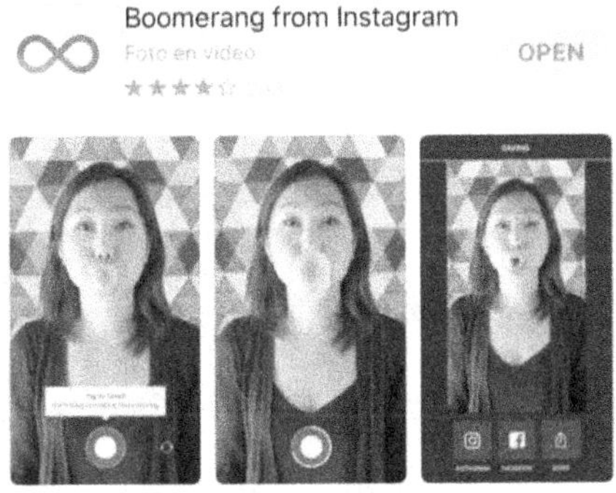

- **Lay-out:**

Dit vind ik een hele fijne optie, waarbij je collages kunt maken van foto's die je al op je filmrol hebt staan. Ik gebruik deze echter nooit in Instagram zelf, maar in de losse app die ze ervan hebben gemaakt. Daar heb je veel meer mogelijkheden om ontzettend leuke collages te maken die je dan weer kunt gebruiken. Ook deze app is gratis verkrijgbaar en is beschikbaar voor iOS en Android.

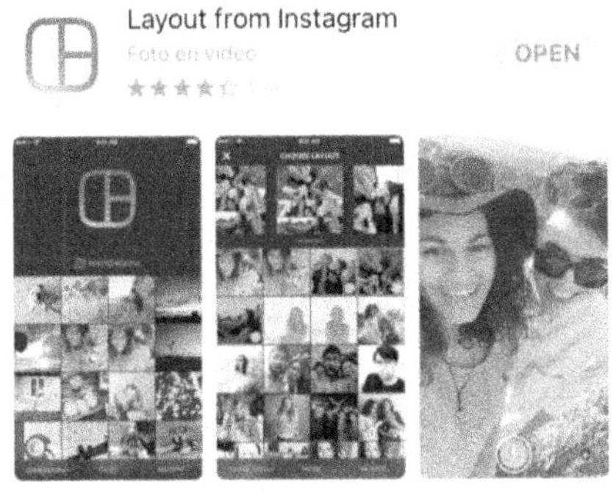

- **Niveau:**

Een klein tooltje waarbij je een soort van waterpas in je scherm te zien krijgt zodat je je smartphone rechthoudt. Leuk, maar in de praktijk heb ik dit nog nooit gebruikt.

- **Superzoom:**

Met de Superzoom-optie in Instagram Stories voeg je verschillende effecten toe aan je opnamen terwijl de camera automatisch op het door jouw gekozen onderwerp inzoomt. Je hebt de keuze uit hartjes, vlammetjes, een dramatisch zoomeffect en nog veel meer! Elk effect heeft ook nog zijn eigen geluidseffecten zodat het uiteindelijke filmpje echt leuk wordt. Instagram plaatst hier regelmatig nieuwe effecten. Probeer het uit zou ik zeggen! In het voorbeeld hieronder heb ik de hartjes uitgeprobeerd. Hartstikke leuk voor een Valentijns-actie toch? ☺

- **Handsfree:**

De laatste optie in het rijtje is de **'handsfree'** optie. De naam zegt het al: zonder handen. Deze optie zorgt ervoor dat je filmpjes kunt opnemen zonder continue de witte button ingedrukt te houden. Als je deze functie aanzet, verandert deze witte button in een start- en stopknop voor je video-opnames. Ontzettend handig als je bijvoorbeeld iets wilt filmen waarbij je zelf alle twee je handen nodig hebt. Je plaatst dan je telefoon op een statief en tripod en kunt dan gewoon gaan filmen. Het filmpje wat je opneemt duurt maximaal één minuut.

Ik gebruik zelf nooit de **'handsfree'** functie, want is het veel makkelijker om gewoon gebruik te maken van de camerafunctie op je telefoon. Want in Instagram Stories kun je ook foto's of een filmpje gebruiken die je al van tevoren hebt opgenomen. Dit kun je doen door óf linksonder op het fotootje te klikken, óf door heel simpel omhoog te swipen. Dan kom je namelijk in je Filmrol terecht en daar heb je de handige mogelijkheid om een afbeelding of video te kiezen die je dan importeert. Selecteer je keuze en voeg deze toe aan je Stories. Vanuit hier heb je ook nog steeds de mogelijkheid om Stickers en tekst toe te voegen.

Op deze manier heb je veel meer controle over je foto's en filmpjes die je gebruikt. Filmpjes kun je namelijk mooi van tevoren editen zodat het precies wordt zoals jij het wil.

Instagram Story Stickers

Instagram Stickers zijn cool, handig en een geweldige manier om ontzettend leuke visuals aan je foto of video toe te voegen. Net als bij de filters komen ook hier elke keer weer nieuwe Stickers bij die je kunt gebruiken. *The fun never stops!*

Zodra je een afbeelding of video hebt gemaakt (of gekozen uit je Filmrol) zie je bovenin de toolbar verschijnen met daarin een paar opties. Klik op de **Smiley** en je krijgt een overzicht van alle Stickers te zien. Of swipe omhoog, dan kom je in hetzelfde overzicht terecht.

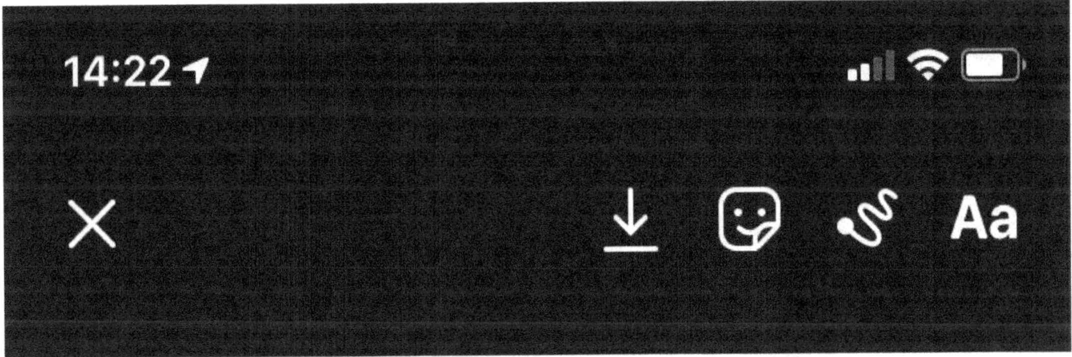

Zoals je ziet zijn er ontzettend veel Stickers waaruit je kunt kiezen. De ene is leuker en de andere vooral zakelijk bruikbaarder. Stickers zijn uiterst nuttig om bijvoorbeeld het bereik van je bedrijf te laten groeien. Ik gebruik ze dan ook regelmatig!

Hoe voeg je een sticker toe aan je Instagram Verhaal:

1. Maak of plaats een foto of filmpje in je Story

2. Tik op het smileyicoontje bovenin je scherm óf swipe omhoog

3. Selecteer de sticker die je wilt gebruiken. Elke sticker heeft zijn eigen unieke eigenschappen.

De stickers zijn heel gemakkelijk te gebruiken en alles wijst zich vanzelf.

4. Ben je klaar? Deel dan je verhaal.

Zoals je ziet is het behoorlijk wat, maar wat is de achterliggende gedachte achter bepaalde Stickers? Waarom zou je deze willen gebruiken?

- De **Locatie, Vermelding (tag) en Hashtag** Stickers zorgen voor **meer bereik en views**, net als bij een post in je Feed. Ik gebruik deze dus met grote regelmaat.
- Door het gebruik van **Vragen, Polls of Quizzen vergroot je de interactie**. Je volgers gaan gegarandeerd antwoorden als je dit op een aantrekkelijke manier doet. Ze gaan dus iets doen met de content die jij plaatst.
- **Muziek**, de grote hoeveelheid **GIFjes** en natuurlijk de **Emoji's** gebruik ik om mijn content **extra lading** te geven. Deze elementen zijn daar uitermate geschikt voor.

Het gevaar van het gebruiken van Stickers is dat je het teveel gaat doen. Het wordt dan al snel een kermis met al die toeters en bellen en daardoor verliest het zijn kracht. Focus je op de content en laat de Stickers een extra waarde zijn. Je gaat zien dat dat de beste manier is om deze coole optie van Insta Stories in te zetten. Ik loop stuk voor stuk de Stickers langs die ik het meeste gebruik en leg je uit waarom ik ze gebruik. Wedden dat je enorm geïnspireerd gaat worden? Ik begin eerst met de Stickers die je meer bereik en views gaan genereren.

De Locatie Sticker

Net als bij locatie-tags voor posts die je in je tijdslijn plaatst, zorgt deze tag ervoor dat je Story in de **'Explore feed'** van je locatie terecht komt én dus gevonden kan worden door mensen die op locatie zoeken binnen Insta. Omdat je verhaal nu ook daar gezien wordt, heb je kans dat deze meer bekeken wordt en dus een groter bereik. De locatie-tag is met name bedoeld om mensen aan te trekken die jouw account nog niet volgen.

Hoe plaats je een Locatie Sticker op je Instagram Story:

- Klik op het **Smiley icoontje** bovenaan je scherm
- Selecteer de **Locatiesticker**.
- Vul je locatie in in het zoekscherm. Als het goed is, komt deze vanzelf tevoorschijn.
- Je ziet nu je locatie op je afbeelding of video verschijnen. Klik erop en je ziet dat je deze van kleur kan veranderen. Je hebt daar een paar opties in. Met je vingers kun je tevens de grootte aanpassen en hem plaatsen waar je wilt.
- Je herkent de locatietag aan het **pin icoontje** voor de naam

Gebruik niet bij elke Story deze locatie-tag, maar doe dit vooral bij de verhalen die écht de moeite waard zijn om ontdekt te worden. Een ander goed gebruik van de locatie-tag is als je bijvoorbeeld bij een leverancier of een partner bent. Maak daar een Story van en plaats de locatie-tag van het desbetreffende bedrijf waar je op dat moment bent. Zo is het mogelijk om een compleet nieuwe doelgroep jou te laten vinden.

De Hashtag Sticker

Net als bij de Locatie Sticker is de voornaamste reden om Hashtag Stickers te gebruiken het vergroten van je bekendheid. Als je een bepaalde hashtag plaatst, dan wordt je verhaal opgenomen in de **'Explore'** tab en maak je dus kans om ontdekt te worden door accounts die jou nog niet volgen.

Een andere reden om een bepaalde hashtag te gebruiken is omdat je juist die hashtag bekend wil maken bij je volgers. Vaak gaat dit om een hashtag die speciaal is voor je merk. Dat kan een bepaalde marketingcampagne zijn, maar ook een hashtag die voor een bepaald product gebruikt wordt.

Naast de Hashtag Sticker kun je met de tekst-tool een hashtag maken. Typ gewoon een # met je tag erachter en dat verandert dan in een hashtag. Wist je dat je in een Story wel 10 hashtags kwijt kunt? Maar kijk uit, maak er geen complete poppenkast van, want dan werkt het kwalitatief averechts.

Hoe plaats je een Hashtag Sticker op je Instagram Story:

- Klik op het **Smiley icoontje** bovenaan je scherm
- Selecteer de **Hashtag Sticker.**
- Typ de tekst van je hashtag. Als het goed is, zie je onderaan het scherm diverse suggesties verschijnen.
- Je ziet nu je hashtag op je afbeelding of video verschijnen. Klik erop en je ziet dat je deze van kleur kan veranderen. Je hebt daar een paar opties in. Met je vingers kun je tevens de grootte aanpassen en hem plaatsen waar je wilt.

Gebruik de Hashtag Sticker om je merkbekendheid te vergroten en meer bereik te krijgen.

De Vermelding Sticker

De derde Sticker die ervoor zorgt dat je bereik groter wordt en die je meer views oplevert: de Vermelding Sticker. Ook wel **'Mention'** genoemd. Met deze optie tag je een ander Insta-account in je Story. Het grote voordeel hiervan is dat het andere account een melding in de DM krijgt dat jij hen hebt genoemd. Tien tegen één dat zij jouw Story dan gaan delen op hun account. En je snapt het al, dan raakt jouw account weer zichtbaar onder die volgers, wat voor meer zichtbaarheid zorgt!

Werk je met iemand anders of een ander bedrijf samen? Dan is dit een fantastische mogelijkheid om die ander credits te geven door ze te vermelden. Op hun beurt zal de ander dat natuurlijk ook waarderen, want zij worden in beeld gebracht bij jouw volgers. Een mooie wisselwerking!

Ook een mooie manier om deze optie te gebruiken, is hem inzetten voor bijvoorbeeld je teamleden, medewerkers of collega's om ze persoonlijk voor te stellen aan je volgers. Dit werkt ontzettend goed in combinatie met een blik achter de schermen. Geef je volgers een kijkje in de keuken, letterlijk (zoals in het volgende voorbeeld), of figuurlijk. Laat zien wie er allemaal werken binnen je bedrijf of organisatie. De menselijke kant laten zien werkt ontzettend goed en wordt zeer gewaardeerd door niet alleen je volgers, maar zeker ook door de mensen die je vernoemt.

Hoe plaats je een Vermelding Sticker op je Instagram Story:

- Klik op het **Smiley icoontje** bovenaan je scherm
- Selecteer de **Vermelding Sticker.**
- Typ de naam in van het account dat je wilt vermelden. Als het goed is, zie je onderaan het scherm gelijk diverse suggesties verschijnen.

De Vragen Sticker

Je hebt de Stickers die voor meer zichtbaarheid en bereik zorgen net gehad, dan is het nu tijd om voor meer interactie te gaan zorgen in je Stories, en hoe doe je dat beter dan met vragen te stellen? Precies, dat is exact waar de Vragen Sticker voor bedoeld is!

Deze optie kun je voor veel leuke items inzetten, zoals:

- **Laat je volgers jou een vraag stellen die je dan één voor één in een andere Story (of in een video op je tijdslijn) beantwoordt.** Hartstikke leuk om zo interactie te krijgen. Het mooie hiervan is dat jouw volgers het jou makkelijk maken, want elke vraag die je beantwoordt is weer een stukje content. Je kiest zelf de vragen uit die je wilt beantwoorden en maakt daar een leuk item van. Win-win! Want je krijgt ongetwijfeld weer reacties op je antwoord.

- **Stel een vraag aan je volgers over je product of dienst.** Hoe specifieker hoe beter. Het interessante hiervan is dat je de feedback weer kunt gebruiken voor je bedrijfsvoering en daarmee maak je je bedrijf weer een stukje beter.

- **De Vraag Sticker is ook super om in te zetten voor een prijsvraag.** De antwoorden komen allemaal binnen in je DM. Daaruit pik jij dan de winnaar. Wat weer zorgt voor extra interactie, want iedere deelnemer wil graag weten of hij/zij gewonnen heeft.

Je ziet het, wil je boeiende en interactieve content maken, dan is de Vraag Sticker een fantastische tool om dat mee te doen. Gebruik deze regelmatig in je verhalen en je zal zien hoeveel dit voor jou oplevert en hoe leuk je volgers dit vinden!

Hoe plaats je een Vraag Sticker op je Instagram Story:

- Klik op het **Smiley icoontje** bovenaan je scherm
- Selecteer de **Vraagsticker**.
- Stel je vraag en klik daarna op **Klaar**.
- Klik eventueel op het **kleurenicoontje** om de achtergrondkleur van je vraag te veranderen.

De Poll Sticker

Net als de Vragen Sticker is de Poll Sticker ook een interessante tool die je kunt gebruiken om meer informatie bij je volgers te halen, en laagdrempelig. Het grote verschil met de Vraag Sticker is dat je bij de Poll gebonden bent aan twee antwoorden. Maar dat maakt het juist lekker makkelijk om in te zetten voor diverse posts, want het is maar een kleine moeite voor je volgers om te kiezen tussen één van de twee antwoorden. De drempel om te reageren ligt daarom ontzettend laag voor ze.

Hoe plaats je een Poll Sticker op je Instagram Story:

- Klik op het **Smiley icoontje** bovenaan je scherm
- Selecteer de **Poll Sticker.**
- Stel je vraag en geef twee antwoorden. Standaard staan de antwoorden al op 'ja' en 'nee', maar daar kan jij je eigen antwoord in plaatsen. Let op: je hebt maar plek voor 24 tekens.
- De poll blijft vervolgens 24 uur lang staan, net zo lang dus als een Story-bericht.

Je krijgt een melding te zien wanneer je Poll geëindigd is. De resultaten zijn dan gelijk zichtbaar voor jou. Klik daarop en je ziet een uitgebreid overzicht met wat het eindresultaat is en wie er op welk antwoord heeft gestemd. Niet alleen jij bent nieuwsgierig naar het resultaat van je Poll, je volgers zijn dat uiteraard ook! Vergeet niet een bericht te maken waarin je die resultaten met hen deelt. Mijn advies: zet dat in je socialmedia-contentkalender. Zodra je een Poll wilt plaatsen, maak je ook ruimte voor een bericht met daarin de uitslag. Op die manier vergeet je dat nooit.

De Quiz Sticker

Yes, let's have some fun! De Quiz Sticker is ontzettend leuk om te gebruiken in je Stories. Lekker een leuke quizvraag stellen aan je volgers zorgt voor ontzettend veel interactie, kan ik je vertellen.

En het leuke van deze tool is dat je hem op vele manieren kunt gebruiken. **Ik geef je drie verschillende categorieën waar ik ze graag voor inzet:**

- **Puur voor entertainment door je volgers een leuke quiz voor te schotelen.** Dit kun je natuurlijk zo gek maken als je zelf wilt 😊. Gebruik je creativiteit en maak je eerste quiz. Zo heb ik een keer een complete 'Triviant-achtige' quizweek georganiseerd voor een restaurant met allemaal vragen over het restaurant zelf, de eigenaar, het team en natuurlijk het heerlijke eten. De lol die je samen hebt met alleen al het verzinnen van de vragen is goud waard, laat staan de ontzettend positieve reacties die we daarover hebben mogen ontvangen.

Zie je al voor je wat je voor jouw bedrijf kunt verzinnen in deze categorie? Vast wel!

- **Kom meer over je volgers te weten door ze gerichte quizvragen te stellen over iets wat je van hen wilt weten.** Zie het als een uitgebreide Poll waarbij je feedback vraagt, die jij weer gebruikt om je bedrijf beter te maken. De antwoorden van je volgers zijn een perfecte graadmeter voor jou om te zien of je op de goede weg bent met je bedrijf én ze geven je wellicht inspiratie om iets nieuws te beginnen of zelfs om een nieuw product in je assortiment op te nemen.

Het eerste voorbeeld komt uit een lingeriewinkel waar de eigenaresse vraagt of haar volgers liever een BH met of zonder beugel dragen. Mede op basis van de antwoorden heeft de eigenaresse besloten om van het ene product meer in te kopen dan van het andere. Datzelfde gold ook voor de herenkledingwinkel die vroeg welke kleur T-shirt de mannen het liefste dragen. Uit de resultaten kwam zwart als meest gekozen antwoord naar voren. Na ook de analyse van de bezoeken aan de website kwamen ze erachter dat verreweg de meeste klanten naar een zwart shirt zochten. Je snapt dat er nu meer zwarte shirts in de winkel liggen ☺.

- **Door middel van een quiz vertel je meer over je product of dienst.** Zie het als een soort van sluikreclame waarbij je volgers door middel van een quizvraag wijst op een positief punt van jouw product, zoals in onderstaande voorbeelden. Een reisbureau dat door middel van een geweldige foto laat zien hoe mooi dit specifieke land is (het antwoord is natúúrlijk het prachtige land Australië, had je dat goed?).

Of een bakker die met een heel simpel quizje de aandacht vestigt op het feit dat zij supergezond brood maken zonder verbetermiddelen erin. Je ziet hoe krachtig het is in samenwerking met de juiste afbeelding. Dit voorbeeld van de bakker kun je met elk product doen, in elke bedrijfstak.

Is één van de eigenschappen dat je iets unieks aan kan bieden? Zoals een bijzondere locatie waar je bedrijf zit (in het voorbeeld van Hotel Hector in Zierikzee)? Dan is een kleine quizvraag een ontzettend leuke manier om dat onder de aandacht te brengen bij je volgers. Het is nét even anders dan wanneer je telkens gewoon een foto van je locatie plaatst. Door middel van deze kleine toevoeging zorg je voor leuke interactie tussen jou en je publiek.

Hoe plaats je een Quiz Sticker op je Instagram Story:

- Klik op het **Smiley icoontje** bovenaan je scherm
- Selecteer de **Quiz Sticker**.
- Stel je vraag in het bovenste vak en geef je antwoorden daaronder. Standaard zie je maar twee antwoordvakken. Zodra je in het tweede vakje begint te typen, komt er automatisch een button met de optie om meer antwoorden toe te voegen.
- Ben je klaar met alle antwoorden? Dan heb je de mogelijkheid om een juist antwoord te selecteren. Dit doe je door simpelweg op het juiste antwoord te klikken dat daarna verandert in **de kleur groen**.
- Wil je de kleur van de header veranderen, dan klik je op het **kleurenicoon**.

- Staat alles goed? Klik dan op **Klaar**.

De Countdown Sticker

De ideale Sticker voor een lancering van een product, het promoten van een evenement of je Salesacties! Het bekende en alom gebruikte aftellen naar een bepaald tijdstip werkt al vanaf dag één sinds het uitvinden van de marketing en het werkt vandaag de dag nog steeds uitstekend!

Het mooie van deze Countdown Sticker is dat je volgers zich ook kunnen abonneren op je aftelmoment. Insta stuurt ze dan een herinnering wanneer de tijd om is. Leuk toch?

Hoe plaats je een Countdown Sticker op je Instagram Story:

- Klik op het **Smiley icoontje** bovenaan je scherm
- Selecteer de **Countdown Sticker**.
- Geef in het bovenste vak aan waar je naar toe aftelt. Stel daarna de einddatum en -tijd in. Met het **kleurenicoontje** kies je uit diverse verschillende soorten kleuren. Pas dat aan indien nodig.
- Als je alles hebt ingevuld klik je op **Klaar**.

De Muziek Sticker

Ik gebruik muziek om mijn content extra lading te geven. Onderzoek heeft uitgewezen dat gebruikers wél vaak geluid aan hebben als ze Stories bekijken, maar dat ze het uit zetten als ze door hun Insta-tijdslijn heen scrollen. Muziek heeft een echte meerwaarde voor content en met de Muziek Sticker plaats je een track over je afbeelding of je video. Als je het goed doet, verstevigt muziek je beeld en brengt het een stuk emotie over. Plaats dus de juiste muziek achter jouw content en denk daarbij aan de waarden die jij als merk wilt uitdragen. Welke muziek past wel bij je bedrijf of product en welke absoluut niet. Houd daar rekening mee als je muziek gebruikt op welk socialmedia-platform dan ook.

Hoe plaats je een Muziek Sticker op je Instagram Story:

- Klik op het **Smiley icoontje** bovenaan je scherm.
- Selecteer de **Muziek Sticker**.
- Zoek de track op die je onder je Story wilt plaatsen.
- Selecteer de duur, waar je het liedje wilt laten beginnen, of je de songtekst in beeld wilt hebben, en zo ja: in welk lettertype en in welke kleur.
- Klik dan op **Klaar** en de track staat onder je verhaal.

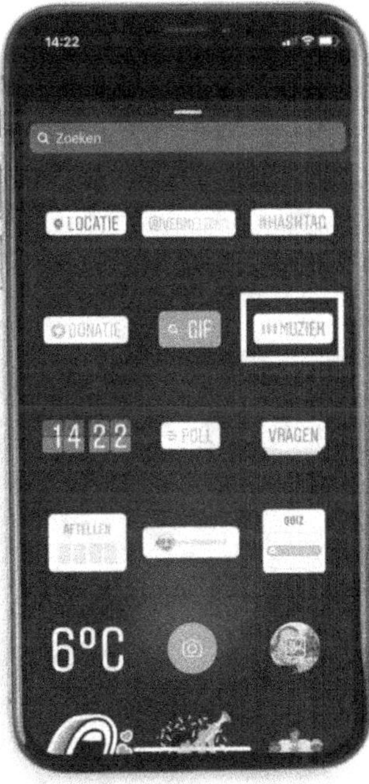
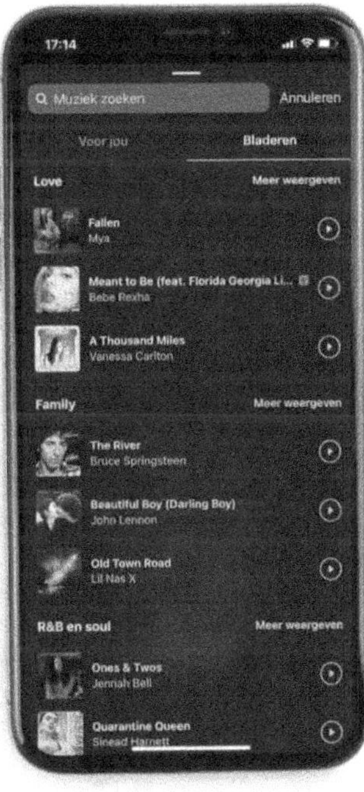

Je hebt niet alleen de keuze uit duizenden liedjes, het is ook gegarandeerd dat je ze kunt gebruiken op Instagram: de rechten hiervan zijn allemaal goed geregeld. Je komt dus niet voor de vervelende verrassing te staan dat je filmpje opeens wordt verwijderd omdat je de muziekrechten van een bepaalde artiest hebt geschonden. Heel fijn dus!

De GIF Sticker

Net als de Muziek Sticker gebruik ik de GIF Sticker om mijn content nét even wat meer lading te geven. Een goed gebruikt GIFje (bewegende afbeelding) zorgt voor een grotere attentiewaarde voor je bericht én trekt daarmee de aandacht van de kijker. De nadruk leg ik hier op 'goed gebruikt', want ook hier geldt de regel dat je er geen complete kermis van moet maken, want dan sla je de plank weer mis.

Hoe plaats je een GIF Sticker op je Instagram Story:

- Klik op het **Smiley icoontje** bovenaan je scherm
- Selecteer de **GIF Sticker**.
- Zoek in de enorme bibliotheek van GIPHY naar jouw ideale GIF.
- Selecteer de duur, waar je het liedje wilt laten beginnen, of je de songtekst in beeld wilt hebben, en zo ja: in welk lettertype en in welke kleur.
- Klik dan op **Klaar** en de track staat onder je verhaal.

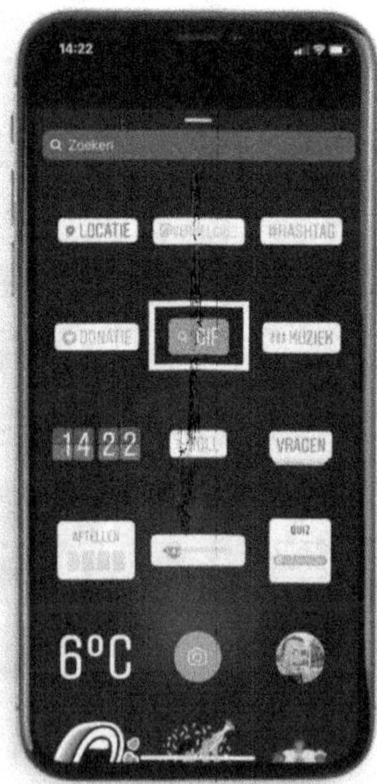

Mijn Gouden Tip: Gebruik bewegende pijltjes of mensen die wijzen om je gebruiker attent te maken op iets belangrijks. Het menselijk brein reageert op deze signalen en volgt (onbewust) automatisch de richting van een pijl of iemand die ergens naartoe wijst.

Instagram werkt samen met het platform GIPHY.com waar je ontelbaar veel GIFjes vindt. Je kunt daar ook je eigen GIFje maken met hun handige GIF-creator. Wil je je GIFjes ook in Instagram krijgen, zodat iedereen het kan gebruiken, dan moet je een **'Verified Brand' op GIPHY.com** worden. Het loont de moeite om daar eens achteraan te gaan en je eigen GIFjes te maken. Het is een populair onderdeel van Instagram Stories en hoe gaaf is het als anderen jouw GIFjes gebruiken voor hun eigen content? De verspreiding van je merk gaat dan keihard!

Maak je eigen GIFjes op GIPHY.com, zorg dat je daar een 'Verified Brand' wordt en je GIFjes worden opgenomen in de bibliotheek van Instagram Stories. Andere gebruikers kunnen dan jouw content gebruiken en verspreiden zo jouw merk!

De teksttool

Met de teksttool van Instagram heb je de mogelijkheid om tekst toe te voegen aan je Stories. Dit kan op zowel afbeeldingen als video. De tool is ontzettend makkelijk te gebruiken en spreekt voor zich. Zodra je een afbeelding of video hebt gemaakt/geselecteerd, verschijnt deze bovenaan in je scherm, herkenbaar aan de twee A-tjes (**Aa**). Klik daarop en je komt in de omgeving waar je tekst kunt toevoegen:

Op het eerste gezicht lijkt het erop dat Instagram je maar een selectie geeft van een beperkt aantal kleuren, maar niets is minder waar. Je kunt elke kleur van de regenboog gebruiken met de verstopte kleuren optie. Deze haal je zo tevoorschijn:

- Plaats een tekst.
- Je ziet onderaan in het scherm de diverse kleuren waar je uit kunt kiezen.
- Hou je vinger op één kleur gedrukt. Het maakt niet uit welke.
- Je ziet dan het kleurenpalet verschijnen.
- Schuif je vinger over het palet om een kleur naar keuze te kiezen.
- Zodra je je vinger loslaat, verandert je tekst in die gekozen kleur.

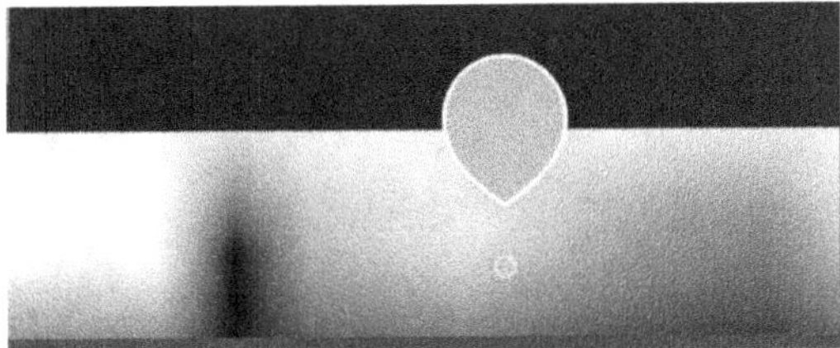

De keuze voor een lettertype hangt veel samen met wat de stijl van je merk is. Zit er geen juiste tussen de standaard aangeleverde lettertypes? Ontwerp dan je Stories in Photoshop of Canva waar je *wel* de fonts van je eigen huisstijl kunt gebruiken.

De tekentool

De laatste optie waar je gebruik van kunt maken is de **'tekentool'**. Ook deze vind je bovenaan in hetzelfde rijtje als waar de Stickers en de teksttool zitten en is herkenbaar aan een kronkelend lijntje met een punt aan het einde.

Onder deze knop zit de ontzettend leuke mogelijkheid om over je afbeelding of video te tekenen.

Van links naar rechts:

- **De pentool.** Een tool waarmee je een lijntje kan maken.
- **De pijltool.** De naam zegt het al: je maakt hier automatisch een pijl mee.
- **De markertool.** Hiermee maak je dikkere lijnen, net als een merkstift.
- **De glowtool.** Je krijgt een leuk glow-effect om je lijn heen als je hiermee tekent.
- **Het gummetje.** Je raadt het al: hiermee gum je de lijntjes uit.

Ik gebruik zelf regelmatig de pijltool om aandacht te vragen voor iets in mijn Stories en gebruik de marker om een tekst te onderstrepen. Het vergt enige oefening om met je vingers coole lijntjes te maken, maar het is de moeite waard om hiermee aan de slag te gaan.

Met de tekentool is het ook heel makkelijk om frames rondom je Story te maken of achtergronden voor specifieke teksten.

Als je de tekentool gebruikt, zie je onderaan weer de diverse kleuren verschijnen. Hiermee pas je de kleur aan van je getekende object. Deze kleurenbalk werkt hetzelfde als bij de teksttool.

Speel met deze geweldige optie en gebruik je fantasie. Met deze vier tekentools kun je ontzettend veel creatieve uitingen maken, uitingen die direct de aandacht pakken van je volgers, en dat is precies wat je wilt.

Tips voor succesvolle Instagram Stories strategie

Je hebt gezien hoe ontzettend interessant de Stories van Instagram zijn voor jouw bedrijf of organisatie. Je wilt ermee aan de slag en je wilt een strategie gaan optuigen voor dit specifieke onderdeel van Insta. Maar wat zorgt er nou voor dat jouw strategie ook daadwerkelijk succes oplevert? Het allerbelangrijkste heb je al geleerd: het constant publiceren van kwalitatief goede content die relevant is voor jouw doelgroep. Dit geldt zeker ook voor de Stories. Ik herhaal de belangrijkste drie elementen daarom nog maar eens.

- Relevante content voor jouw doelgroep
- Consistent publiceren
- Blijven volhouden

Dit is de sleutel tot het succes op Instagram.

Plan daarom je content op tijd vooruit en maak gebruik van een contentkalender. Wees er zeker van dat je genoeg tijd hebt om goede content te maken die de aandacht van jouw volgers waard zijn. Alles waar je tijd en moeite in stopt zal groeien, en dat geldt zeker voor je Insta Stories.

Vertel je verhaal in je Stories en maak vrienden

Het gaat hier om het verhaal van je bedrijf, van een bepaald product/dienst of een verhaal met een bepaald thema of onderwerp. Spring dus niet continue van de hak op de tak in je Stories en gebruik deze optie waar het voor gemaakt is: grijp en behoud de aandacht van je volgers door middel van storytelling.

Betrek je doelgroep bij jouw verhaal en haal een bepaalde emotie bij ze naar boven.

- **Maak ze nieuwsgierig** *('Ik wil meer weten/zien!')*
- **Maak ze enthousiast** *('Wow, dit wil ik ook!')*
- **Maak ze vrolijk** *('Ik word hier zo blij van')*
- **Betrek ze in je verhaal** *('Ik herken mij hier zo in')*
- **Maak ze een vriend voor het leven**

Dat is absoluut de meest effectieve manier om hun aandacht te trekken en vast te houden.

*Vrienden helpen je verder, worden ambassadeurs en doen iets met jouw content (interactie, delen, **spread the word**) en worden zo op hun beurt (mini) influencers voor hun eigen kringen en voor jouw bedrijf.*

Post een paar keer per dag, en post dagelijks

In Instagram Stories verschijnen bovenaan zowel de Nieuwsfeed als de Explorerspagina! Dit betekent dat nieuwe gebruikers jouw account kunnen ontdekken door alleen al het regelmatig plaatsen van verhalen. Hoe meer verhalen je plaatst, hoe meer ze op de Explorerspagina verschijnen en hoe meer volgers je krijgt. Je trouwe volgers zullen jouw verhalen ook vaker in beeld zien dan de Stories van concurrenten die minder vaak iets plaatsen.

Probeer 4 tot 6 posts per dag te plaatsen in je Stories en plaats deze op de juiste tijdstippen. *'Timing is everything'* zoals je weet. De beste tijd om te posten varieert voor elk Instagram-account op basis van de doelgroep en wanneer die het meest actief is. Zoek voor jouw account uit wanneer deze tijden zijn. Je ziet dat ook hier het heel belangrijk is om je doelgroep heel goed te (leren) kennen.

Post niet alleen een x-aantal keer per dag, maar **post elke dag!** Jouw doelgroep zit immers elke dag op de telefoon te kijken opzoek naar nieuwe content. Jij bent er dan zeker bij en zo blijf je top-of-mind bij je volgers. Als jij het niet doet, dan doet je concurrent het wel. Bovendien laat jij aan je volgers zien dat je daadwerkelijk actief bent op Insta en dat schept weer een vertrouwensband tussen jou(w bedrijf) en je volgers. Door de content die jij plaatst zorg je ervoor dat ze jou beter leren kennen en daardoor ook meer vertrouwen in je krijgen. Dat vertrouwen gaat zich op den duur uitbetalen in de vorm van sales. Ze gaan je producten kopen of gebruik maken van je diensten.

Post een paar keer per dag, en dat iedere dag. Laat aan je volgers zien dat je actief bent!
Maar post alleen kwaliteit!

Post alleen iets als het toegevoegde waarde heeft voor je (potentiële) volgers. Als je een verhaal plaatst om maar 'iets te plaatsen' (hoor je het jezelf zeggen?), dan is dat vaak slechtere content en ga je dat merken ook. Zeker als je dit vaker doet. Kwaliteit staat altijd boven kwantiteit.

Denk verticaal

Ik zie nog steeds heel veel bedrijven hun horizontale content snijden of vreselijk re-sizen naar verticaal. Met name bedrijven die al langer bestaan of worden gerund door veertigplussers die in hun leven niks anders gewend zijn dan horizontaal (16 x 9) te denken. Stop daarmee. Dat werkt niet. Leer van deze bedrijven en **denk verticaal en schiet verticaal.** Voor Stories is het essentieel dat je zo gaat denken en op deze manier gaat brainstormen. Dat is de enige manier.

Draai je scherm maar eens, dan merk je gelijk het verschil tussen horizontaal en verticaal. Als je op deze manier leert denken én ontwerpen, dan krijg je meer controle over wat er op het Stories-scherm verschijnt en krijgt je volger een veel betere kijkervaring, simpelweg omdat jij daadwerkelijk iets hebt bedacht wat alleen maar op een verticaal scherm te zien is. Maak (of laat het door een ontwerper maken) speciale templates voor deze verticale vorm.

Heb je echt een beeld dat horizontaal moet, denk dan alsnog aan een verticaal scherm en plaats bijvoorbeeld twee horizontale beelden boven elkaar zodat je alsnog naar één verticaal scherm zit te kijken.

Denk afbeelding in 5 seconden

Dit is een lastige, maar toch ook weer niet als je weet dat een afbeelding in een Story maximaal vijf seconden blijft staan. Dit betekent maar één ding: **geen lange teksten!**

Een gemiddelde volger leest nooit zo snel dat die een lange tekst binnen vijf seconden gelezen heeft. Als je veel te vertellen hebt, verdeel dat dan over meerdere frames in je Story. Niet iedereen weet dat wanneer je je vinger op een frame plaatst, deze blijft staan. Houd daar dus rekening mee. Teksten moeten kort én krachtig zijn en pak de aandacht van je volger in één keer. Een lange tekst ziet er ook te 'vermoeiend' uit om te lezen en de kracht van Instagram Stories is juist de *'bitesize size snacks'*.

Denk video in 15 seconden

Elk videoshot in je Story duurt maximaal 15 seconden. Denk dan ook in blokken van 15 seconden als je videocontent maakt voor je Stories. Dit heeft gevolgen voor je videocontent en hoe je die in elkaar zet. Zeker als je je video over meerdere frames van 15 seconden verspreidt.

Je gebruikers zijn gewend om snel door te klikken als ze door hun Stories aan het bladeren zijn. Dit betekent dat niet alleen de eerste secondes gelijk raak moeten zijn en de aandacht van je volger moeten grijpen, maar dat ook de laatste paar secondes goed in elkaar moeten zitten. Zie het als een soort 'cliffhanger'. Je wilt dat je publiek blijft doorkijken in plaats van wegzappen naar de Story van een ander account. De uitdaging is, dat wanneer je een 60 seconden clip hebt, je moet gaan nadenken over vier (4 x 15 = 60 seconden) goede intro's en cliffhangers. In die seconden moet jij de 'kijker' grijpen en niet meer loslaten. Neem dit mee in het creatieve proces van het bedenken van content voor je Stories.

Denk in beeld én geluid

Onderzoek vanuit Facebook heeft aangetoond dat 60% van de Stories-advertenties wereldwijd met geluid aan wordt bekeken. Dit heeft invloed op de manier waarop jij je verhalen ontwerpt en bedenkt. Geluid voegt zeker wat toe aan hoe iemand jouw content bekijkt. Het voegt emotie toe en met de Muziek Sticker is het heel makkelijk rechtenvrije muziek aan je content te plakken.

Maak daar goed gebruik van. Geluid moet nooit de boodschap overbrengen, maar moet iets toevoegen. Plaats een afbeelding en/of videocontent die de boodschap overbrengt zonder dat je daar geluid achter plaatst. Er is namelijk nog steeds een grote groep gebruikers die het geluid uit heeft staan.

De beste en meest impactvolle content op social media is content die zonder geluid direct de aandacht grijpt, die visueel aantrekkelijk is en de boodschap helder laat zien. Gebruik teksten om je boodschap kracht mee te geven. Je content moet gelijk voor zichzelf spreken. Dat is de beste content die er is.

Bied waarde aan je volgers

Je volgers volgen jouw Instagram-account niet voor niets. Ze hebben 'iets' met je merk, met je bedrijf en iets met de producten die jij maakt of de diensten die je levert. Het is dan ook niet meer dan logisch dat jij in ruil voor hun aandacht waarde biedt via je Stories. Die waarde kan van alles zijn. Tips en adviezen geven liggen als eerste voor de hand, maar ook waarde in de vorm van emotie is een interessant idee om uit te werken. Emoties als liefde, blijheid en herkenning zijn leuke thema's die heel goed werken. Plaats bijvoorbeeld een testimonial of review van een klant met daarin een herkenbaar verhaal. Een Story die op het gevoel van je volgers inspeelt. Een gevoel van herkenbaarheid samen met een emotie die wat bij je volger doet. Een gouden combinatie!

Een paar voorbeelden ter inspiratie:

De eerste is een voorbeeld van een restaurant dat de mannelijke volgers aanspreekt omdat het volgende week Valentijnsdag is en ze niet moeten vergeten om een tafeltje te reserveren voor een fijn romantisch etentje. Een herkenbare tip die voor emotie zorgt bij zowel de dames als de heren 😊 én heel veel waarde geeft voor veel relaties 😊. Dit kun je op vele feestdagen toepassen. Moederdagcadeautjes, geschenken voor Kerst of je laat weten wanneer de ticketsale begint voor een concert.

De tweede is een foto van een man en een vrouw die elkaar tegenkwamen op een festival en nu al vijf jaar samen zijn. Hoeveel stellen zijn elkaar niet voor het eerst tegengekomen op een feest of festival? Heel herkenbaar dus. Herkenbaarheid die samengaat met een mooi verhaal, een prachtig stukje emotie die niet alleen deze twee personen, maar ook jij kan delen met je volgers. Zo gebruik je emotie om je bedrijf of organisatie sterker naar voren te laten komen.

Waarde geven aan je volgers is sowieso één van de allerbelangrijkste ingrediënten in je socialmedia-strategie. Neem dit zeker mee tijdens je content brainstormsessies.

Wees creatief en probeer nieuwe dingen uit

Het leuke van Instagram Stories is dat het, zoals ik al eerder aangaf, maximaal 24 uur live staat. Na die 24 uur staat er weer een volgend verhaal klaar en dat gaat maar door en door, als een sneltrein die niet te stoppen is. Elke dag heb jij de kans om nieuwe dingen te verzinnen, nieuwe ideeën op je volgers los te laten en om nieuwe data te verzamelen over wat je volgers leuk vinden.

Ga daarom lekker spelen met je Instagram Stories en laat je creativiteit helemaal gaan. Instagram zit tjokvol met ontzettend leuke tools die jou helpen om je content te verbeteren en meer aandacht én betrokkenheid van je volgers te krijgen. Gebruik ze dan ook 😊. Door regelmatig te experimenteren zie je nog beter wat wél werkt en welke content je moet verbeteren.

Ja, blijf consistent in lijn met de waarden van je merk en van je bedrijf. Maar zo nu en dan een creatieve uitspatting kan geen kwaad en is zeker de moeite waard om te proberen.

Ga niet spammen!

Nee, nee, nee en nog eens nee. Je gaat niet continue je volgers volspammen met reclame. NIET doen. Social media zijn geen reclamekanalen, het is niet hetzelfde als een papieren foldertje en zeker geen digitale reclamezuil. Ook al willen heel veel marketeers maar dolgraag de hele tijd hun reclameboodschap verkondigen via social media: niet doen, het is geen goede strategie. Je zal anders zien dat het aantal volgers hard afneemt en dat interactie ver te zoeken is.

Maak vrienden, zoek de interactie, reageer, ga voor beleving en emotie, binding, wees geïnteresseerd en gebruik uiteindelijk de data om je content (en je bedrijfsvoering) te verbeteren.

Instagram Stories Highlights

En dan heb je ook nog Instagram Stories Highlights! Een fantastische toevoeging aan je profiel om je merk te laten zien en om je producten of service te promoten. (Nieuwe) bezoekers zien ook gelijk waar jouw bedrijf over gaat en voor staat. Het is tevens een geweldige plek om je leukste Stories-content te plaatsen. De verhalen die je als Highlight plaatst verdwijnen NIET na 24 uur, maar blijven gewoon daar staan. Interessant, nietwaar? Door je Instagram Stories te groeperen in verschillende (product)categorieën, evenementen, thema's of onderwerpen, wordt het voor de bezoeker van jouw account heel gemakkelijk om de verhalen te vinden die voor hen het meest interessant zijn én zorg je er tevens voor dat ze niet om je hoogtepunten heen kunnen.

Al met al redenen genoeg om Instagram Stories Highlights in te zetten. Je vindt de Highlights direct onder je profielinfo:

Hier vind je de Instagram Stories Highlights!

Een topplek om je producten en services in het zonnetje te zetten.

Hoe maak je een Highlight

1. Het is heel makkelijk om een bepaalde Story te highlighten. Ga naar het frame naar keuze en klik onderaan op **Uitlichten (Highlight)**.
2. Kies voor **Nieuw Hoogtepunt** of voeg je verhaal toe aan een bestaande Highlight.
3. Et voila! Je verhaal staat nu als Highlight in je profiel.

Er is nog een andere manier om Highlights toe te voegen aan je profiel. Als je al een Highlight hebt

toegevoegd, dan zie je een **+** verschijnen. Klik je daarop, dan kun je meerdere verhalen toevoegen

aan een nieuw te maken Highlight.

Instagram geeft je niet alleen de optie om verhalen jonger dan 24 uur te selecteren, maar een heel archief van verhalen die je in de afgelopen jaren gemaakt hebt. Hoe cool is dat! Dus als je nog verhalen hebt die de moeite waard zijn om in een Highlight te plaatsen, dan zoek je deze gewoon op in je eigen archief.

1. Klik op **het + icoon.**
2. Selecteer alle verhalen die je in één bepaalde Highlight wilt plaatsen.
3. Klik daarna op **Volgende** om je Highlight aan te maken. Je krijgt nu de optie om een naam te geven én om een omslag te maken. De omslag is wat je als icoon ziet onder je profiel.
4. Ben je klaar? Klik dan op **Toevoegen** om je Highlight live te zetten.

Instagram heeft een archief aangemaakt van jouw verhalen. Je kunt tot jaren terug je verhalen selecteren als je een nieuwe Highlight maakt. Maak daar handig gebruik van.

Hoe pas je de cover en naam van een Highlight aan?

Je ziet nu dat er Highlights op je profiel staan en op die covers staan foto's. Die covers kun je geheel aanpassen naar eigen wens. Ik raad dit zeker aan om te doen, want je hebt dan totale controle over het design van je profiel, en zoals je eerder gelezen hebt is de uitstraling van je profiel één van de allerbelangrijkste pijlers waarom mensen je gaan volgen. De Highlights maken onderdeel uit van deze eerste blik op jouw account, maak deze dus 200% perfect en passend bij jouw merk, bij jouw bedrijf of bij jouw organisatie.

Ontwerp een nieuwe coverfoto in Photoshop of gebruik de tools van Canva.com en maak een échte blikvanger geheel passend bij het gevoel (*the look and feel*) van jouw bedrijf. Net als een verhaal is het formaat 1080 x 1920 pixels. Als je klaar bent met je ontwerp, plaats je deze in de bibliotheek van je telefoon zodat je deze kunt selecteren als je je cover wilt aanpassen.

Je past een Highlight cover aan door op een Highlight te staan en dan op **Hoogtepunt bewerken** te klikken. Of selecteer een Highlight en klik onderaan op de drie puntjes waar je ook de optie **Hoogtepunt bewerken** vindt.

1. Klik op **Omslag bewerken**.
2. Selecteer nu de afbeelding in je fotobibliotheek die je wilt gebruiken voor de cover.
3. Schuif deze eventueel netjes op zijn plaats indien nodig. Klik daarna op **Klaar** en daarna nog een keer op **Klaar**, en je nieuwe omslag staat live.

Via deze weg heb je ook de mogelijkheid om de naam van een Highlight aan te passen.

Pas de cover van je Highlight aan zodat deze direct de aandacht vraagt van de bezoeker van jouw account. Maak het ontwerp aantrekkelijk en daag je bezoeker uit om erop te klikken.

Ideeën voor Instagram Stories Highlights

Nog geen idee waar je de Highlights voor in gaat zetten? Ik heb een paar ideeën voor je:

- **Producten of productcategorieën:** Elk product een eigen Highlight met daarin de meest indrukwekkende eigenschappen. Of groepeer een aantal producten bij elkaar zodat ze een categorie vormen. Kleding bijvoorbeeld, die je verdeelt in broeken, jassen, jurken etc.
- **Diverse menu's:** Van voorgerecht tot hoofdgerecht, van pasta tot pizza.
- **De stages van een groot evenement (of überhaupt elk evenement dat je organiseert):** Maak een overzicht van elke stage met welke dj of artiest die er staat en wat voor ontwerp het podium heeft.
- **Seizoen of feestdagen gebonden:** Valentijn, Kerst, zomervakantie, wintersport, moederdag; vul maar een feestdag in en je kan er een mooi verhaal van maken. Mooi om te combineren met bijvoorbeeld producten voor een bepaald seizoen.
- **Marketingcampagnes:** Heb je een specifieke campagne lopen? Plaats alle verhalen uit deze campagne in één hoogtepunt.
- **Tutorials:** Een Highlight met daarin alle tutorials die je hebt gemaakt over een bepaald onderwerp. Dit kan bijvoorbeeld een uitleg zijn over een product of dienst welke je verkoopt 😊
- **User generated content:** Heel gaaf om een sectie te hebben met personen die jouw product gebruiken! Of een complete sectie met daarin deelnemers aan een prijsvraag met een bepaalde hashtag.

- **Thema's en onderwerpen:** Categoriseer je Highlights in thema's en onderwerpen waarover jij Stories plaatst.
- **People/personen:** Dit kun je ruim definiëren. Van klanten tot personeel. Van vaste klanten tot aan de keukenbrigade of de serveersters. Laat je volgers zien dat de mens centraal staat binnen je organisatie. Dat schept direct vertrouwen en een band tussen jou als bedrijf en de klant als mens.

Checklist na hoofdstuk 7

Na het doornemen van dit hoofdstuk:

- ☐ Weet je wat Instagram Stories zijn en hoe je deze maakt;
- ☐ Heb je alle creatieve tools van Stories bekeken;
- ☐ Heb je inspiratie gekregen om deze leuke tools in te zetten;
- ☐ Weet je hoe je van jouw Stories een succes maakt;
- ☐ Weet je hoe hoe je Highlights op je profiel plaatst;

8. Instagram TV (IGTV)

In 2018 werd er een nieuwe tak toegevoegd aan Instagram: Instagram TV (IGTV), een YouTube-achtig platform met alleen video. Een uitkomst voor de creatievelingen op Instagram, want eindelijk konden ze zogeheten 'longform' video's plaatsen. Filmpjes die langer dan een minuut duren. Ook bedrijven en organisaties zagen de mogelijkheden in van deze nieuwe optie van Instagram en velen zijn flink aan de slag gegaan.

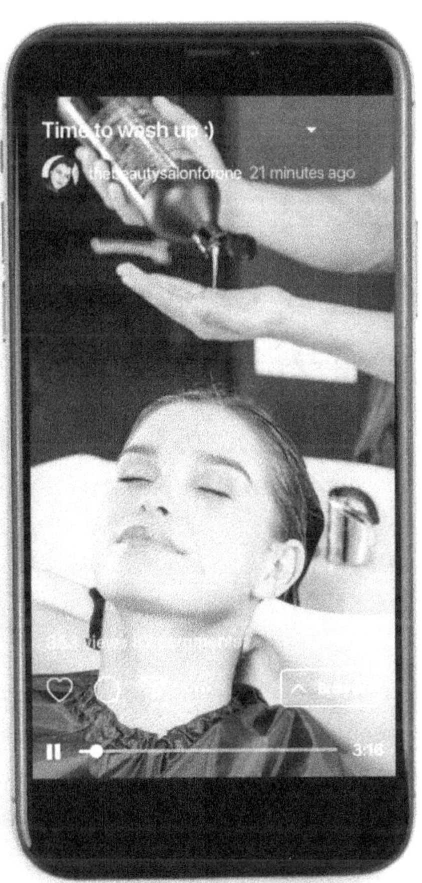

Instagram heeft natuurlijk gekeken naar het succes van YouTube en gezien hoe video een ontzettend belangrijke (misschien wel dé belangrijkste) rol heeft gekregen op het internet. Je ziet daarom ook continue verbeteringen van het platform. Ondersteunde het in het begin alleen verticale content, tegenwoordig is het geen probleem om horizontale content te bekijken. Even je mobile draaien en je hebt volledig beeld. Ideaal!

Geverifieerde gebruikers (met dat blauwe V-tje naast hun naam) kunnen IGTV-video's plaatsen die tot een uur lang zijn. Gewone gebruikers kunnen video's van maximaal 15 minuten uploaden.

En dat is het mooie van IGTV: Iedere gebruiker kan een eigen IGTV-kanaal beginnen. Er zijn geen minimumeisen aan verbonden.

Verder heb je de mogelijkheid om bij het uploaden van je IGTV-clip aan te geven dat je een preview wilt laten zien in je Insta-feed. En dat wil je natuurlijk, omdat je dan veel meer exposure krijgt voor je IGTV-content. Ik vertel je zo hoe je dat doet.

Al deze content kun je via de Instagram-app vinden én via de aparte IGTV-app die Instagram hiervoor heeft gemaakt. Ik merk zelf dat ik die laatste niet of nauwelijks gebruik, want ik zit toch al in de Instagram-app zelf. Je vindt de filmpjes ook terug op iemands Instagram-profiel door te klikken op de IGTV-knop. Deze krijg je vanzelf op je profiel als je content plaatst op IGTV.

Video is hot. Ik zei het al. Het is dan ook ontzettend belangrijk om in video te investeren. Instagram TV is hier een ideaal platform voor. En je bent al bezig met het investeren in Instagram, anders was je nooit aan dit boek begonnen ☺. Investeer dus zeker ook in het maken van geweldige videocontent voor jouw doelgroep. Gebruikers besteden meer en meer tijd aan entertainment op hun mobiele apparaten. Grijp die kans en ga aan de slag met IGTV.

Hoe werkt Instagram TV?

Je hebt een Instagram-account nodig om gebruik te maken van Instagram TV en het enige wat je daarna moet doen is een filmpje uploaden dat langer is dan één minuut, en ziedaar: je bent je eigen kanaal gestart. *That's it.* Je krijgt dan meteen het eerdergenoemde icoontje op je profiel waar gebruikers jouw longform content kunnen bekijken.

Neem de volgende stappen om een video te uploaden naar jouw IGTV kanaal:

Selecteer je video

Ga naar je profiel toe en klik op **het + teken** en selecteer in het menu **IGTV-video.** Je komt nu in de gallery van je mobiel terecht waar al je video's staan. Scrol door je lijst en selecteer de video die je wilt plaatsen. Let op: de video moet tussen de 1 en 15 minuten lang zijn. In je lijst zie je dat alleen de video's die aan deze eis voldoen helder zichtbaar zijn. Dit zijn de filmpjes die je kunt gebruiken.

Als je erop geklikt hebt, krijg je een preview van het filmpje te zien. Check of je de juiste geselecteerd hebt. Je zal niet de eerste zijn die een verkeerd filmpje plaatst op social media ☺. Is het filmpje correct, klik dan op **Volgende**.

Upload een aantrekkelijke thumbnail

En nu kom je in een heel belangrijk veld terecht: het kiezen van je omslag. Dit is de thumbnail die mensen zien als ze zoeken in Instagram Explorer (het zoekgedeelte van Instagram), wanneer ze door IGTV scrollen (hetzij via de speciale IGTV-app, hetzij via Instagram zelf) of wanneer ze door hun tijdslijn scrollen. Dit beeld moet dus ijzersterk zijn en uitnodigend genoeg om erop te klikken. Je omslag is dé aandachtstrekker, besteed hier dus aandacht aan.

Kies een frame uit je filmpje, of load een afbeelding vanuit je mobiel. Instagram adviseert zelf om een afbeelding te gebruiken van 420x654 pixels (1:1.55 ratio). Let goed op dat aan de onderkant van de thumbnail je ruimte laat op de plek waar je accountnaam en de titel van je video wordt weergegeven.

Nog een punt waar je goed op moet letten is dat wanneer je ervoor kiest om een preview van je IGTV-video in je 'gewone' Insta-feed te laten zien, dat daar een vierkante thumbnail van gemaakt wordt. Dat is je Instagram Feed safe space. Daar plaats je bijvoorbeeld een pakkende tekst over de video die meteen uitnodigt om erop te klikken. Dit is ook het gedeelte waar de afbeelding het duidelijkst moet zijn.

In mijn voorbeeld zie je exact wat het belangrijkste gedeelte is van deze thumbnail. Het geheel is wat men ziet als je door de Explorer aan het zoeken bent. Het middelste vierkant tussen de stippellijnen komt tevoorschijn in de Instagram Feed.

Ben je tevreden met hoe je thumbnail eruitziet? Klik dan op **Volgende**.

Geef je video een pakkende titel

Je thumbnail is het eerste waar gebruikers naar kijken. Het tweede waar ze naar kijken is je titel. Binnen een fractie van een seconde maakt een gebruiker de beslissing of ze wel of niet verder klikken en gaan kijken. Je hebt 75 tekens om een titel te maken die de interesse wekt van jouw doelgroep. Gebruik die tekens goed.

Houd bij het verzinnen van een titel voor een IGTV-video de volgende elementen in gedachten:

- **Maak je titel krachtig:** Ik ben persoonlijk een fan van bijvoegelijke naamwoorden die kracht uitstralen zoals 'geweldige', 'fantastische', 'onmisbare' etc. etc. Je mag best overtuigd zijn van jezelf én van je content. Laat dat terugkomen in je titel. *'10 tips voor je IGTV-strategie'* klinkt toch net even wat anders dan *'10 onmisbare tips voor een geweldige IGTV-strategie die voor meer omzet zorgen!'*.

- **Maak de titel beschrijvend:** Geef een acurate beschrijving waar jouw video over gaat.

- **Gebruik je keywords:** Ja, daar zijn ze weer. De keywords. Zet ze in je titel om beter gevonden te worden.

Doe dit zorgvuldig voor elke video die je upload. Het zou toch zonde zijn als je video niet bekeken wordt omdat je titel niet aantrekkelijk is. Bovendien komt je titel direct als eerste zin in beeld als je een preview van je clip deelt op je tijdslijn. Die eerste zin moet gelijk de aandacht pakken als iemand door zijn feed aan het scrollen is. Grijp die kans en besteed altijd aandacht aan de titel van je IGTV-content.

Plaats een geweldige beschrijving

We zijn nog niet klaar, want je hebt nog een beschrijving waar je veel informatie kwijt kan. Informatie over je video én over jouw account. Je hebt hier 2.200 tekens die je met waardevolle informatie kan vullen. Gebruik niet alleen de titel, maar ook de beschrijving om gebruikers aan te trekken.

Maar wat plaats je hier allemaal? Ik help je een handje op weg:

- **Gebruik je keywords:** Jawel! Ook in de beschrijving ga jij weer aan de slag met je belangrijkste keywords. Gebruik ze consequent zodat potentiële volgers je nog sneller weten te vinden. Plaats sowieso de keywords die je in je titel hebt. Gebruik die ook weer in de beschrijving. De kunst van het herhalen gaat het hier om. Ik kan het niet vaak genoeg herhalen 😊.

- **Kort stukje over de inhoud van je video:** Verleid de gebruikers met een korte beschrijving van je filmpje. Kort wil niet zeggen saai. Integendeel: pak iedereen in met een krachtige tekst waardoor men denkt: *dit moet ik zien!*. Speel in op de emotie van je volgers. Ik gebruik hoogstens twee á drie alinea's voor dit gedeelte van de beschrijving, liever twee.

- **Hashtags:** Plaats in je beschrijving ook een aantal relevante hashtags. Hashtags maken alle inhoud die je uploadt naar je IGTV-kanaal gemakkelijker te vinden, dat is waarom je dit onderdeel absoluut niet moet overslaan. Voeg hashtags toe aan al je video's als je nieuwe volgers wilt bereiken. Gebruik sowieso **#igtv** en **#igtvfollow** om je kijkers aan te sporen jou te volgen. Ik ga verderop in het boek dieper in op hashtags, in een apart hoofdstuk.

- **Call To Action (CTA) om je te volgen:** Je hebt een gebruiker nu te pakken, dus maak het ze dan ook makkelijk om jou te volgen. Ik plaats altijd de accountnaam in de beschrijving met een duidelijke tekst erbij: *'Volg mij om nog meer leuke filmpjes te zien @vulhierjeaccountnaamin'*. Doe dit standaard bij elk filmpje dat je uploadt op je IGTV-kanaal.

- **Linkjes naar een bepaalde URL:** Ja! Je kunt linkjes plaatsen in de beschrijving van je IGTV-content. Ideaal om dat in combinatie te doen met de content in je video. Vertel in je clip over een bepaald onderwerp en verwijs naar de beschrijving waar ze je ebook of een handige checklist kunnen downloaden. Of geef ze de link naar een speciale webinar waar men zich voor inschrijven kan. En wat dacht je van een link plaatsen naar je ticketverkoop voor je evenement, je museum of je toeristische attractie? Hetzelfde geldt voor bepaalde producten die je laat zien in je IGTV-video. Plaats een linkje in de beschrijving naar dat product om je kijkers het zo makkelijk mogelijk te maken om dat item te kopen. Geef aan in je clip dat de shopping-link in je beschrijving staat zodat je kijkers weten waar ze snel zelf het artikel kunnen aanschaffen. Zoals je ziet zijn er mogelijkheden zat om de conversie te verhogen van jouw bedrijf!

Interessante opties dus om in de beschrijving van je IGTV-content te plaatsen. Mogelijkheden die je zeker moet benutten. Er zit echter één groot nadeel aan de beschrijving van een IGTV: als je in het IGTV-gedeelte van Instagram bent, dan zie je in eerste instantie de beschrijving niet. Je ziet de beschrijving als gebruiker alleen als je tijdens het kijken van de clip op de titel klikt. Dan pas verschijnt deze beschrijving.

Een gebruiker ziet echter deze beschrijving wél in de Insta-feed verschijnen, bij je preview. Alleen dat al is een reden om deze optie serieus te nemen en altijd te gebruiken.

Plaats een preview op je tijdslijn

In hetzelfde venster waar je je titel en beschrijving plaatst, zie je aan de onderkant de volgende mogelijkheden:

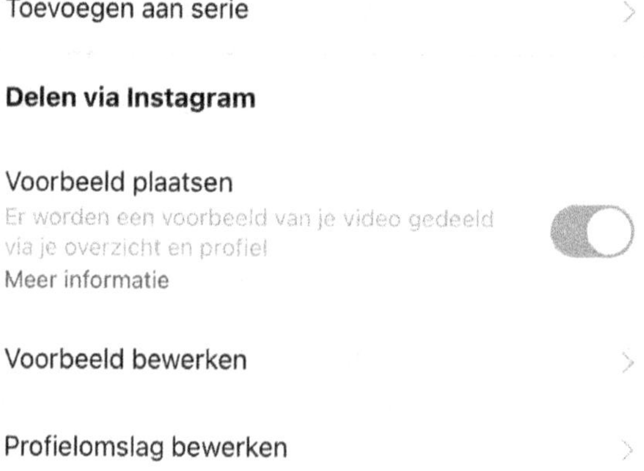

Dit is de plek waarbij je aangeeft dat je een preview van je IGTV-video wil delen op je Instagram-feed. Het is verstandig om dit te doen, simpelweg omdat je bereik dan vele malen groter wordt en daarmee het succes van je video. Zet de schuif bij **Voorbeeld plaatsen** op AAN. De eerste 15 seconden van je filmpje worden dan getoond op je tijdslijn.

Nadat je dit hebt aangezet is het tijd voor de volgende stap, en dat is het **Voorbeeld bewerken**. Ook een hele belangrijke stap, want de video's op IGTV zijn beeldvullend, maar de preview op je feed is niet in hetzelfde formaat. Deze moet je dus aanpassen. Klik op **Voorbeeld bewerken** en je komt in het scherm waar je die eerste 15 seconden van je IGTV video ziet. Hier kun je kiezen wat er in beeld komt. Houd de video ingedrukt om het gewenste gedeelte te selecteren. Schuif omhoog of omlaag om het beste beeld te krijgen. Klik daarna op **Opslaan** waardoor je weer teruggaat naar je beginscherm.

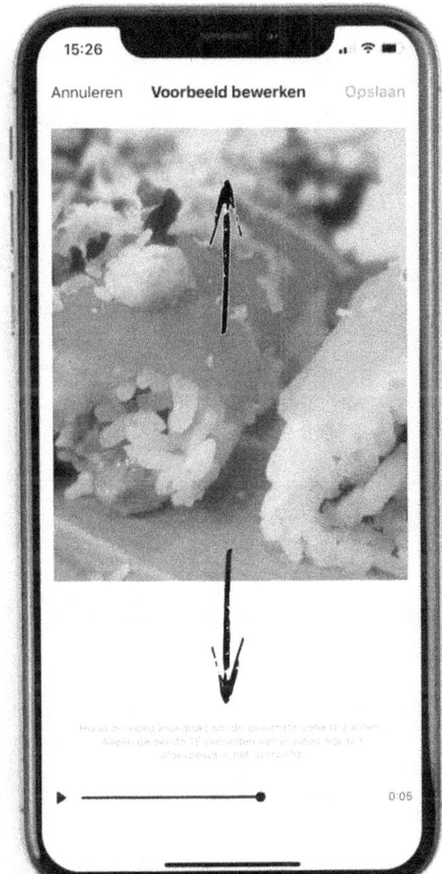
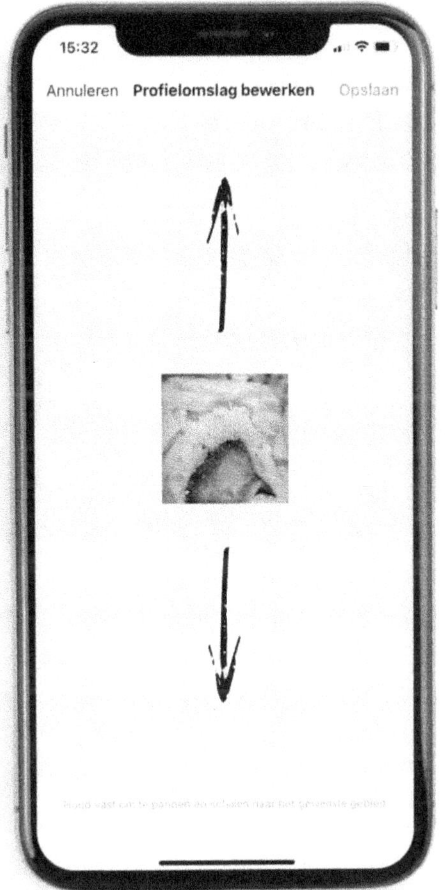

De laatste stap die je moet nemen met betrekking tot je preview is het bepalen van de thumbnail voor je feed. Helaas is het (nog) niet mogelijk om hier een aparte thumbnail voor te uploaden, maar pakt Instagram het eerste frame van je filmpje. Klik op **Profielomslag bewerken** en houd daarna de afbeelding ingedrukt en schuif ook hier weer omhoog en omlaag om het gewenste gebied te selecteren. Klik daarna weer op **Opslaan** en je bent klaar met het preview gedeelte en in principe klaar om je video te plaatsen.

Creëer je eigen IGTV-serie

Als je goed hebt meegekeken met het uploaden van een IGTV-video dan zie je onder de beschrijving de knop **Toevoegen aan serie** staan.

Toevoegen aan serie

Dit is een fantastische optie die Instagram in IGTV heeft gezet: de mogelijkheid om een eigen IGTV-serie te maken. Zie het als een playlist waarin je elke week, maand of zelfs dagelijks volgens een bepaald schema nieuwe video's publiceert over een specifiek thema of onderwerp. Deze manier van content plaatsen werkt ontzettend goed op YouTube en dit werkt ook fantastisch op IGTV!

In plaats van dat je af en toe wat losse, eenmalige video's plaatst, maak je een complete serie, waardoor je als het ware de aandacht van de gebruiker vast weet te houden. Door volgens een vast patroon content te publiceren, zorg je ervoor dat je volgers er een gewoonte van gaan maken om terug te komen naar je profiel om nieuwe filmpjes te bekijken. Het wordt een deel van hun dagelijkse routine. Dit oude truukje komt natuurlijk van het tv-kijken. Het NOS-journaal is bijvoorbeel al jarenlang om 20:00 uur op Ned1 en iedereen weet dat, simpelweg omdat ze dit al jaren doen. Studio Sport zendt op zondagavond om 19:00 uur de samenvattingen van de Eredivisie uit en nog steeds zitten mensen met een bord op schoot ernaar te kijken. Op de radio volgen ze dit principe ook. Dit heet *horizontaal programmeren*. Horizontale programmering is het principe dat een bepaald radio- of televisieprogramma iedere dag op hetzelfde tijdstip wordt uitgezonden. De gedachte hierachter is dat de kijker of luisteraar dan makkelijker afstemt op het programma en dit dus een hogere kijk- en luisterdichtheid oplevert.

YouTube-sterren hadden dit fenomeen al snel door en maken daar gretig gebruik van. Een goed voorbeeld is YouTube-ster Enzo Knol. Hij publiceert elke dag om 16:00 uur een nieuwe video op zijn kanaal en maakt daardoor ook reclame voor zichzelf. Dit is een geweldig gekozen tijdstip want hij weet dat zijn doelgroep (de jeugd) om 16:00 uur thuis komt van school, zin heeft om even helemaal niks te doen en dus tijd heeft voor zijn video's, die daarom massaal bekeken worden.

Het loont dus de moeite om je volgers een bepaalde gewoonte 'aan te leren'. Hoe meer deze gewoonte bij je volgers is ingeburgerd, hoe beter het is voor je 'kijkcijfers' op je IGTV-kanaal. Leer ook van Enzo Knol, en laat je (potentiële) volgers weten dat je content op een bepaald tijdstip publiceert.

Er komt wel heel wat bij kijken om je eigen IGTV-serie op te zetten. Je moet aan diverse elementen denken en het strak en goed organiseren. Ik gebruik daarvoor een bepaald proces waar ik punt voor punt doorheen loop zodat ik niets vergeet.

Ga om de tafel zitten en maak een duidelijk plan en een strategie

Het is niet niks om als bedrijf een 'verbintenis' aan te gaan met je publiek door ze een bepaalde IGTV-serie voor te schotelen. Jij verwacht trouwe kijkers. De trouwe kijker verwacht kwaliteit en continuïteit. Vanzelfsprekend, lijkt me.

Het eerste wat je gaat doen is met je team rond de tafel zitten om te brainstormen en maak een duidelijk plan en een goede strategie:

- **Wat is je doel en doelstelling met je IGTV-serie?** Ontzettend belangrijk om dat vantevoren te bepalen. Je gaat niet een IGTV-serie starten omdat het je leuk lijkt om dat als bedrijf te doen, of omdat je 'gehoord hebt dat je iets met Instagram TV moet doen'. Nee, zo werkt het niet. Net als bij je gehele Instagram-strategie is dit de fundering van alles wat je hierna gaat doen. Ook hier geldt: **Maak het SMART (Specifiek, Meetbaar, Acceptabel, Realistisch en Tijdgebonden).**

- **Wat wordt het thema of onderwerp van een bepaalde serie?** Denk hier heel goed over na. Dit is de kapstok van jouw IGTV-serie waar jij je afleveringen aan gaat hangen. Deze kapstok dient solide genoeg te zijn om al je episodes te dragen.

- **Wat willen je volgers graag zien van jou en je bedrijf?** Essentieel om te weten. Doe hier goed onderzoek naar voordat je tijd én budget gaat inzetten en het een grote flop wordt. Dat zou doodzonde zijn. Research naar welke onderwerpen jouw kijkers geïnteresseerd zijn is key!

- **Hoeveel verschillende afleveringen zou je van het gekozen thema of onderwerp kunnen maken?** Het moet niet zo zijn dat je een onderwerp bedacht hebt en je binnen een paar afleveringen klaar bent. Brainstorm hier goed over en maak een lijst met afleveringen die je binnen het bestaande thema kan maken.

- **Bepaal het budget voor je IGTV-serie.** Geld. Zonder geld kom je niet ver. Filmen kost geld. Editten kost geld. Maar ook het promoten van je serie kost geld. Bepaal van te voren je budget zodat je niet voor verrassingen komt te staan en dat je halverwege het schieten van je serie geen geld meer hebt. Of dat je serie helemaal klaar is, maar je hebt nul euro over om je IGTV-serie te promoten. Dat zou zonde zijn, nietwaar?

- **Bepaal wie het gaan uitvoeren.** Wie gaat wat doen en wie is waar verantwoordelijk voor? Wie gaat het filmen, ga je het zelf doen of huur je een bedrijf in? Zo ja, welk bedrijf gaat het worden? Zo nee, wie dan wel en met welke apparatuur? Denk hier goed over na.

  Dan is er nog de vraag wie er voor de camera komt of komen te staan. Moet je daar iemand voor inhuren of is er binnen je organisatie iemand geschikt voor deze klus. Vraag eens rond binnen je bedrijf. Je zal versteld staan van het talent wat er rondloopt. Zo werd ik zelf voor de leeuwen gegooid bij mijn allereerste keer dat ik voor Dance Valley Festival werkte in 2004. Samen met een camerateam liep ik over het festivalterrein en interviewde ik talloze bezoekers, dj's en artiesten. Het resultaat was ontzettend leuk, tot mijn eigen verbazing (maar ook die van mijn collega's) werd er een item van gemaakt dat uiteindelijk op de officiële DVD terecht kwam. Wie weet schuilt er wel een enorm talent binnen jouw bedrijf 😊.

- **Maak een planning.** Timing is everything. Maak dus een planning voor je serie. Wanneer produceer je de filmpjes en op welke datum moeten ze klaar zijn? Bedenk goed dat een filmpje nooit in één keer raak kan zijn en dat er wellicht een tweede edit-ronde overheen moet. Wanneer gaan de filmpjes live? Wat wordt je marketingplan rondom de lancering van je filmpjes?

Kortom, maak voor jezelf een uitgebreid projectplan voor je IGTV-serie om het een succes te maken. Hoe beter je alles voorbereidt, hoe makkelijker het uiteindelijk voor je gaat worden en hoe groter de kans dat je IGTV-serie een grote schare trouwe kijkers krijgt.

Maak voor elke aflevering een script

Als je iets maakt, doe het dan gelijk goed, want anders haken je volgers alsnog af, hoe interessant het onderwerp ook is. Je gaat stap voor stap opschrijven wat je per aflevering wilt vertellen. Je gaat de setting bepalen en je maakt de keuze of je gebruik gaat maken van een studio, of dat je ergens op locatie filmt. Heb je dit afgerond, dan ga je opschrijven welke shots er zeker in je filmpje moeten komen. Kortom, je maakt een script waarin je alle details van een aflevering verwerkt. Om het jezelf makkelijk te maken verdeel je het script van je filmpje in drie stukken.

Het begin:

Bepaal wat het eerste gedeelte van de video wordt. Dit is het allerbelangrijkste stuk van je video, want daarmee moet je de aandacht van de kijker meteen grijpen. Vooral de eerste drie seconden zijn van vitaal belang. In een split-second bepaalt iemand of er doorgekeken wordt ja of nee. De eerste 30 seconden zijn crusiaal of je filmpje goed bekeken wordt. Maakt deze 30 seconden prioriteit bij het maken van je video.

Een bekende fout die vooral de wat oudere generatie onder ons maakt, is om te beginnen met een prachtig mooi gemaakt logo-intro. Doe dit niet. Hiermee zorg je er juist voor dat mensen wegklikken. Begin in plaats daarvan met iets onweerstaanbaars dat direct de aandacht grijpt. Stel een vraag die je doelgroep misschien heeft, of begin ze meteen te vertellen wat ze kunnen verwachten als ze je hele IGTV-video bekijken. Een belofte doen dat ze iets gaan leren of spectaculairs te zien krijgen als ze blijven kijken, werkt ook altijd erg goed. Maak je volgers nieuwsgierig.

Het midden:

Je hebt nu de aandacht van je volger en je wilt die aandacht vast blijven houden voordat je toewerkt naar het einde van je filmpje. Het middengedeelte is het gedeelte waar jij de kijker 'waar voor hun geld' geeft. Of beter gezegd: waarde geeft voor de waardevolle tijd die ze aan jou spenderen. Dit middenstuk is mede bepalend of ze jouw volgende filmpje ook weer gaan bekijken. Geef jij geen antwoord op hun vragen of maak je de nieuwsgierigheid niet waar, dan krijg je teleurgestelde kijkers. En kijkers kun je maar een enkele keer teleurstellen, daarna komen ze niet meer terug.

Het einde:

Het slotakkoord van je video: het einde. Wordt het een call-to-action om een product te kopen of om een service bij jou af te nemen? Of verwijs je door naar de volgende aflevering? Of doe je beide? Vragen die je vantevoren wilt beantwoorden. Maak nu niet van elke video een promo waarin je aan het einde iets wilt verkopen. Dat is zo ontzettend doorzichtig en daar trapt niemand meer in. Dit irritante truukje wordt helaas erg vaak gedaan bij gratis webinars. Je kent ze wel. Waarin het eerste half uur je informatie krijgt en waarin je het tweede half uur platgeslagen wordt met een 'speciale aanbieding speciaal voor iedereen die nu kijkt'...

Zorg voor de juiste balans in je serie. Maak niet van elke video een platte verkoopvideo, maar laat bij de kijker het gevoel achter dat ze volgende aflevering niet mogen missen.

Een script voor elke aflevering is daarom een goede leidraad om niet te verzanden in het filmen van 'zomaar iets', zorg ervoor dat de kwaliteit van je filmpje hoog is. Stel een document op waarin je dit voor elke aflevering opschrijft. Elk detail neem je hierin op. Hoe vaker je dat doet, hoe meer inzicht je gaat krijgen in hoe je werkt en hoe makkelijker het wordt.

Bepaal de lengte van elk filmpje

Bepaal vantevoren hoe lang elk filmpje van je serie gaat worden en verdeel die seconden dan over het beginstuk, het middengedeelte en het einde. Maar wat is nu de beste lengte van een filmpje op IGTV? De ideale lengte hangt van een paar factoren af.

- Wie is je doelgroep en hoe lang kijken zij naar filmpjes?
- Wat voor informatie wil je kwijt en hoe lang blijft die informatie boeiend?

Het hangt dus af van hoe goed jij je publiek kent én hoe goed jij je filmpjes maakt. Ik geef in mijn trainingen altijd het voorbeeld van de filmserie 'Lord of the Rings'. Stuk voor stuk films die bijna de vier uur aantikken. Maar bijna elke seconde is boeiend en je wilt elke film helemaal afkijken. Het maakt je niet uit hoe lang de films zijn, want elk shot is 'raak'.

Wat ik hiermee zeggen wil is: jij bepaalt hoe lang iemand blijft kijken. Alles draait om de kwaliteit en in hoeverre jij de aandacht weet vast te houden van de kijker. Als je een topvideo maakt van 2 minuten en je hebt daarin alle informatie geplaatst en jouw doelgroep vindt dat prima, dan is 2 minuten prima. Als je een instructie- of uitlegvideo hebt gemaakt of wanneer je IGTV-video echt boeiende inhoud heeft, waar je langer de tijd voor nodig hebt om het te laten zien, dan kun je denken aan een lengte van 6 tot 8 minuten of misschien wel langer.

Mijn advies: probeer het uit! Elke doelgroep is anders. Ieder thema en ieder onderwerp vragen om verschillende lengtes. Je komt hierachter door dat te testen en goed je statistieken in de gaten te houden. Omdat je ergens moet beginnen, start je met video's van tussen de 2 tot 5 minuten en onderzoek je goed wat je doelgroep ermee doet, en vandaaruit ga je verder werken.

Het opnemen en plaatsen van je eigen video

Je hebt het thema, het aantal afleveringen, je hebt de scripts gemaakt en je weet hoe lang elk filmpje ongeveer moet worden. Nu moet je het alleen nog gaan opnemen en in elkaar zetten. Je hebt twee keuzes als je video's wilt maken voor je eigen IGTV-kanaal:

1. Je besteedt het uit aan een professioneel bedrijf.
2. Je gaat het zelf maken.

Als je een professioneel videobedrijf inhuurt, dan hoef je je geen zorgen te maken over de kwaliteit van je filmpje en hoef je geen materiaal aan te schaffen, want dat hebben zij al. Maar wat nou als je toch besluit om het zelf te doen, wat heb je dan nodig?

1. **Een camera (eventueel met statief).** Om te filmen heb je een camera nodig, dat klinkt logisch. Maar wat voor een camera? Zelf gebruik ik verschillende camera's om filmpjes te schieten. De makkelijkste is de camera van mijn iPhone. Die zijn tegenwoordig fantastisch en je kunt er ontzettend mooie filmpjes mee maken. De nieuwe versies van Samsung idem dito. Ook daar is de kwaliteit geweldig van.

   Verder gebruik ik één van de bekendste vlogcamera's, namelijk de Canon PowerShot G7X Mark III waarmee je hoge kwaliteitsbeelden schiet. Daarnaast maak ik ook veelvuldig gebruik van mijn GoPro die ik altijd en overal aan vast kan maken met de diverse handige mounts (klemmen) die deze actiecamera heeft.

   De huidige generatie DSL-camera's van Canon, Sony of Nikon hebben ook allemaal fantastische videomogelijkheden. Ook deze gebruik ik graag indien aanwezig.

   Denk ook na of je statieven nodig hebt om je camera's op te plaatsen. Een gimbal is zeker een aanrader als je schiet met bewegende beelden. Het is een stabiliserende houder die je camera rechthoudt, ongeacht de beweging die je maakt. Ze zijn er ook speciaal voor mobile phones. Je beeld blijft perfect recht terwijl je loopt, fietst of in de auto zit.

   Kleine tip: zorg altijd dat je genoeg ruimte in je geheugen hebt als je gaat filmen. Je zal niet de eerste zijn die met een vol geheugenkaartje staat halverwege een shoot ☺.

2. **Microfoon.** Naast goed beeld wil je ook goed geluid hebben. Investeer daarom in een goeie microfoon. Ik gebruik vaak een dasspeld microfoon (ook wel Lavelier microfoon genoemd). De Rode SmartLav+ Lavalier microfoon heb je al voor een paar tientjes en het geluid ervan is echt goed. Sowieso zijn microfoons van de merken Rode en Senheisser altijd veilig om aan te schaffen. Deze merken staan bekend om hun hoge kwaliteit. Je kunt deze microfoons ook op je telefoon aansluiten.

3. **Goed licht.** Hier wordt helaas vaak te weinig aan gedacht. Licht kan zo veel doen met een video. Dat geldt ook zoom je Zoom- of Teamsmeeting waarbij je de webcam gebruikt. Schaf een goed ringlicht aan wanneer je recht in de camera praat. Je klemt je smartphone of camera in het midden van het licht vast en je beeld wordt perfect belicht.

Heb je een hele studioset ingericht? Denk dan aan fill lights en aan daglichtsets van merken als StudioKing of Falcon Eyes. Een video-expert kan je daar zeker meer over vertellen.

Film je bij daglicht, dan moet je goed opletten dat de zon niet vol in de ogen schijnt van de personen die voor de camera staan. Ogen gaan dan knijpen tegen het felle zonlicht en dat staat verschrikkelijk. Natuurlijk licht is trouwens altijd wel aan te raden om bij te filmen. Vooral het zachte licht in de ochtend en avond doen wonderen voor de kwaliteit van je beeld.

Camera's, licht- en geluidproducten zijn trouwens in te huren mocht je geen budget hebben om het zelf aan te schaffen. Diverse bedrijven zijn hier gespecialiseerd in zoals Budget Cam (https://budgetcam.nl/) of CameraNu (https://www.cameranu.nl/).

4. **Autocue.** Jij denkt dat al die presentatoren de tekst uit hun hoofd kennen? Mooi niet. Alleen Mart Smeets kan dat, de rest leest alles af van een autocue: een tekst die op hun camera loopt die ze af kunnen lezen. Ideaal. Gelukkig bestaan daar ook appjes voor die dit werk voor je doen. Ik gebruik de app **Teleprompter**. Vantevoren maak je de tekst op

in een Worddocument. Deze laad je in de app en je laat hem afspelen terwijl je filmt. Je raakt nooit meer je tekst kwijt. Fantastische tool om te gebruiken!

5. **Het filmpje in elkaar zetten.** En dan komt het moeilijke gedeelte: het filmje in elkaar zetten. Gelukkig heb je ook daar tegenwoordig fantastische apps voor. Mijn lijst met favorieten vind je verderop in dit boek. Investeer in het onder de knie krijgen van deze video-editapps en je komt een heel eind.

Vergeet de ondertiteling niet! Voor de iPhone gebruik ik daar de app **MixCaptions** voor.

6. **Het live zetten van je video.** Ik heb je in dit hoofdstuk al laten zien waar je op moet letten. Plaats een pakkende titel, maak een aantrekkelijke thumbnail en zorg voor de juiste beschrijving met de juiste hashtags. En... voeg je video toe aan een serie met deze button!

Klik daarop en je kunt kiezen om een nieuwe serie aan te maken of je filmpje toe te voegen aan een al bestaande serie. Geef je serie een pakkende naam en ook hier vul je de beschrijving weer in met de juiste keywords.

Wanneer je dit gedaan hebt, klik je op **Op IGTV plaatsen** en je filmpje wordt geplaatst.

Video maken is een vak apart en het vergt veel kennis en ervaring om dit écht goed te doen. Lijkt het je wat, ga dan zeker van start, bekijk je budget en maak eventueel zelf gave content. Ik kan er geen genoeg van krijgen en vind dit een coole manier om mijn creatieve ei kwijt te kunnen.

Mocht je genoeg in de portemonnee hebben en wil je het werk uitbesteden, dan raad ik je aan om goed rond te kijken welk bedrijf je hiervoor inschakelt. Er zijn ontzettend veel kwalitatief goede bedrijven op videogebied, ieder met zijn eigen specialiteit. Doe onderzoek, ga met ze om de tafel zitten, laat ze hun werk presenteren en hoor aan welke werkwijze ze hebben. Voordat je een werkrelatie met zo'n bedrijf aangaat is het verstandig om aan te voelen of er de juiste klik is. Zelf heb ik zeer prettig samengewerkt met diverse professionele filmmakers, zoals het team van Your Productions (https://www.yourproductions.nl/) of van Stung TV (https://www.stung.tv/). Ieder heeft zijn eigen kracht en dat is lekker om achter de hand te hebben.

Schreeuw het van de daken

Je hebt je filmpje klaar en je hebt het op je IGTV-kanaal geplaatst. Dan kun je nu twee dingen doen, achterover zitten en hopen dat iemand het ziet, of daadwerkelijk in actie komen en overal en nergens je video promoten zodat het een succes wordt. Natuurlijk doe je het laatste, want bij het bedenken van je IGTV-serie heb je al een heel marketingplan bedacht. Die van mij bestaat uit de volgende onderdelen:

- **Tease via je Stories en andere socialmedia-kanalen.** Tijdens de brainstorms over mijn serie maak ik al 'Behind the scenes' foto's die ik als teaser gebruik op mijn Stories. Zowel op Instagram als op Facebook Stories (indien die aanwezig is). Ook zet ik Twitter in voor deze kleine boodschapjes.

  Dit doe ik uiteraard ook als ik de filmpjes daadwerkelijk schiet en terwijl ik ze edit. Ik maak korte clipjes met de boodschap dat *we lekker aan het filmen zijn voor weer een nieuwe aflevering van...*' Zo stoom je je volgers klaar voor een nieuwe aflevering.

- **Vergeet de preview in je feed niet.** Als ik het filmpje plaats, dan plaats ik er altijd een preview van in de Instagram-feed.

- **Plaats in je Stories een aantrekkelijk promobericht** dat er weer een nieuw filmpje live staat op je IGTV-kanaal. Maak dit voor elke serie in een bepaalde template, zodat je volgers direct zien dat het over deze serie gaat. De juiste *look & feel* is ook hier weer belangrijk voor de herkenbaarheid.

- **Heb je een e-mailnieuwsbrief?** Besteed dan aandacht aan je IGTV-kanaal én aan je serie. Dit is één van de beste manieren om je filmpjes onder de aandacht te brengen bij je volgers.

- **Promoot je serie eventueel door middel van advertenties op Instagram.** Zeker als je met een nieuwe serie start is het verstandig om er advertentiebudget voor in te zetten. Net als alle grote tv-shows heeft je eigen IGTV-serie een vliegende kick-start nodig. Hoe groter het bereik met de start van je serie, hoe sneller je zal groeien.

- **Laat iedereen binnen je bedrijf 'liken, delen en reageren'.** Het aloude truukje om snel bereik te krijgen is het inschakelen van al het personeel, mits zij zelf natuurlijk achter het filmpje staan. Het is en blijft altijd hun eigen keuze om dit te doen.

- **Schakel (micro)influencers in.** Vrienden, bekende Instagrammers, je trouwste volgers. Vraag ze vriendelijk of ze jouw content willen verspreiden.

- **Herinner je volgers er nog een keer aan.** Dat je filmpje al een paar dagen online staat hoeft niet te beteken dat de promotie ervan stopt. Blijf regelmatig je doelgroep eraan herinneren dat je geweldige content voor hen hebt gepost op je IGTV-kanaal.

Het succes van jouw IGTV-serie, van jouw individuele filmpje, hangt niet alleen af van hoe goed de filmpjes zijn, maar ook hoe goed je promotie is. Vat elk filmpje op als de release van een nieuwe bioscoopfilm en geef daar net zo veel aandacht aan. Dan snap je wat ik bedoel met er 'een echt succes van maken'.

Promotie is essentieel voor het succes van jouw IGTV kanaal.
Besteed hier net zoveel aandacht aan als aan het maken van je content.

Bedenk altijd wat je nog meer kunt doen om het te promoten en om je bereik groter te maken. Leer ook van elke campagne. Kijk goed wat wél werkt en wat niet werkt en steek je kostbare tijd (en geld) in promotiemiddelen die het goed doen. Dan weet ik zeker dat je succes gaat hebben met je serie én met je IGTV-kanaal.

Wat voor content plaats je op Instagram TV?

En dan komt de grote vraag: Wat voor series en wat voor filmpjes ga ik plaatsen op Instagram TV? Ook hier raad ik aan om over deze content te brainstormen met een groepje mensen. Om je een flink eindje op weg te helpen heb ik een lijst samengesteld van ideeën en concepten die wellicht interessant zijn voor jou, voor je merk of voor je bedrijf of organisatie. *Here we go!*

Tutorials en 'How to' video's

Het internet is hier groot mee geworden en het is nog steeds één van de populairste genres wat betreft video: de tutorials. De make-upartiesten zijn hier een goed voorbeeld van. De bekende Nederlandse YouTuber Nikkie de Jager van NikkiesTutorials heeft niet alleen een gigantisch groot YouTube kanaal, maar is ook keihard bezig op IGTV met haar tutorials over make-up. Een inspiratie van hoe goed tutorials werken. Kappers en haarstylisten zie je ook vaak met geweldige video's komen over hoe je jouw kapsel omtovert tot een geweldige look.

Over elk onderwerp kun je een tutorial of een 'How to' video maken. Ben jij een DJ of artiest? Laat zien hoe je een track maakt. Ben jij een timmerman? Denk aan alle tv-shows die hun kijkers voorbeelden laten zien hoe je bijvoorbeeld een kast of een tafel maakt, dat kan jij ook. Deze zogenaamde DIY (Do It Yourself) video's zijn immens populair op social media. Heb jij een onderwerp waar je ontzettend veel over weet? Dan schud jij waarschijnlijk zo een serie met dit soort video's uit je mouw.

Dit is één van de manieren om met authentieke en originele ideeën te komen voor video's waar je volgers op IGTV met ontzettend veel plezier naar zullen kijken en voor terug gaan komen. Als ze eenmaal zien hoeveel waarde jij geeft aan hen door middel van je tutorialvideo's, zullen zij dat op hun beurt waarderen door al je video's te kijken.

Productdemonstraties en -handleidingen.

Als we dan toch bezig zijn met 'How to' video's, dan is deze categorie een logische vervolgstap: de productdemonstraties en -handleidingen. Hartstikke leuk dat jij het beste product ter wereld hebt. Maar, wat kun je er nou eigenlijk mee? Belicht alle leuke, handige en interessante kanten van jouw product en laat zien wat je er allemaal mee kan doen. Wat maakt jouw product zo uniek en wat kan de (potentiële) koper er allemaal mee? Maak wekelijkse 'tips & tricks' filmpjes over jouw geweldige product.

Maar trap niet in de val dat je weer een fijne commerciële marketingvideo gaat maken. Dat is absoluut niet de bedoeling. Houd de kijker geboeid. Denk bijvoorbeeld aan de manier waarop de drie heren van TopGear vroeger altijd auto's gingen testen. Die lieten op een supergrappige manier zien waarom een bepaald type auto zo ontzettend goed was en wat je er allemaal mee kon doen. Het team van Coolblue heeft hier goed naar gekeken, want die maken voor heel veel van de producten die je bij hen kunt kopen van dit soort video's.

De filmpjes uit dit genre werken voor bijna elke bedrijfstak. Verkoop je levensmiddelen, zoals een bakker? Laat zien wat je met jouw mooie brood allemaal kan doen en geef wekelijks nieuwe recepten voor een heerlijke ontbijt of lunch. Heb je een Instagram-kanaal voor een gemeente of stad? Neem je volgers stap voor stap mee hoe je een rijbewijs, geboortebewijs of ander belangrijk document aanvraagt, of laat de mooiste plekjes van de stad zien. Werk je in de retail? Show hoe jij dat ene mooie overhemd van merk X combineert met die spijkerbroek van merk Y en hoe stoer dat staat met sneakers van merk Z.

Om input te krijgen voor dit soort filmpjes ga ik vaak rond de tafel zitten met de verkopers en de salesmanagers. Die zijn een kei in het aan de man brengen van hun product en weten als geen ander waar een koper voor valt. Hetzelfde doe ik met de mensen op de werkvloer, die alle ins en outs van het product weten. Gebruik die rijke bron aan kennis en maak er een geweldige IGTV-serie van!

Laat de voordelen van jouw product op een entertainende manier zien aan je volgers en niet alleen houd je hen geboeid, maar ze zullen deze voordelen zeker ook rondvertellen.

User Generated Content: Jouw klanten met jouw product

De allersterkste marketing die er is, is wanneer jouw klanten andere mensen gaan vertellen hoe fantastisch jouw product is. Want wie geloof je eerder? De fabrikant of de persoon die het product gekocht en gebruikt heeft? Ik geef altijd de voorkeur aan de persoon, want die is totaal objectief in deze. Dus wat werkt dan beter dan filmpjes te plaatsen van jouw klanten met jouw product.

Het beste voorbeeld op IGTV is het kanaal van GoPro. Daar vind je ontzettend veel filmpjes van GoPro-gebruikers. Je kan het zo gek niet bedenken of je ziet het voorbij komen: filmpjes van skiërs, mountainbikers, surfers, reizigers en nog heel, heel veel meer. De beste reclame voor hun product zijn deze fantastische filmpjes die door de gebruiker zelf zijn ge-upload op Instagram. Ze doen dit met #GoPro en geven GoPro toestemming om deze filmpjes op het GoPro-kanaal te laten zien. Natuurlijk geven ze toestemming, want hoe cool is het dat jouw filmpje op het officiële IGTV-kanaal te zien is? Ik wil daar ook dolgraag op komen te staan 😊.

Ga met je team rond de tafel zitten en bedenk hoe dit mechaniek voor jullie kan werken. Om je een voorbeeld te geven: voor een groot festival heb ik een keer een complete serie bedacht met foto's en filmpjes die door gebruikers zelf geschoten zijn op de dag van het festival. Van die filmpjes werden mini-aftermovies gemaakt die op hun IGTV-kanaal werden geplaatst als een serie. Zo laat je zien hoe geweldig het festival was uit het oogpunt van de bezoekers.

Denk dus buiten de bestaande paden en ga zoeken naar een leuke invalshoek die voor jou en jouw product kan werken én waar je volgers enthousiast van worden om mee te doen én om naar te kijken. Roep op, door middel van bijvoorbeeld een prijsvraag, om mee te doen en je zal zien dat ze maar al te graag mee willen doen!

Challenges – daag je volgers uit

Daag je volgers uit om bepaalde dingen te doen of na te doen en vraag aan ze of ze het resultaat willen posten op Instagram met een bepaalde hashtag. Op het web is deze manier van het betrekken van je volgers enorm succesvol gebleken. Denk maar eens aan de Ice Bucket Challenge. Zo zijn er al talloze voorbeelden de afgelopen jaren geweest. Verzin je eigen challenge video, geef er een eigen creatieve draai aan én prikkel je volgers om mee te doen.

Wat voorbeelden die goed werken:

- Ben je een bakker? Laat jouw eigen appeltaart zien en daag je volgers uit om een mooiere te bakken. Elke maand een nieuwe challenge met een nieuwe taart.
- Ben je een DJ of artiest? Daag je volgers uit om met een songtekst te komen of misschien een complete track. Of wie er het beste dansje kan verzinnen op je nieuwe track.
- Gooi er een dosis humor in. Laat een serveerster van je restaurant een dienblad vol glazen drank van de ene kant naar de andere kant van een bekende plek in het dorp rennen en de snelste tijd telt. Daag je volgers uit om dit na te doen.
- Daag je volgers uit om iets te doen waar jouw product goed in is.
- Etc.

Een online uitdaging is een geweldige manier om de betrokkenheid van je doelgroep te vergroten. Als je dit goed aanpakt, dan kan het viral gaan en trek je naast je volgers ook nieuwe volgers aan waardoor je kanaal verder groeit. Vergeet niet de resultaten te delen op je eigen IGTV-kanaal!

Q&A: de veelgestelde vragen

Elk bedrijf heeft ze: de vragen die overal en elke keer terugkomen. Ik noem dat *'mijn ideale inspiratiebron'*, want die vragen van volgers gebruik ik altijd voor blogs en vlogs. Zo is ook dit boek ontstaan. Ik kreeg zo vaak de vraag waarom ik nog geen boek over Instagram had geschreven, dat ik besloot om eraan te beginnen. Ziehier. 😊

Die veelgestelde vragen (FAQ's) van je volgers is wat mij betreft dus al een serie waard om te maken. Die prangende vragen van je volgers/klanten verdienen toch een antwoord? Behandel elke week een nieuwe vraag, en voor je het weet is een lopende serie geboren. Het is verder natuurlijk een uitermate mooie manier om je kennis over een bepaald gebied te tonen of om je volgers te voorzien van nuttige informatie over een bepaald onderwerp. Omdat jij de vragen die bij je volgers leven beantwoordt, word jij gezien als de expert op dit bepaalde vlak. Gebruikers komen dan eerder bij jou langs dan bij een concurrent die hier niet in voorziet.

Zie het ook als een stukje service wat je je volgers biedt. Ik voel mij als consument vaak ontzettend in de steek gelaten door een bedrijf als ik een vraag heb. Je wordt dan door een hele website heen gesleurd zonder echt de aandacht te krijgen die je als klant verdient. Een serie met persoonlijke en entertainende filmpjes waarin vragen beantwoord worden is wat mij betreft een grote stap voorwaarts in het verlenen van service.

En weet je nou wat een fantastisch bijkomend voordeel is van al deze filmpjes? Dat je deze vragen steeds minder en minder te horen krijgt en dus tijd overhoudt voor andere zaken. Als je ze alsnog krijgt, dan verwijs je de vraagsteller mooi naar je IGTV-kanaal en naar de serie met veelgestelde vragen en je hebt er gelijk een nieuwe volger bij. Stel dus een lijst met vragen en antwoorden op en ga aan de slag!

Host je eigen talkshow

Vragen komen in vele vormen en je ziet het succes van online talkshows exploderen op de diverse social media. Podcasts waarin mensen met elkaar praten over een specifiek thema zijn inmiddels ook booming. Het mag duidelijk zijn: talkshows zijn HOT op dit moment.

Nodig interessante personen uit en ga een gesprek met ze aan over een bepaald boeiend onderwerp. Die personen haal je uit je eigen netwerk, je leveranciers, de mensen met wie je samenwerkt, collega's van een bepaalde afdeling of experts uit bepaalde vakgebieden die raakvlakken hebben met jou en je bedrijf. Via dit soort series laat je ook weer zien dat jij kennis van zaken hebt over een bepaald onderwerp.

Creëer een setting die past bij je merk en ga het gesprek aan. Bespreek van tevoren goed met elkaar (jij en de gast) waar het gesprek over gaat en wat de insteek is, en maak er samen wat moois van! Zo heb ik dit gedaan tijdens het festival Dutch Valley waar we achter de mainstage een complete tv-studio hadden opgezet. Alle artiesten zetten we even een paar minuten in die setting met een presentator die er een gezellig Hollands interview van maakte. Succes verzekerd! Elke fan van een bepaalde artiest wilde die filmpjes kijken en zo ontstond een nieuw idee dat ik tot op de dag van vandaag nog steeds inzet bij evenementen.

Ga op zoek naar verschillende invalshoeken. Stel dat je een hotel hebt in een regio waar veel toerisme is, dan is het wellicht een goed idee om samen met lokale toeristische trekpleisters een wekelijks item te maken waar je vol enthousiasme vertelt over de streek. Ik zie het helemaal voor me dat jij als hotelier in gesprek gaat met de ondernemer van de lokale midgetgolfbaan of met de manager van de dierentuin, om maar iets te noemen.

Een ander idee is om mede-experts te betrekken bij jouw talkshow. Zoek de (micro)influencers op en vraag of ze zin hebben om gast te zijn in jouw IGTV programma. Hetzelfde kun je doen met bloggers en vloggers in jouw vakgebied. Als hoteleigenaar zou ik graag om de tafel willen zitten om een gesprek te voeren met een vrolijke reisblogger, toch?

Ook hier weer is mijn advies: ga brainstormen en ga babbelen met potentiële gasten. Kijk of zij enthousiast zijn en mee willen werken. Voor beide is dit vaak een mooie win-win situatie. Over win-win gesproken… de audio die je bij dit soort gesprekken krijgt kun je wellicht mooi gebruiken voor een podcast 😊.

Maak een (kort of lang) lopende IGTV-serie; ga vloggen!

Nee, je hoeft niet gelijk te denken aan een soapserie of een mini-drama. Ik doel meer op een serie die puur entertainment is en waar je volgers ook wat aan hebben.

Een mooi voorbeeld is een reisbureau dat één van de collega's op een bepaalde rondreis stuurt met een camera. Breng de highlights van die desbetreffende reis op een enthousiaste manier in beeld in een serie video's en je hebt een soort van 'real-life soap' die tegelijkertijd ontzettend informatief is voor de kijker. Als je dit goed aanpakt, dan krijgen je volgers ook de reiskoorts en bestellen ze bij jou diezelfde reis.

Of wat dacht je ervan om de trends te bespreken binnen jouw vakgebied? Vertel wat de laatste ontwikkelingen zijn en trek op die manier nieuwe kijkers naar je kanaal. Bij jou vind je immers altijd het actuele nieuws. Veel kanalen zijn er groot mee geworden.

The road to…

Hoe komt een product tot stand? Wat moet er allemaal gebeuren voordat een festival compleet is opgebouwd? Hoe verloopt de verbouwing van je nieuwe restaurant?

Je volgers volgen je niet voor niets. Die hebben een band met jou, met je product of dienst en die band is belangrijk voor ze. Ze willen graag alles van je weten. Daarom is een **'Road-to-videoserie'** een geweldig thema om te gebruiken. Laat elke week zien hoe de vorderingen zijn. Een kijkje achter de schermen hoe jouw project verloopt. Vertel het hele verhaal van A tot Z. Het mooie van deze IGTV-serie is dat je je volgers ontzettend nieuwsgierig maakt naar het uiteindelijke resultaat. En dat willen ze in het echt hebben, in het echt zien en in het echt meemaken.

Dus ben je bezig met een verbouwing van jouw restaurant? Neem je volgers mee naar de vergaderingen met de architect, maak een filmpje dat je de oude bar eruit sloopt (waar zoveel herinneringen liggen, *'wat is jouw beste herinnering?'*), laat zien hoe de nieuwe tafels en stoelen worden geplaatst en werk zo naar de grand opening toe. Vergeet ook niet de tegenslagen te laten zien. Tegenslagen horen bij het leven en deze emotie zal ervoor zorgen dat je volger nog meer betrokken wordt bij jouw bedrijf. Wedden dat ze aan het einde van deze serie al lang besloten hebben om snel bij jou te komen eten in je nieuwe restaurant?

Deze 'Road to' filmpjes zijn ontzettend leuk om te maken en werken voor elke bedrijfstak. Je ziet dit format ook steeds vaker op TV of Netflix voorbij komen. Bijkomend voordeel is dat je ook een prachtig document voor jezelf hebt waar je later nog vol trots naar terug kan kijken.

Top 5 lijstjes

We kunnen er geen genoeg van krijgen! We willen allemaal weten wat er in de Top 5 van een bepaald onderwerp staat, want als mens zijnde zijn we op zoek naar herkenning en wat is er nou leuker dan 'O jaaaa!' te roepen als je een verrassende nummer 3 ziet in zo'n Top 5.

Ook hier geldt: voor elke bedrijfstak zijn leuke voorbeelden te bedenken:

- De Top 5 van meest verkochte producten van deze maand
- De Top 5 van gekste dingen die je mee hebt gemaakt
- De Top 5 van de beste tips van je volgers
- De Top 5 van leukste dingen om te doen met jouw product
- En ga zo maar door …

Wat mij elke keer opvalt, als ik met een groepje aan het brainstormen ben over dit soort lijstjes, is dat het binnen no-time lachen, gieren, brullen is. Het is gewoon écht leuk om lijstjes te verzinnen en te ontwikkelen. Pak pen en papier en ga aan de slag is mijn advies.
O ja, het hoeven er niet perse 5 te zijn ☺.

IGTV Statistieken

Meten is weten. Ik zeg het nog maar eens een keer en dat doe ik niet voor niets. Zonder de statistieken van je video's ben je gewoon blind aan het varen. Je maakt iets, maar je hebt geen idee wat ermee gebeurt. Daarom is het ook bij IGTV van groot belang om je statistieken bij te houden. Je wilt een vinger aan de pols houden hoe vaak een bepaalde video wordt bekeken. Wat wil je allemaal weten:

- **Aantal views:** Hoeveel gebruikers hebben naar je video gekeken. Let op: kijkt iemand minimaal drie seconden, dan telt dat al als een view. Staar je dus niet blind op dit aantal, maar bekijk dit in combinatie met de overige cijfers.

- **De retentie:** Welk percentage van je kijkers hebben het hele filmpje gezien van begin tot het einde? Zeer interessant om dit naast het aantal views te leggen. Bij dit onderdeel van je statistieken zie je door middel van een grafiek ontzettend goed wanneer de aandacht van je kijker aan het verslappen is.

- **Betrokkenheid (engagement):** Wat is het aantal likes op een bepaalde video? Hoeveel reacties heb je op je content gehad? Deze cijfers geven een goede indicatie over hoe kijkers zich betrokken voelen bij datgene wat ze net gezien hebben. Zoeken ze de interactie op of juist niet?

Je vindt de prestaties van je IGTV-video onderaan elke video onder de drie puntjes. Klik in de app op **Statistieken bekijken** en je ziet alle belangrijke cijfers voorbijkomen. Gebruik je de Facebook tool **'Studio voor makers'**, dan vind je de statistieken door bij de gepubliceerde IGTV-video's te klikken op de titel, waarna de cijfers tevoorschijn komen.

Berichtprestaties

Betrokkenheid

Weergaven	3.144
Vind-ik-leuks	903
Opmerkingen	93

Doelgroepbehoud

Gemiddeld kijkpercentage	8%

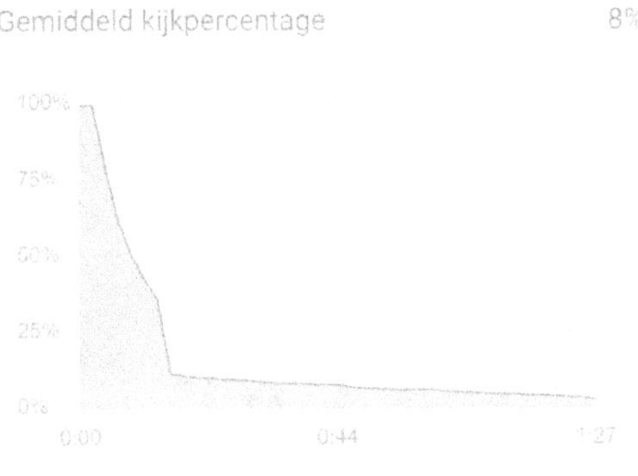

Neem de statistieken van je IGTV-video's mee in je periodieke meeting met betrekking tot de statistieken van je activiteiten op het internet en leg die allemaal naast elkaar. Je cijfers van je website, van je Facebookpagina en berichten, van Instagram en IGTV en van YouTube, Twitter en LinkedIn als je daar ook actief bent. Daardoor ga je de grote lijnen herkennen van het gedrag van je doelgroep en zie je heel snel de verbanden.

Tips voor een succesvol Instagram TV kanaal

Het succes van een serie op IGTV hangt van diverse factoren af. Content die jouw doelgroep aanspreekt is het allerbelangrijkste. Volgers haken gelijk af als jouw filmpjes hen niet boeien. Wil jij een winnend kanaal hebben, dan is kennis van je volgers cruciaal. Alleen dan weet je de juiste thema's en onderwerpen te kiezen die zij interessant vinden. Je moet die snaar weten te raken bij je doelgroep. Maak dus content die jouw doelgroep **relevant** vindt.

Naast relevantie is ook de **kwaliteit van je content** van belang. Al is je onderwerp nog zo goed, als het niet op de juiste manier in beeld wordt gebracht, dan slaan je filmpjes alsnog de plank mis. Dat zou zonde zijn. Focus je niet alleen op het onderwerp, maar tevens op de manier hoe je dit onderwerp gaat presenteren aan jouw doelgroep.

Continuïteit van een serie is ook een grote factor van betekenis. Je kunt niet de ene week wél en een andere week weer niet met een filmpje komen. Je volgers hebben dan geen idee waar ze aan toe zijn, terwijl je juist wilt dat het een gewoonte voor hen wordt om op een bepaald moment bij jou in te schakelen. Bedenk daarom goed van tevoren hoeveel afleveringen je uit een bepaald thema kan halen en of het de moeite waard is om er een complete serie van te maken. Daar valt of staat een IGTV-serie mee.

Wellicht ga je meemaken dat een serie traag van start gaat en dat bij de eerste afleveringen de views nog niet zijn waar jij ze graag wilt zien. Raak niet gelijk in paniek, maar ga rustig bedenken waar het aan ligt. Moet je misschien nog wat tweaken aan het materiaal? Is het tijdstip van plaatsing wel goed gekozen? Of is er nog een andere reden waarom je nog niet het aantal views hebt waar je op had gehoopt? De belangrijkste les die ik geleerd heb is dat je **vol moet houden**. Stop niet gelijk na een paar tegenslagen, maar ga juist aan de slag met datgene wat je uit die tegenslagen leert. Niet alles is gelijk een mega succes. Soms heeft een serie tijd nodig om te groeien. Een wijze les die ik heb overgenomen uit Hollywood. Daar gaan ze ervanuit dat het eerste seizoen van een serie altijd een leerfase is. Aan het einde van dat seizoen bekijken ze of ze doorgaan ja of nee. Zo ja, dan gaan ze aan de slag met de punten die verbeterd dienen te worden. Seizoen 3, 4 en 5 zijn daarom over het algemeen de beste seizoenen van een lang lopende tv-serie. Daarna zie je het vaak langzaam inzakken, omdat de beste ideeën opraken. Benader jouw serie zoals ze in de tv-wereld doen en geef het de kans om te laten groeien en om beter te worden. Niet elke eerste slag is gelijk een homerun.

Gebruik daarnaast Instagram en YouTube als bronnen van inspiratie. Kijk rond op deze platformen of op andere kanalen en vindt aanbieders die dezelfde doelgroep als jij bedienen. Kijk wat zij doen. Met welke onderwerpen behalen zij veel likes, reacties en veel kijkers? Dat is namelijk de beste aanwijzing voor jou om te weten waar jouw doelgroep geïnteresseerd in is. Wees niet bang om dezelfde onderwerpen te behandelen en probeer nog beter te zijn én gooi er vooral je eigen saus overheen! Kopieer nooit iets letterlijk, maar laat je inspireren door wat anderen doen. Onderzoek ook goed welke geweldige ideeën zij hebben laten liggen en behaal daar direct je voordeel mee door deze filmpjes wél te maken en te plaatsen. Het internet is één grote speeltuin waar veel moois valt te ontdekken, vergeet niet om er zelf in te spelen 😊.

Checklist na hoofdstuk 8

Na het doornemen van dit hoofdstuk:

☐ Weet je wat IGTV is en hoe je er een succes van maakt;

☐ Heb je inspiratie opgedaan om content te maken voor IGTV;

☐ Weet je dat series het beste werken op IGTV;

☐ Heb je alle stappen gezien om een video te plaatsen;

☐ Heb je alle elementen gezien die nodig zijn om goede videocontent te maken;

☐ Weet je de statistieken van je geplaatste video's te vinden;

9. Instagram Reels

Je kon erop wachten dat Instagram een aanval zou gaan openen op het populaire platform TikTok en dat ze met een eigen versie zouden komen. In 2020 was het zover en werd Instagram Reels gelanceerd. Klaar om de uitdaging en strijd aan te gaan met TikTok. En dat is gelukt: want Instagram Reels is vanaf de lancering een groot succes. Veel bedrijven omarmen deze creatieve plek op Instagram en plaatsen hier unieke videocontent. Alles op Reels draait om video en dan vooral creatieve video's. Creatieve video's van max 30 seconden die makkelijk te maken zijn met de tools die al in Insta Reels zitten. En daar zit de kracht van Reels. Het is creatief, kort én krachtig (max 30 seconden) en zit daarmee precies tussen de foto's en video's op je tijdslijn en IGTV (long form video's) in.

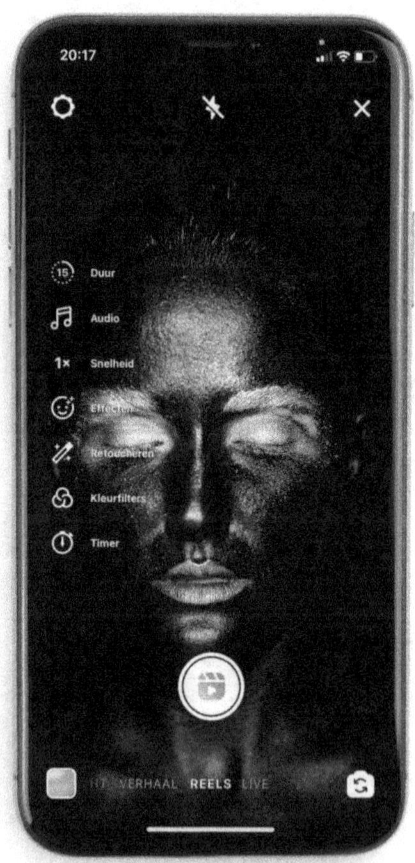

Het grote voordeel van Reels ten opzichte van TikTok is dat het compleet geïntegreerd is binnen Instagram. Het is dus niet een nieuw ander platform waar je vanaf nul moet beginnen. Je volgers zien automatisch de Reels die jij maakt. Dat is een groot pluspunt.

Denk niet dat TikTok en Instagram Reels alleen voor kinderen en pubers zijn. TikTok was dat in eerste instantie wel. Het was vooral gefocust op muziek en dansjes en dat zie je nog steeds terug. Maar deze platforms groeien als geen ander en je merkt dat de twintigers én nu ook bedrijven de creatieve mogelijkheden zien van deze socialmedia-kanalen. Is Instagram Reels wat voor jou of je bedrijf? Lees verder en bekijk alle mogelijkheden die deze tool in petto heeft.

Hoe werkt Instagram Reels?

Instagram Reels zijn korte verticale video's die max 30 seconden duren en staan vaak bol van de creativiteit. Reels is speciaal ontworpen om snel en leuk te zijn en zit daarom boordevol speciale effecten die het creëren van boeiende en authentieke content ontzettend eenvoudig maken. Je zal zien dat, om een hele gave video te maken, je maar weinig kennis nodig hebt. De effecten doen het meeste werk voor je. Dat maakt dit platform zo krachtig.

Je maakt een Reel door naar rechts te swipen of door rechtsboven op het **+ icoon** te klikken en dan onderaan **Reels** te selecteren. Je komt dan in het opmaakscherm van je Reels-video.

Je hebt ontzettend veel geweldige opties waarmee je een unieke en creatieve video kan maken. En dat is wat Instagram graag wil zien op haar platform: *Entertaining, funny and interesting content* staat wat hen betreft vooraan als 'eis' in hun algoritme. Hoe leuker je video, des te meer voorrang krijg je op Insta. Simpeler kan ik het niet maken.

Speel met alle mogelijkheden en ontdek wat Reels allemaal onder de motorkap heeft zitten. Het is één groot pretpark met ontzettend veel mogelijkheden.

Speel met alle geweldige video-edit mogelijkheden die Instagram Reels heeft.
Er zit een schatkamer aan tools waar je fantastische video-content mee maakt.

Wees creatief en ga aan de slag met alle geweldige tools die Reels voor je heeft:

1. Verander de duur van 15 naar max 30 seconden.

2. Klik op de Audio button en een gigantische bibliotheek vol geweldige sounds staat klaar voor je om te gebruiken.

3. Je hebt zelfs de optie om de snelheid aan te passen van je video .

4. Onder de effecten knop vind je een gigantsiche bak vol gave effecten!

5. Beetje onzeker? Rimpeltje weg? Retoucheerknop aan. Houdt deze ingedrukt om aan te geven hoeveel er geroucheerd moet worden.

6. Hier vind je alle bekende kleurenfilters van Insta.

7. Even jezelf op de juiste plek neerzetten en dan pas starten met je opnames? Dat kan met de timer.

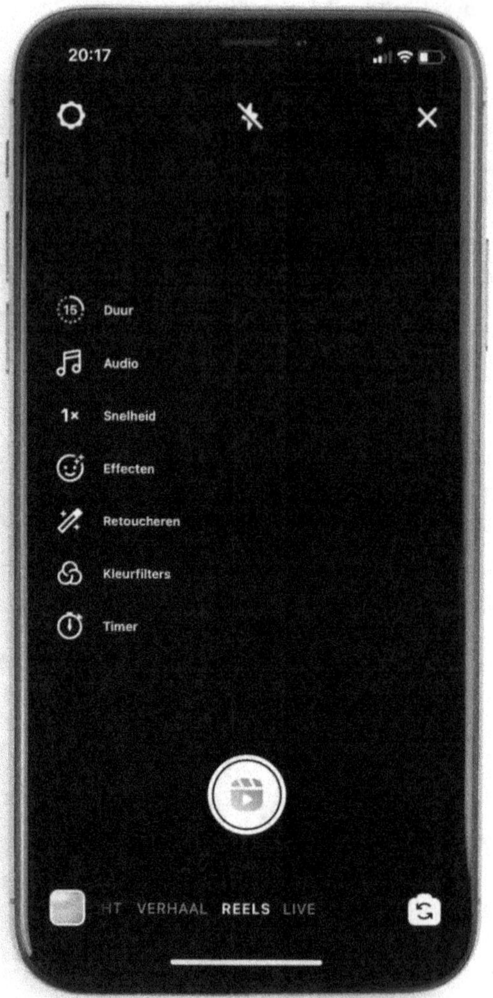

Tip: Je hoeft niet een video aan één stuk te filmen. Je kunt korte stukjes achter elkaar maken, die je knipt en plakt, zo 'edit' je een echte Reel-video. De opnameknop is tevens je stop-knop. Op die manier maak je verschillende korte stukjes film die je uiteindelijk tot één video maakt.

Wanneer je de **Effecten knop** indrukt, dan zie je onderaan allemaal verschillende effecten verschijnen waar je één voor één doorheen kunt scrollen. Maar dat zijn ze nog lang niet allemaal! Klik onderaan maar eens op het **kleine driehoekje** (of scrol helemaal naar links bij de effecten) en klik dan op het **vergrootglas (Bladeren door effecten)**. Je komt dan in het overzicht van alle effecten terecht waar je doorheen kunt scrollen. Klik op eentje om te zien wat het effect doet. Wil je hem gebruiken? Klik dan onderaan op **Nu proberen** en het effect wordt over jouw filmpje gelegd.

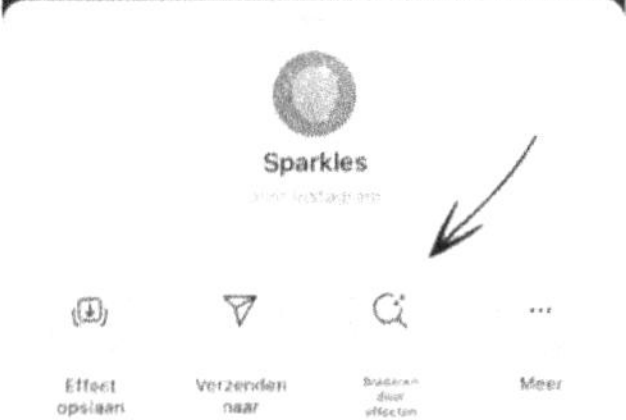
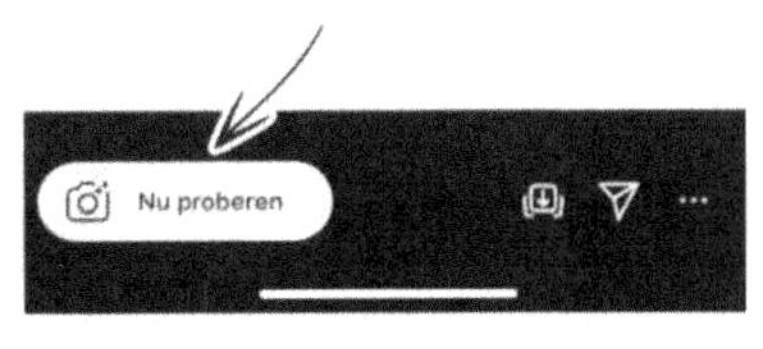

Als je een effect vaker wilt gebruiken, klik dan op het **pijltje omlaag icoontje**, dan wordt dat desbetreffende filter opgeslagen en zie je het, gelijk als je de effectenknop aanklikt, onderaan in je rijtje staan.

Speel gewoon met deze effecten en binnen de kortste keren maak je de leukste content. Ben je helemaal klaar met het maken van je filmpje? Klik dan op **het pijltje naar rechts** om je filmpje in zijn geheel te bekijken. Ben je tevreden? Klik dan op **Delen op >** en je komt in het gedeelte waar je de keuze krijgt of je je video op Reels wilt laten verschijnen of op Stories.

Kies je voor Reels, dan heb je de keuze om er een bijschrift bij te verzinnen. Ook hier geldt: het moet direct de aandacht van je volger vragen. Je hebt bij het hoofdstuk IGTV kunnen lezen hoe je dit het beste doet, en net als bij IGTV pas je ook de omslag aan om een knallende thumbnail aan je volgers te laten zien. Klik op de omslag om deze aan te passen. Je ziet dan de optie **Toevoegen via filmrol** waar jij natuurlijk al een geweldig aantrekkelijke thumbnail klaar hebt staan. Net als bij IGTV moet je bij Reels opletten dat je omslagfoto een goed formaat heeft voor wanneer je je Reel-video ook op je Insta-feed deelt. Ik zie dat nog heel vaak verkeerd gaan op Insta. Denk daar dus aan.

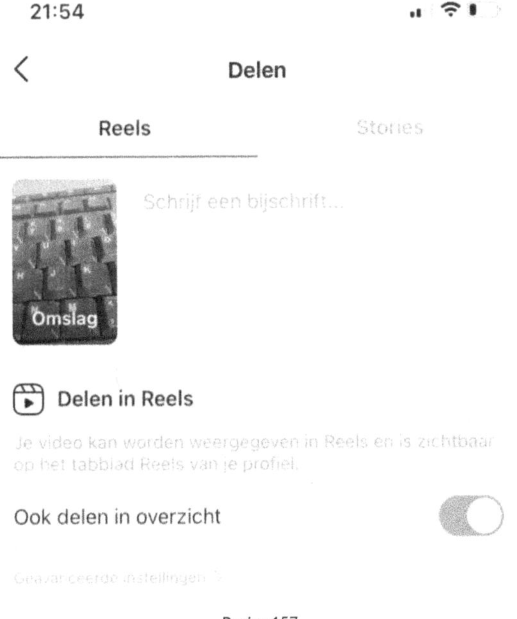

Ben je helemaal klaar en heb je alles goed ingevuld? Klik dan op de **Delen** button om je Reel te plaatsen. Je video komt dan in zowel je overzicht van je berichten terecht als in de speciale Reels-sectie van Instagram. Deze vind je door onderaan op het **Play icoontje** te klikken of via de **Explorepagina (het vergrootglas)**.

Wat voor content plaats je op Instagram Reels?

In feite zijn dat dezelfde onderwerpen die je op je tijdslijn en op je IGTV plaatst. Het enige (grote) verschil is dat je met Instagram Reels creatief helemaal los kunt gaan. Dat wordt ook min of meer verwacht van je als je op Reels aanwezig bent. Daar is dit leuke platform absoluut voor bedoeld.

Ga aan de slag met de thema's en onderwerpen die je al voor je tijdslijn, je Stories en IGTV hebt verzonnen en gooi er een nieuwe creatieve saus over. Onderwerpen die het goed doen op Reels:

- **Mini Q&A:** één vraag… één antwoord.
- **Behind the scenes:** kort en krachtig, en gooi er wat humor bij.
- **Product highlights:** Maak een videootje met één sterk punt van je product.
- **Tip, DIY (Do It Yourself) of tutorial:** laat zien hoe je iets doet/maakt/gebruikt.
- **Kunst en fotografie:** laat in het kort zien hoe je iets maakt en wat het eindresultaat is.
- **Kleding/Fashion:** show wat je allemaal in huis hebt en hoe je het draagt.
- **Challenges:** daag je volgers uit om iets na te doen of om te becommentariëren. Een geweldig voorbeeld vind ik amateurkoks die de bekende chefkok Gordon Ramsey uitdagen om commentaar op hun gerecht te geven en hoe ze het klaarmaken. Bekijk ze via #RamsayReacts. Te hilarisch voor woorden!
- **Recepten:** een creatief filmpje maken van je favoriete recept. Heel erg gewild op Reels! Leuk voor restaurants, koks, bakkers, slagers en iedereen die in de foodbusiness werkt.
- **Reisverslagen:** ja, ook dit is cool om te laten zien. Een verslag van een trip naar Parijs in 15 seconden. Highlight na highlight. Zie je het voor je?
- **Reviews:** maak een korte recensie of beoordeling over wat jouw doelgroep bezighoudt.
- **Humor:** Als er één platform is waar je grappige content vindt, dan is dat op Reels.

Je ziet het, ook voor Reels zijn er ideeën zat te verzinnen. Ga gewoon rustig een keer bekijken wat voor content er allemaal op Reels én op TikTok wordt gemaakt. Kijk wat conculega's doen of vakgenoten (uit bijvoorbeeld andere landen) en word geïnspireerd door hun video's. Er gaat een compleet creatieve wereld voor je open, kan ik je verklappen.

Tips voor succesvolle Instagram Reels

Om succesvol te zijn op Instagram Reels is ook hier kennis nodig van je doelgroep. Wat zouden zij nou leuk vinden om te zien van je? Gaan ze voor je creatieve, gekke content? Of juist totaal niet en is het een afknapper als jij aan Reels gaat doen? Dat moet je wel weten voordat je eraan begint. Het belangrijkste element is relevantie. Indien je video niet relevant is voor je doelgroep, dan swipen ze door naar de volgende clip.

Als je er toch aan begint, dan adviseert Instagram zelf het volgende: maak filmpjes die inspireren, die je volgers entertainen en die leuk zijn om naar te kijken. Zorg dat je filmpjes vol humor zitten om te lachen, dat er iets verrassends in zit of iets dat hun volledige aandacht grijpt, en doe dat op een creatieve manier. Gebruik ook de tools die Insta Reels aanbiedt, zoals de camera-effecten en de filters.

Het mooie van Reels is dat er al een platform bestaat dat exact hetzelfde doet: TikTok. Gebruik dat ter inspiratie van jouw Reel filmpjes. Ga kijken wat de trends zijn op TikTok en vertaal die naar je eigen versie.

Checklist na hoofdstuk 9

Na het doornemen van dit hoofdstuk:

- ☐ Weet je wat Instagram Reels is en hoe je deze succesvol inzet;
- ☐ Weet je dat je je Reel ook in je tijdslijn plaatst;
- ☐ Heb je inspiratie opgedaan om Reels-content te maken;

10. Instagram LIVE

Eén van de allerspannendste onderdelen van Insta is de optie om een live-uitzending te maken. Spannend, want er kan van alles misgaan. Maar daar zit tegelijkertijd de grote adrenalinekick in, want als het goed gaat, dan is een live-uitzending een geweldige manier om nieuwe volgers te krijgen, om de betrokkenheid van je doelgroep bij jouw merk te vergroten en om zelfs je producten te verkopen.

Iedereen in Hilversum tv-land weet dat een live-uitzending meer nervositeit met zich meebrengt dan een opgenomen show, maar dat de successen en kijkcijfers over het algemeen geweldig zijn.

Het is veel spannender voor de gebruiker om ernaar te kijken en om eraan mee te doen, want er is realtime dynamiek doordat zij direct kunnen reageren op datgene wat jij zegt of doet. De interactie is vele malen groter dan bij een 'standaard' video die je post. Daarom is de Instagram LIVE optie er eentje die je zeker moet gaan bekijken.

Hoe werkt Instagram LIVE?

Om een live broadcast te doen via Instagram heb je niets anders nodig dan een account (maakt niet uit welk type), een smartphone met een internetverbinding én natuurlijk een goed idee.

Ga naar je 'Home' (oftewel je tijdslijn waarin jij alle berichten ziet staan van de accounts die jij volgt), dat doe je door linksonder op het icoon met het huisje te klikken. Ben je daar aanbeland, dan heb je twee opties om live te gaan:

1. Klik op **het + teken** rechtsboven en selecteer daarna aan de onderkant **LIVE**
2. Of swipe van links naar rechts zodat je camerafunctie opent en selecteer daarna aan de onderkant **LIVE**

Geen zorgen, je gaat niet direct live. Je moet daarvoor op de grote witte button klikken aan de onderkant. Maar voordat je dat doet is het verstandig om je livestream een titel te geven zodat mensen weten waar je live broadcast over gaat. Dat doe je door op de **vier lijntjes** te klikken aan de zijkant. Vul een goede pakkende titel in en klik op **Titel toevoegen**. Deze titel komt niet alleen boven in beeld bij je livestream, maar deze wordt ook zichtbaar in het overzicht met alle Live video's van dat moment. Grijp dus die kans en gebruik een korte, krachtige titel die direct de aandacht pakt van jouw doelgroep. En daar komen ze weer; gebruik weer die keywords die je al zo vaak gebruikt. Zelfs als mensen halverwege jouw livestream binnenkomen, moet de door jouw gekozen titel in één klap duidelijk maken wat het onderwerp van je livestream is. Een geweldige manier dus om de retentie van je kijkers te verbeteren. Voeg elke keer als je live gaat dus een titel in.

Heb je de titel ingevuld? Dan kun je op **de grote button** onderaan klikken en je gaat live binnen 3, 2, 1... LIVE!

Je volgers krijgen nu een bericht te zien dat je live aan het uitzenden bent en je ziet aan het tellertje boven in beeld hoeveel mensen er aan het kijken zijn. Daar vind je trouwens meer opties voor je live-video, namelijk de mogelijkheid om filters toe te passen. Ik heb dit nog nooit gebruikt, want in de zakelijke markt heb ik nog geen bedrijf meegemaakt waarvoor het van meerwaarde is, maar wie weet is het te gek voor jouw doelgroep.

Daaronder vind je de optie om van camera te wisselen. Je switcht dan van de voor- naar de achtercamera en weer terug. Handige optie als je bijvoorbeeld live verslag doet van iets met je telefoon in je hand en je wilt de beelden afwisselen van jezelf naar wat je ziet in je omgeving. Gebruik dit rustig aan, want van heen en weer flippen wordt je kijker helemaal gek en die klikt gegarandeerd weg.

Deel live foto's met je kijkers

De volgende optie is om een foto te delen met je kijkers. Een hele coole optie die je met een beetje creativiteit leuk kunt inzetten. Klik op deze button, selecteer een foto uit je camerarol en deze komt in beeld, terwijl jouw videobeeld in een klein venster wordt weergegeven. Cool om bijvoorbeeld live nieuwe producten te laten zien of vragen te stellen aan je kijkers wat ze van iets vinden.

Instagram LIVE ROOMS - Split-screen live functie

Als laatste vind je nog een andere geweldige optie, namelijk de keuze om iemand anders uit te nodigen voor je live-uitzending! Klik onderaan op het **icoontje met de twee personen** en je krijgt de mogelijkheid om andere accounts uit te nodigen. Deze moeten natuurlijk zelf wel aanwezig zijn tijdens je live-uitzending én je moet elkaar volgen, anders werkt dit niet. Klik op **de naam van de persoon** om deze uit te nodigen voor je live-video en tik op **Toevoegen**. Die persoon krijgt daarvan een melding en zodra deze accepteert, wordt de vriend weergegeven in een weergave met gesplitst scherm. Het is een ontzettend leuke tool om te gebruiken en de verschillende schermen kunnen voor een leuke afwisseling zorgen tijdens je live-uitzending.

Een mooi voorbeeld om deze optie te gebruiken is tijdens een evenement waar je 'heen en weer' schakelt tussen reporters die op verschillende plekken staan, net als in een nieuwsuitzending op televisie. Of gebruik de split-screen live-functie om verschillende mensen te interviewen die op hun eigen locatie zijn.

Een kleine tip als je dit gaat gebruiken: soms duurt het wel 10 tot 15 seconden voordat de verbinding goed werkt. Degene die je uitnodigt moet nog even op **Bevestigen** klikken. De verbinding moet tot stand worden gebracht. Deze handeling kost tijd. Dat is soms vervelend, maar als je weet dat dit kan gebeuren, dan kun je je er ook op voorbereiden. Zorg dus dat je tijdens de omschakeling naar een split-screen een kort script hebt om de tijd te vullen. Introduceer de andere persoon, vertel even aan je kijkers wat er gaat gebeuren, maar zorg in ieder geval dat je live-uitzending niet stilvalt, want dat ziet er amateuristisch uit en sommige kijkers zullen dan vertrekken.

Een andere handige praktijktip die ik heb voor deze optie is om niet zelf te gaan rommelen, maar om iemand uit te nodigen. Schakel hulp in, in de vorm van een assistent(e) die achter de schermen voor jou de knop indrukt en de andere persoon uitnodigt. Jij blijft dan voor de camera zitten en je assistent geeft de cue wanneer die ander ook in beeld is. Zo blijft je beeld strak en gaat het niet schudden en oogt het als een professionele uitzending. Sowieso is het bij een live-uitzending handig als je iemand de camera laat bedienen en zelf de handelingen uitvoert.

Wat voor content bied je aan via Instagram LIVE?

Het leuke van Instagram LIVE is dat je direct feedback krijgt van je kijkers die reacties achter kunnen laten terwijl ze aan het kijken zijn. De eerste vorm van content ligt dus voor het oprapen:

- **Een Q&A, een vraag en antwoordsessie.** Dit geeft je volgers de kans om direct vragen aan je te stellen waarop jij hen gelijk een antwoord kan geven. Interactiever dan dit bestaat niet! Bonustip: houd het niet algemeen, maar laat de Q&A over één bepaald onderwerp gaan. Niet alleen wordt de uitzending daar beter van, maar je hebt ook de ruimte voor nog meer verschillende Q&A-sessies met je volgers.

- **Behandel één speciale vraag van je doelgroep.** Zo'n Q&A is een geweldige bron van inspiratie voor nieuwe content. Pak één specifieke vraag eruit en behandel die uitgebreid in een live-uitzending. Of laat je volgers hun vragen insturen en selecteer daar de leukste of interessantste uit en behandel die. In de vragen van je volgers vind je een schatkamer aan contentmateriaal.

- **Laat meer van jezelf zien.** Ben je een zzp'er of eenmanszaak? Laat meer van jezelf zien aan je volgers. Vertel wat over jezelf, wie je bent, wat je doet, wat je drijfveer is. Vertel je eigen verhaal en zorg ervoor dat je doelgroep jou beter leert kennen. Mensen doen zaken met mensen, en zeker als je een zzp'er of eenmanszaak hebt is dit een mooie manier om naar buiten te treden.

- **Een interview.** Nodig iemand uit of schakel via de split-screen live-functie met een speciale gast en ga het gesprek aan over een bepaald onderwerp. Betrek je kijker door af en toe een vraag van hen te beantwoorden en om je gesprek daarover te laten gaan. Die betrokkenheid wordt zeker gewaardeerd. Wees slim en nodig een gast uit die een flink bereik heeft op Instagram. Deze (micro) influencers zorgen niet alleen voor een groter bereik, maar ook jouw aanzien zal stijgen. Jij werkt immers samen met iemand die ze al kennen en respecteren. Dat is één van de redenen waarom er aan de Late Night talkshows op tv vaak gasten van naam aanschuiven. Grote namen zorgen voor hoge kijkcijfers.

- **Ga live tijdens een evenement of congres.** Laat je volgers die niet naar je evenement konden gaan toch meegenieten en zend uit tijdens je event. Ontzettend leuk om te doen én het wordt ook enorm gewaardeerd door je doelgroep. Een tandje erbij? Schakel dan heen en weer met collega's die in een andere stage staan. Of als je een sportevent hebt (een wandel-, hardloop- of fietsevent bijvoorbeeld), is het ook geweldig om te schakelen naar verschillende delen van een parcours. Zo laat je alle facetten zien van jouw geweldige evenement, én wedden dat de thuisblijvers daardoor enthousiast worden voor een volgende editie van je event?

- **Behind the scenes.** Wat speelt er allemaal achter de schermen van je bedrijf? Neem bijvoorbeeld je kijker mee in de keuken van je restaurant op een drukke zaterdagavond en laat de hectiek zien. Of ga letterlijk backstage tijdens je event. Wat gebeurt er allemaal achter de gordijnen van je podium? Maak die onbereikbare wereld nu bereikbaar voor je doelgroep en laat ze live zien wat er allemaal gebeurt. Ontzettend leuk om te doen én je krijgt er enorm veel positieve respons voor terug, is mijn ervaring. Zorg wel dat iedereen die meedoet in dit soort live-uitzendingen ook weten dat je dit gaat doen. Je wilt niet live weggestuurd worden uit een omgeving waar je normaal gesproken niet mag komen 😊.

- **Een grote aankondiging.** Wat is er nou leuker dan dat je iets groots aan te kondigen hebt? Onthul de datum van de start van je ticketsale van je evenement. Laat mensen weten dat je op een bepaalde datum je nieuwe product gaat lanceren. Of kondig live aan dat je over een paar uur live gaat als een soort pre-show. Dit soort live-uitzendingen hoeven niet lang te zijn. Een paar minuten is al meer dan prima om je doelgroep enthousiast te maken over jouw grote aankondiging. Eén ding is zeker: je krijgt hier heel veel exposure mee.

- **Lancering van je nieuwe product.** Als je een autosport liefhebber bent, dan heb je vast en zeker weleens een lancering van een nieuwe Formule 1 auto live mee zitten kijken op social media. De onthulling van een bepaald raceteam dat de nieuw *look & feel* van hun wagen laat zien. Een show die mega impact heeft op alle racefans en altijd voor een flink aantal kijkers zorgt. Dit kan jij op jouw eigen schaal ook bereiken met de lancering van jouw product. Durf jezelf op de borst te slaan en wees trots op jezelf en laat iedereen live mee genieten met de geboorte van jouw nieuwe schepping. Je doelgroep zal dan nog sneller in de rij staan om het aan te schaffen.

- **Een productdemonstratie.** Niet alleen een lancering van een nieuw product is een goed idee om te doen, maar ook het live laten zien wat je er allemaal mee kunt is een top-idee. Het is niks anders dan een moderne variant op de stand van een verkoper op een beurs die een demonstratie geeft. Alleen nu doe je het live via Instagram. Laat de mogelijkheden zien van jouw unieke product en geef je doelgroep inspiratie waarvoor ze het kunnen gebruiken. Gebruik de reacties van de kijkers, die je ongetwijfeld gaat krijgen, om dieper in te gaan op de materie én om je volgers enthousiast te maken zodat ze jouw product gaan aanschaffen. Wat je ook demonstreert, maak het wel leuk om naar te kijken.

En dit is nog maar een topje van de ijsberg als het om onderwerpen gaat die je kunt gebruiken voor een Instagram Live-uitzending. Ga voor dit onderdeel van je Instagram-strategie weer om de tafel zitten en ga brainstormen met elkaar. Dan kom je vast tot geweldige, nieuwe ideeën!

Tips voor succesvolle Instagram LIVE

Succesvol zijn op Instagram LIVE betekent in ieder geval dat je je goed voorbereid hebt op alles wat komen gaat. Vergis je niet: alles is LIVE. Alles moet dus in één keer goed gaan en daarom is het verstandig dat je rekening houdt met een aantal dingen. Over het algemeen zijn dit 'o ja' dingen, maar ik zie het nog steeds regelmatig misgaan.

- **Zorg dat je lens goed schoon is.** Maak van tevoren netjes de lens van je camera schoon, zodat de kijker geen wazig beeld heeft of dat er een vlekje in het scherm te zien is. Maak je lens dus schoon en test het voordat je live gaat. Een hele simpele tip, maar eentje met enorm veel impact.

- **Zorg dat je niet gebeld kan worden tijdens de live-uitzending.** Tja, deze heb ik zelf helaas ervaren. Ik was de finish van de Amsterdam Marathon live aan het filmen met mijn smartphone toen ik gebeld werd door één van mijn fotografen. Ik klikte zijn belletje snel weg, maar hij bleef bellen. Achteraf bleek hij pech met zijn motor te hebben, hij stond langs de kant van het parcours vast en wilde mij dat laten weten. Maar door die telefoontjes had ik een rommelige uitzending van de finish. Een enorm gemiste kans. Zet dus daarom je telefoon altijd op 'niet storen'.

- **Zet je meldingen uit.** WhatsApp, Facebook berichten, sms-jes, nieuws apps; je telefoon geeft de hele dag door meldingen. Zet ze uit als je live gaat filmen, want het is ontzettend irritant en storend en leidt alleen maar af.

- **Check het geluid.** Is het geluid goed genoeg of moet je toch gebruik maken van één of meerdere microfoons? Je wilt niet dat je kijkers wegklikken omdat ze je simpelweg niet kunnen verstaan. Maak een testvideo in de setting waarin jij je live-uitzending wilt doen en check op diverse mobile devices of alles in orde is.

- **Gebruik een telefoonstandaard, statief of Gimbal.** Het filmen van een video vereist een 'steady hand', zeker met een klein apparaat als een smartphone. In de praktijk zie ik echter helaas veel video's waar het beeld aan het schudden is. Het is daarom verstandiger om je mobiel op een vaste telefoonstandaard of statief te zetten zodat je een stabiel beeld krijgt.

  Wil je uit de losse pols schieten voor meer dynamiek in je live-uitzending? Dan raad ik je aan om een goede Gimbal te gebruiken. Dit is een apparaat dat ontworpen is om je te helpen met het produceren van schokvrije video's. Het stabiliseert de bewegingen die je maakt met als resultaat vloeiende filmpjes. De merken Zhiyun en DJI maken kwalitatief goede gimbals die ook door de filmindustrie gebruikt worden.

- **Vlieg niet heen en weer.** De klassieke fout van elke beginnend filmer. Het zo veel mogelijk willen laten zien wat er allemaal gebeurt met als gevolg dat de camera van links naar rechts zwaait. Doe dit niet. Het is heel erg onrustig en daardoor ontzettend vervelend om naar te kijken. Hele rustige bewegingen is wat je wil. Of zoals een ervaren cameraman ooit tegen mij zei: *'Als je denkt dat je rustig beweegt, doe het dan nog een tandje langzamer'.* Je uitzending wordt een stuk prettiger om naar te kijken.

- **Zet het filter voor 'Aanstootgevende opmerkingen verbergen' aan.** Je wilt natuurlijk niet dat gebruikers vervelende scheldwoorden gebruiken als ze reageren. Via dit filter worden automatisch deze ongepaste woorden eruit gefilterd. Ik zou dit filter standaard aanzetten voor je account. Je vindt dit filter bij je Privacy-instellingen onder het kopje **Opmerkingen.**

- **Dubbelcheck of je het goede account gebruikt.** Oei, dit is er eentje waar sommige socialmedia-managers weleens de fout mee in zijn gegaan. De meesten beheren meerdere accounts via de Insta-app en een klein foutje is zo gemaakt. Let dus op voordat je begint of je wel het goede account hebt gekozen.

- **Zorg voor een goede internetverbinding.** Deze moet natuurlijk perfect zijn. Het beste is om een stabiele wifi-verbinding te gebruiken voor een storingsvrije live-uitzending. Onderzoek of de wifi perfect werkt op de exacte plek waar jij je video wilt gaan opnemen. Dit kan per ruimte nog weleens verschillen. Gebruik daarvoor een Speedtest-app. Ik gebruik zelf die van Ookla.

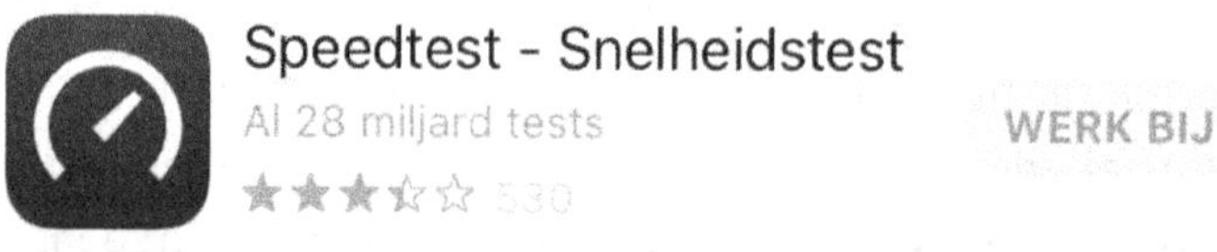

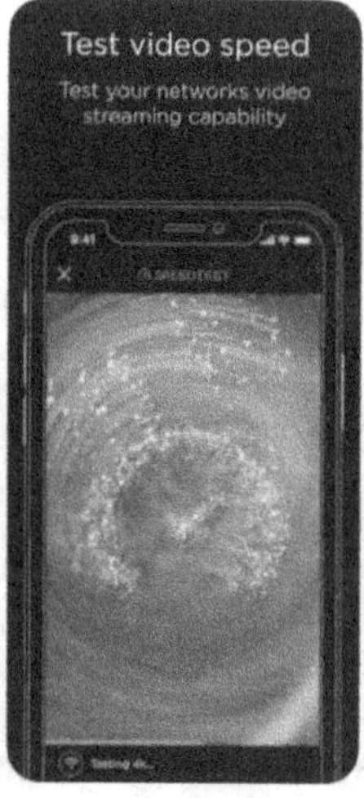

Heb je een technische persoon in huis? Betrek hem erbij om er samen voor te zorgen dat de verbinding niet verbroken wordt. Regel daarnaast altijd een back-up zoals een krachtige 5G-verbinding. Mocht de wifi onverhoopt toch uitvallen, dan heb je in ieder geval iets achter de hand om je volgers in te lichten of om je uitzending verder te laten gaan.

Maak van deze punten een standaard checklist die je elke keer afloopt voordat je een live-uitzending gaat hosten, zodat je nooit voor verrassingen komt te staan. Een goede voorbereiding zorgt voor de broodnodige rust achter de schermen.

Maak van tevoren een leidraad

Het mooiste van een live-uitzending is dat er veel dingen spontaan kunnen gebeuren. Je weet nooit wat je te wachten staat zodra de camera aangaat en je uitzending begint. Dat is juist de charme van live broadcasten. Het is echter wel ontzettend handig als je een leidraad hebt waar je programma over gaat. Als je maar lukraak iets doet, dan heb je de kans dat het een gebed zonder eind gaat worden. Je wilt je kijkers toch iets goeds voorschotelen, waar ze met plezier naar kijken, nietwaar? Bedenk ook hoelang je de uitzending wilt laten duren en wat je de kijker mee wilt geven. Bereid je ook daarom goed voor en maak voor jezelf een algemeen idee van de punten of onderwerpen die je wilt behandelen en bepaal daarmee in grote lijnen de richting van de livestream.

Werk je met anderen, zoals een cameraman of een assistente? Zorg dan dat zij ook op de hoogte zijn van wat er gaat gebeuren. Hoe beter iedereen voorbereid is op wat komen gaat, hoe beter het eindresultaat zal zijn van jouw live-uitzending.

Hulp van een assistent(e)

Extra handjes tijdens je live-uitzending is wat mij betreft een must. Deze persoon kan rustig alle dingen doen die jij dan niet hoeft te doen. Op die manier kun jij je goed concentreren op je live-uitzending.

Je sidekick kan je goed helpen om bijvoorbeeld de camera aan te zetten om live te gaan. Om een extra persoon uit te nodigen voor een split-screen gesprek. Maar deze persoon kan ook heel goed alle reacties en eventuele vragen van kijkers volgen én beantwoorden! Want reken maar dat je opmerkingen gaat krijgen tijdens je live-broadcast, en een assistent(e) is dan ontzettend handig om bij je te hebben voor dit soort klussen. Het is heel belangrijk om die vragen of opmerkingen van je kijkers gelijk te beantwoorden. Daarmee zorg je voor enorm veel betrokkenheid en creëer je een band met je volgers.

Het is fijner en vooral relaxter om een live-uitzending samen te doen. De persoon voor de camera kan zich dan focussen op wat hij/zij moet doen terwijl het achter de camera snel en smooth verloopt. Je uitzending wordt daardoor minder rommelig en je kijkers zullen dit zeker waarderen. Het geeft die hectische live-uitzending de broodnodige rust.

Checklist na hoofdstuk 10

Na het doornemen van dit hoofdstuk:

- ☐ Weet je wat Instagram Live is en hoe het werkt;
- ☐ Heb je ideeën en inspiratie gekregen om zelf Live te gaan;
- ☐ Weet je hoe je Live Rooms (Split-screen) gebruikt;
- ☐ Weet je welke voorbereidingen je treft voor een live uitzending;

11. Instagram Shopping

Instagram Shopping is een verzameling functies op Instagram waarmee mensen kunnen shoppen via je foto's en video's, ongeacht waar ze zich in de app bevinden. Superhandig als je producten verkoopt. Je doelgroep bevindt zich al op Instagram, dus het wordt hen alleen maar makkelijker gemaakt om bij je te shoppen als je daar je producten ook aanbiedt. Deze optie kan dan ook zeer waardevol zijn als jij een webshop hebt! Instagram Shopping geeft jou de optie om je eigen producten te taggen in je post. Net zoals je personen tagt, tag je jouw items. Jouw volgers kunnen dan op die tag klikken en worden direct naar dat specifieke product geleid waar ze het gelijk kunnen kopen.

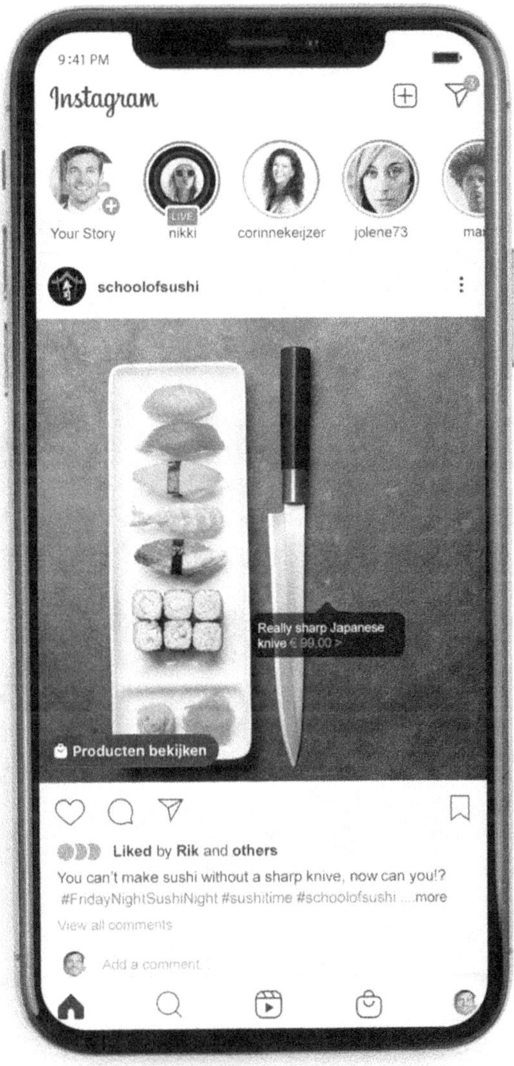

Hoe werkt Instagram Shopping?

Allereerst is het belangrijk om te weten dat je Instagram Shopping alleen kunt gebruiken als je een Bedrijfsaccount (Business Account) hebt. Heb je dat niet, pas dit dan aan. Ga naar je instellingen en klik op **Overschakelen naar professioneel account.** Je krijgt dan twee opties te zien. De bovenste om een Makersaccount te worden, de onderste om een Bedrijfsaccount te worden. Klik **Bedrijfsaccount** aan. Dat is de eerste belangrijke stap die je moet nemen.

De tweede stap is om te kijken of je in aanmerking komt om producten via Instagram Shopping te mogen verkopen. Je kunt alleen fysieke goederen verkopen, dus digitale downloads (zoals ebooks) zijn uit den boze. Producten voor volwassenen (erotische producten) zijn ook verboden, net als alcohol, de verkoop van dieren en gevaarlijke goederen of stoffen. De hele lijst met verboden goederen vind je hier: https://www.facebook.com/policies/commerce.

De derde stap die je moet nemen is je Instagram-account koppelen aan je zakelijke Facebookpagina. Zelfs als je die niet hebt, moet je dit toch doen. Dit betekent dat je er dan één moet aanmaken. Klik weer op **Instellingen**, daarna op **Bedrijf** en als je Instagram-account nog niet gekoppeld is met je Facebookpagina, dan zie je daar **Een Facebook-pagina koppelen** staan. Klik daarop en doorloop de stappen.

Wanneer je de juiste Facebookpagina hebt geselecteerd, klik je op **Klaar** en de koppeling is gereed en kun je door naar de volgende stap om Instagram Shopping te activeren.

Surf nu via je desktop of laptop naar je Facebook Business Manager. Deze vind je via https://business.facebook.com/ Heb je deze niet? Dan kun je op die pagina gratis een nieuw account aanmaken. Je hebt deze nodig om een catalogus te maken met je producten.

Check daar via **Accounts** en **Pagina's** of je Facebookpagina goed is gekoppeld. Je moet onder die sectie je Facebookpagina zien staan. Is dit niet het geval, klik dan op **Toevoegen** en volg de stappen.

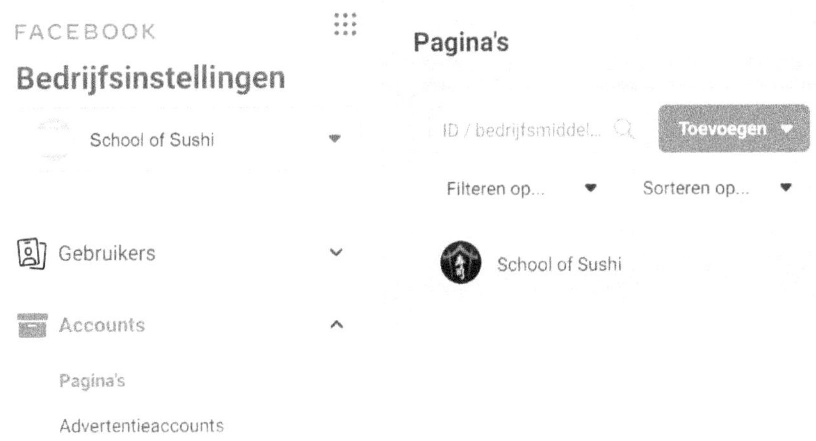

Klik daarna op **het vlakje met de puntjes** (alle opties) en selecteer **Bedrijfsinstellingen**.

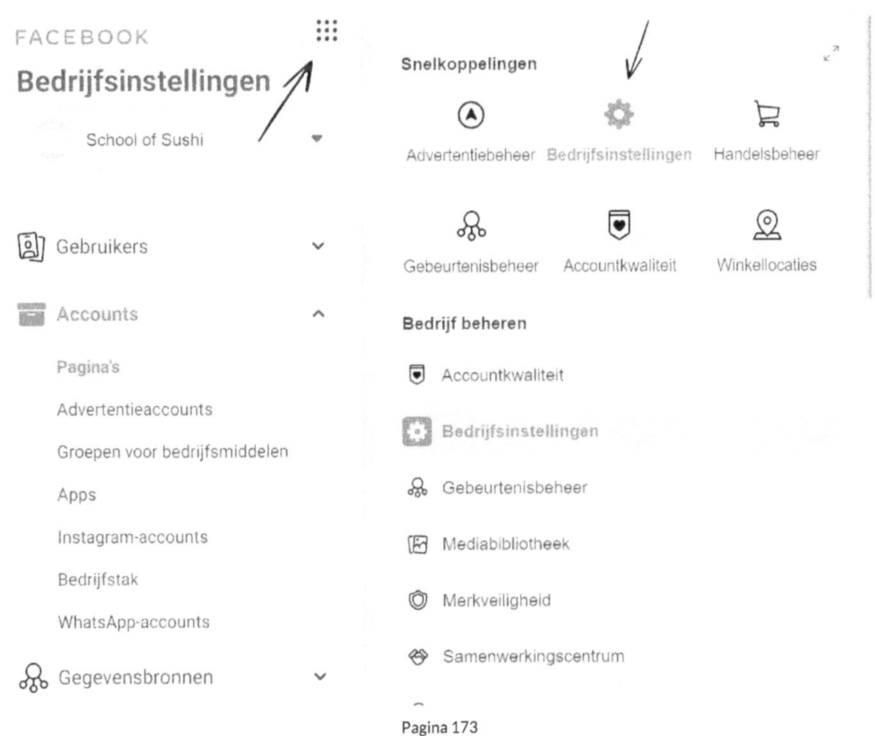

Scrol daar omlaag en klik op de button **Handelsbeheer** die onder het kopje **Producten en services verkopen** staat.

Producten en services verkopen

🛒 Handelsbeheer

Je komt dan in het volgende gedeelte terecht waar je een winkel kunt aanmaken. Klik op de blauwe knop **Winkel toevoegen** als je nog geen winkel hebt of wanneer je een extra winkel wilt aanmaken, of als je er al een paar hebt zoals ik in onderstaand voorbeeld.

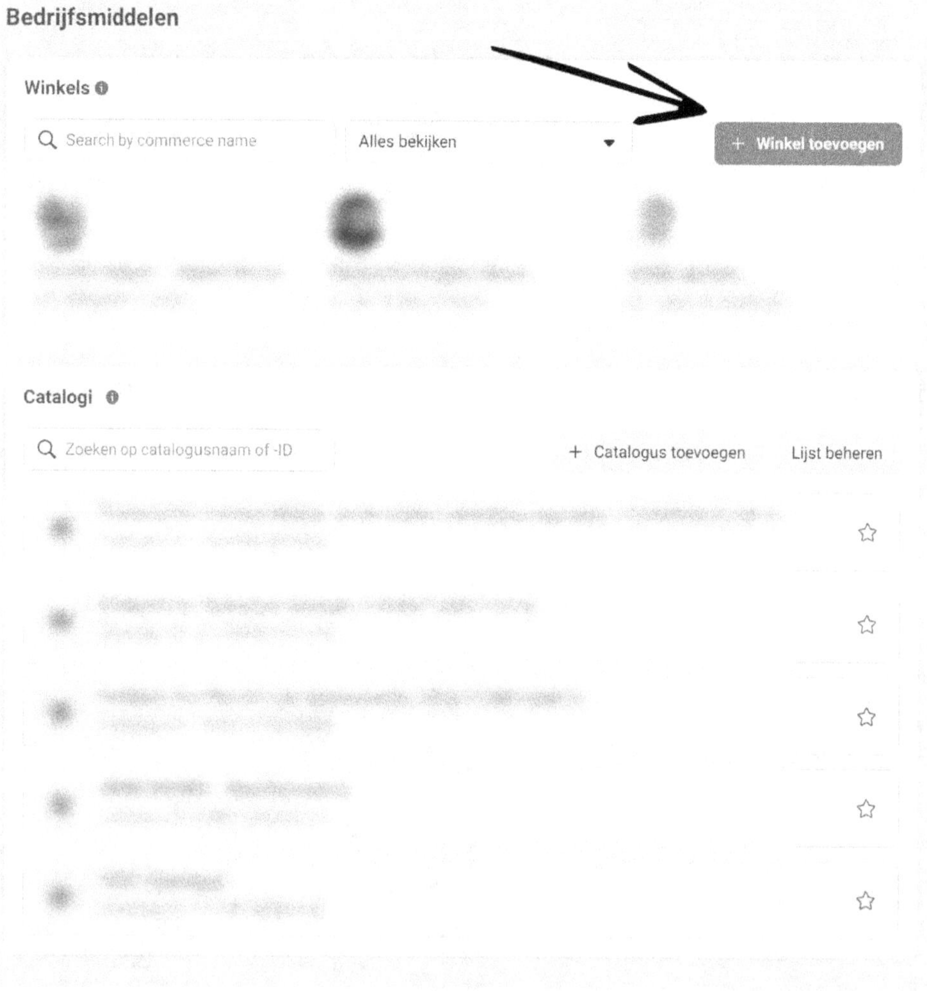

Je kunt daar een bestaande catalogus kiezen om te koppelen of een nieuwe catalogus instellen. Loop rustig één voor één alle stappen door. Het instellen van je nieuwe winkel neemt slechts een paar minuten in beslag.

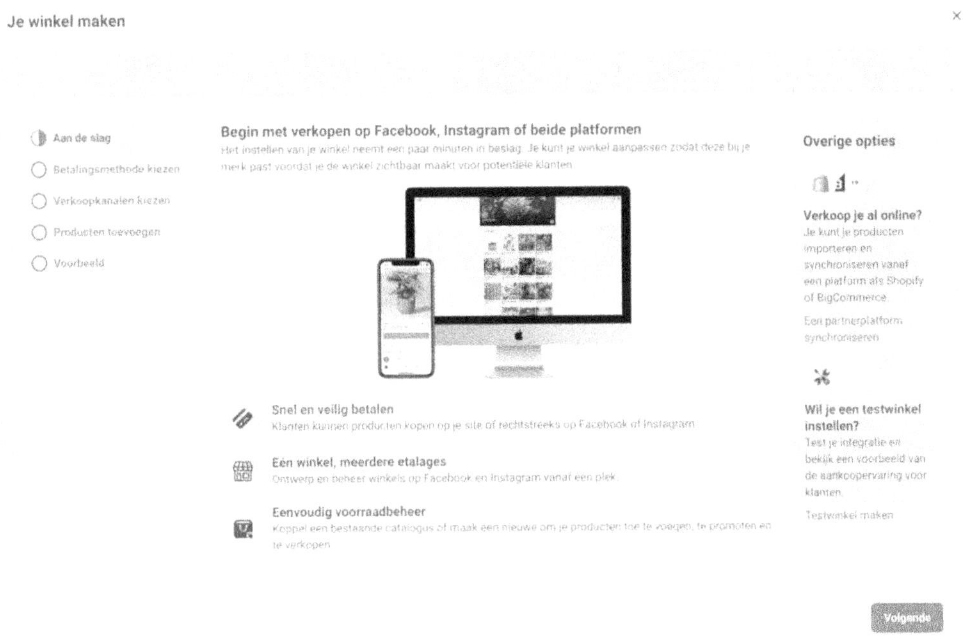

Klik op **Volgende** om verder te gaan naar het gedeelte waar je de betalingsmethode selecteert. Ik kies er in dit voorbeeld voor om de betaling via mijn eigen website te laten doen, waar ik een Wordpress-WooCommerce omgeving heb staan.

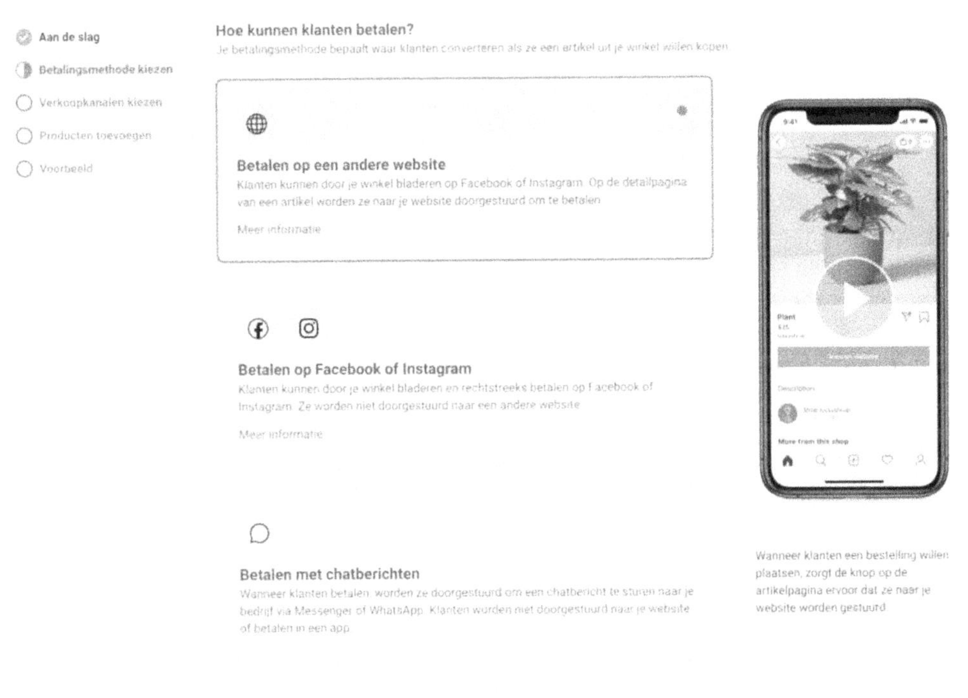

Wanneer klanten een bestelling via Instagram of Facebook willen plaatsen bij je, zorgt de knop op de artikelpagina ervoor dat ze naar je website worden gestuurd. Klik op **Betalen op een andere website** en daarna op **Volgende**. Je komt dan in een overzicht terecht van alle accounts waar je je Facebookpagina en je Instagram-account zou moeten zien staan. Wanneer je net als ik meerdere accounts beheert, dan kan het zijn dat ze niet direct zichtbaar zijn. Klik dan op **Alle accounts weergeven** zodat alle Facebookpagina's en Instagram-accounts zichtbaar worden.

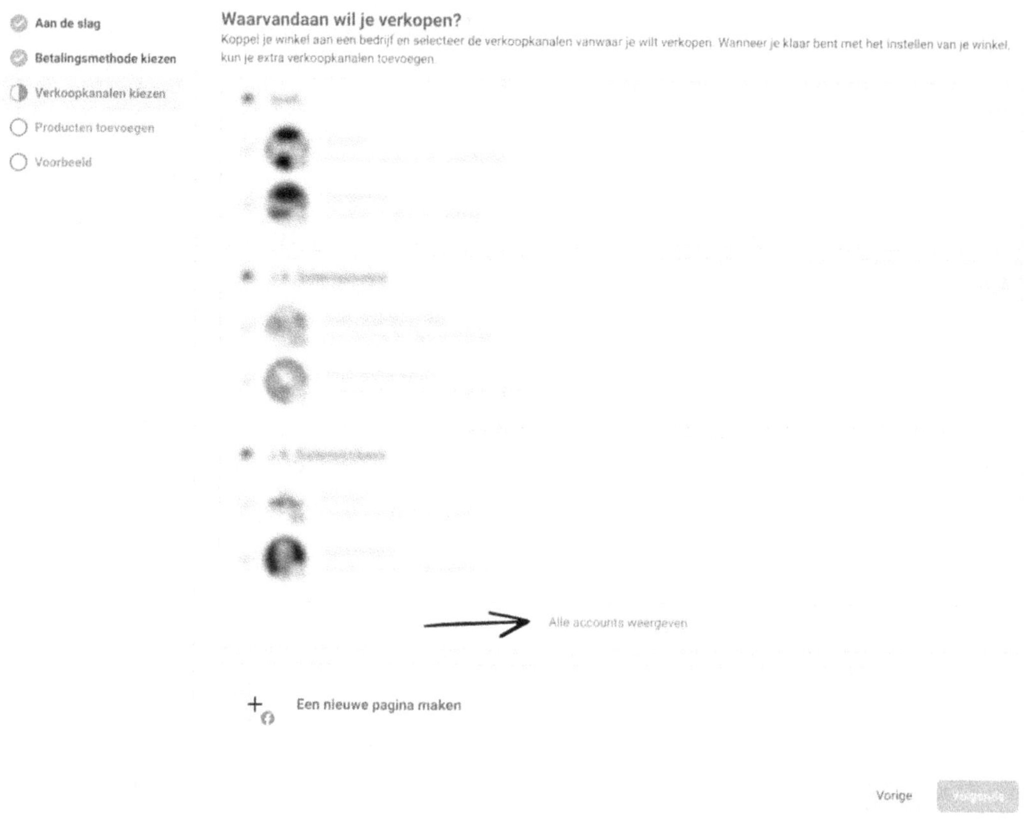

Selecteer dan degene die jij wilt gebruiken en klik weer op **Volgende**. Er wordt dan gevraagd of je je zakelijk e-mailadres wilt bevestigen. Vul het in en klik dan op **Verzenden**.

Nu ga je de producten toevoegen in je winkel. Maar daarvoor moet je eerst een nieuwe catalogus aanmaken. Geef deze een duidelijk herkenbare naam en klik daarna op **Volgende.**

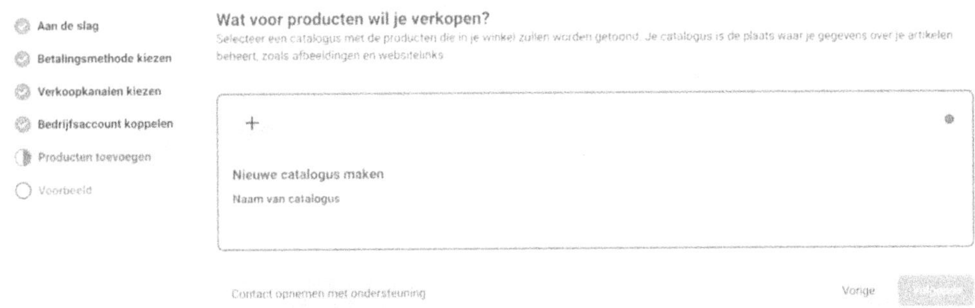

Zodra je dit voltooid hebt kun je via **Handelsbeheer** (Dat vind je door op **de puntjes bovenaan** te klikken) artikelen toevoegen. Klik op **Artikelen** (dit vind je onder **Catalogus**) en daarna op de blauwe button **Artikelen toevoegen aan**. Je komt dan in het keuzeveld hoe je artikelen wilt toevoegen aan je catalogus. Dit kan handmatig, via bulk, of je gebruikt een pixel.

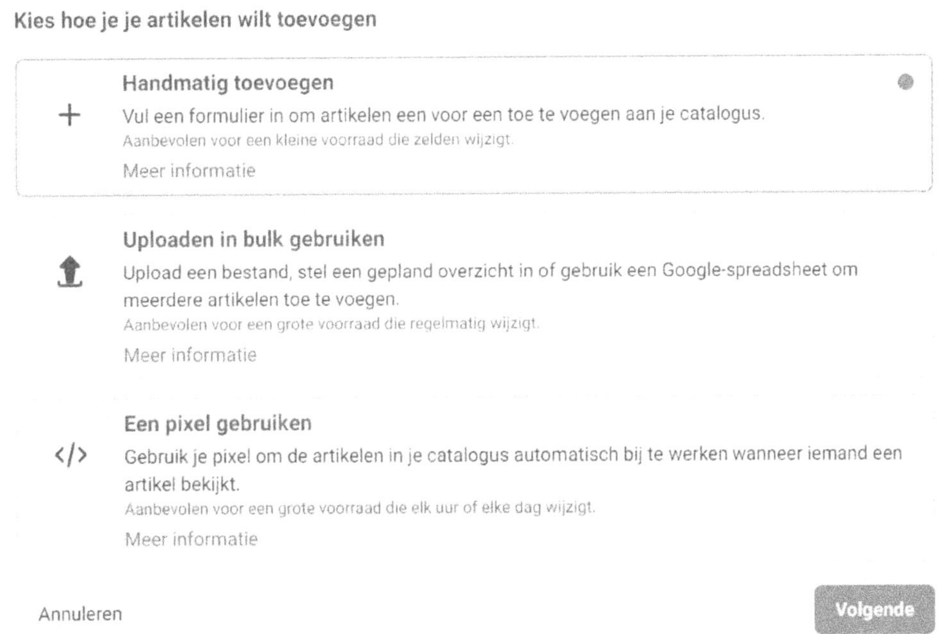

Via bulk wordt aanbevolen als je een groot aantal producten verkoopt en je deze al in een csv file (Excel) of een Google-spreadsheetbestand hebt staan met daarin alle details van die producten. Als deze producten zelden worden gewijzigd, dan is dit voor jou de beste keuze.

Heb je echter een webshop waar producten heel vaak wijzigen, dan is het werken met een pixel de beste manier. Je plaatst een pixel (een stukje code) in je webshop en je catalogus op Facebook en Instagram wordt automatisch bijgewerkt. Dit is heel makkelijk en snel op te zetten en vergt niet veel technische kennis. Je webbouwer kan dit voor je opzetten.

Als je een kleine voorraad artikelen hebt die zelden verandert, dan is handmatig toevoegen een prima keuze. Klik daarop om in het invulveld te komen van je eerste artikel. Vul stap voor stap alle informatie in. Hoe vollediger, hoe beter. Denk ook hier weer aan het gebruik van de juiste keywords bij de beschrijving van je artikel, net zoals je uiteraard ook gedaan hebt in je webshop.

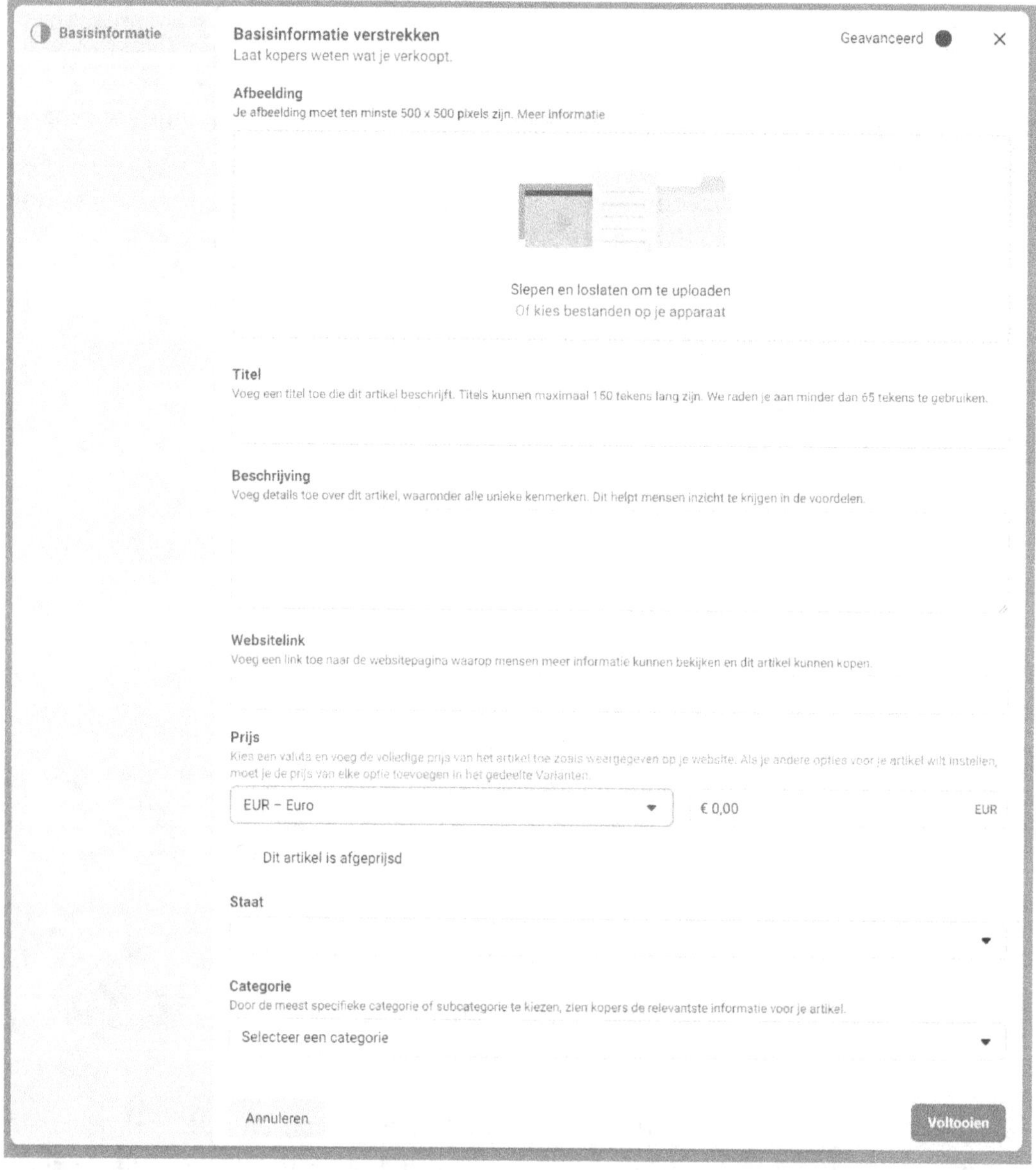

Als je alles hebt ingevuld dan zie je je product in de catalogus staan. Als je erop klikt, dan zie je alle details die je hebt ingevoerd.

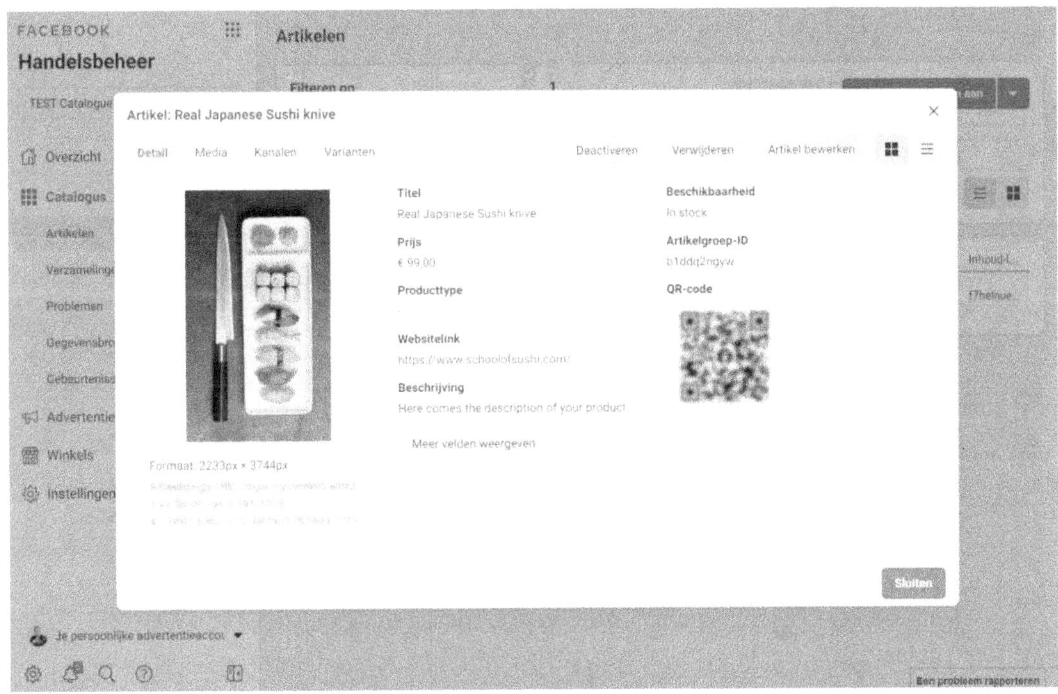

Als je wilt kun je meerdere producten toevoegen aan je catalogus door op de blauwe knop **Artikelen toevoegen aan** te klikken en stap voor stap weer een afbeelding, titel, beschrijving, prijs etc. in te voeren. Zo zorg je ervoor dat alle producten in je Facebook-catalogus staan.

Als je dat gedaan hebt, dan ga je weer terug naar Instagram. Klik op **de drie lijntjes** en daarna op **Instellingen**, vervolgens op **Bedrijf** en als laatste op **Instagram shopping instellen.** Let op: dit kan alleen maar als je al wat gepost hebt op Instagram, anders krijg je een bericht dat je account nog niet in aanmerking komt voor Instagram Shopping.

16:49

Annuleren **Instagram Shopping instellen**

Je winkel openen op Instagram

Een winkel aan je profiel toevoegen
Toon je producten in een aanpasbare etalage op je Instagram-profiel.

Tag producten in je berichten.
Maak shopbare inhoud door producten te taggen in je berichten of je verhalen.

Statistieken krijgen over je winkel
Ontdek wat je klanten aanspreekt met statistieken als productweergaven.

Meer informatie over Instagram Shopping

Aan de slag

Doorloop alle stappen en connect de catalogus die je net hebt gemaakt aan je Instagram-account. Bevestig het website-domein waar de producten op staan en daarna is je account klaar om door Instagram bekeken te worden. Dit proces duurt eventjes. Houd er rekening mee dat in drukke tijden het zeker een week kan duren voordat je weer antwoord krijgt van Instagram. Je kunt dus niet direct aan de slag.

Zodra je account is goed gekeurd kun je producten taggen in je Instagram-berichten. Je krijgt dan bij de taggen-optie niet alleen de mogelijkheid om mensen te taggen of een locatie toe te voegen, maar ook de optie om producten uit je catalogus te taggen. Klik op **Producten taggen** en daarna op het product in je foto. Je catalogus opent zich en daar selecteer je het desbetreffende product. Je hebt de mogelijkheid om maximaal 5 producten te taggen. Tik daarna op **Klaar** en delen maar!

Als je een product hebt getagt in een bericht, dan zien je volgers dat doordat er een boodschappentas-icoontje onderin de afbeelding verschijnt. Klik op de foto en je ziet gelijk de producttag verschijnen waar je dan op kunt klikken. Vanuit daar kan men de beschrijving zien en doorklikken naar je website om het product te bestellen.

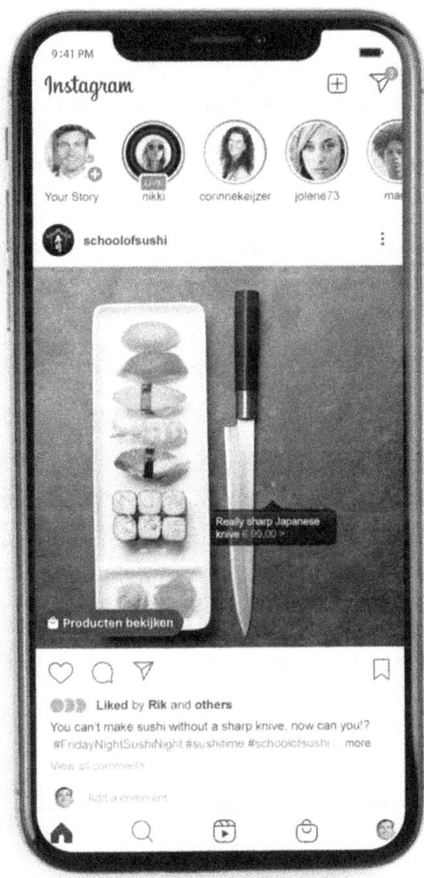

Je ziet hoe makkelijk het is om van je Instagram-feed een geweldige aanjager te maken voor je webshop. Het vergt even wat tijd om je instellingen op de juiste manier aan te zetten en je account te koppelen, maar dan heb je een prachtige manier om je producten aan de man te brengen.

Je kunt niet alleen bij een gewoon bericht je producten taggen, dit kun je ook doen bij een Carrousel-post doen. Bij een Carrousel-post mag je maximaal 20 producten taggen. Een interessante manier om bijvoorbeeld een hele sectie of categorie van bepaalde producten te laten zien. Of een aantal afbeeldingen naast elkaar die met elkaar te maken hebben en bij elkaar passen. Onderzoek zeker de mogelijkheden. Het loont de moeite om een Carrousel-post te maken met producten. Probeer het maar eens uit.

En dit is nog maar het begin om je producten onder de aandacht te brengen. Er zijn namelijk meer voordelen als je daarmee begint. Als je bijvoorbeeld meer dan negen berichten met producttags hebt gemaakt, dan krijg je een speciaal shop-icoontje op je profiel waardoor je doelgroep nog sneller naar je producten kan gaan.

Als ze daarop klikken, dan komen ze in een overzicht terecht met alle berichten die een producttag heeft. Je volgers zien dan gelijk de naam van het product, de prijs en de beschrijving van het item. Daaronder staat dan gelijk de winkelbutton die je bezoeker direct naar je website leidt binnen de Instagram-app waar ze het product kunnen bestellen en betalen. Zo word het voor je volgers eenvoudig gemaakt om bij jou te shoppen.

Als je Shopping hebt ingesteld heb je ook de mogelijkheid om in je Instagram Stories producten te taggen. Je weet hoe goed Stories worden bekeken... Je hebt dus ook hier een fantastisch middel om je doelgroep bij jou te laten shoppen. Dit doe je met de **Product Sticker**. Deze Sticker vind je tussen alle andere Stickers als je Stories gebruikt. Als je daarop klikt dan krijg je de mogelijkheid om een product uit je catalogus te kiezen en die in je Story te plaatsen. Als je je product hebt gekozen en in je Story hebt geplaatst, heb je de mogelijkheid om deze van kleur te veranderen door er even op te klikken (net als bij een Tag Sticker of een Locatie Sticker). De naam van het product kun je trouwens hier niet veranderen. Ook daarom is het van belang om de titels van je producten goed neer te zetten in je catalogus.

Verder vind je onder **Explore** (het vergrootglas) ook een speciale tab genaamd **Winkel**. Daar komen jouw producten ook onder te vallen. Vandaar dat het extreem belangrijk is om de juiste titel en beschrijving te gebruiken wanneer je een catalogus aanmaakt. Die keywords die je daarin gebruikt zijn van groot belang wanneer je doelgroep via deze manier gaat zoeken naar producten.

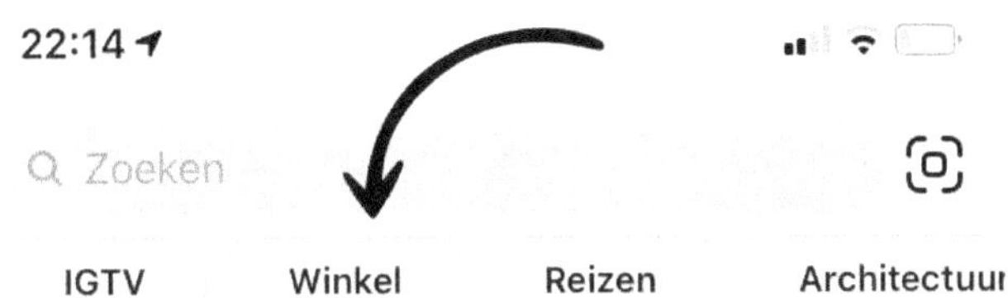

Je ziet het, Instagram Shopping is voor bedrijven die hiervoor in aanmerking komen een unieke kans om de omzet in hun webshop te vergroten. Je maakt een regelrechte verbinding tussen Instagram en je website én je geeft je doelgroep alle makkelijke middelen om je producten aan te schaffen. Je hebt er gelijk een fantastisch nieuw afzetkanaal bij als je Instagram Shopping gaat gebruiken.

Checklist na hoofdstuk 11

Na het doornemen van dit hoofdstuk:

- ☐ Weet je wat Instagram Shopping is;
- ☐ Weet je hoe je Instagram Shopping voor jouw organisatie opzet;
- ☐ Weet je hoe je artikelen toevoegt aan een Instagram-bericht;

12. Instagram Direct Messenger (DM)

Zodra je als bedrijf actief bezig gaat op een socialmedia-platform, hetzij Facebook, Twitter, LinkedIn of Instagram, dan kun je erop wachten dat men je gaat benaderen via een Direct Message. Een persoonlijk berichtje in je Inbox. Daar moet je rekening mee houden als je met socialmedia-marketing gaat beginnen. En ja, je moet daar zeker iets mee doen. Als jouw volgers je een berichtje sturen via DM, dan verwachten ze dat je ze serieus neemt en een antwoord terugstuurt. Doe je dit niet, dan ondermijn je in wezen je eigen strategie om succesvol te worden op Instagram. Antwoord dus zo veel mogelijk berichten die in je inbox komen. Het hoeft niet elke keer uitgebreid. Een simpel bedankje op een goed bedoelde opmerking van een volger is al voldoende.

Maar maak het een onderdeel van je strategie, want je ontkomt er niet aan dat je berichten gaat krijgen. En berichten beantwoorden kost tijd. Maak daar dus ook ruimte voor in je werkzaamheden.

Tips & tricks om Instagram Messenger te gebruiken

De eerste tip is eentje die vooral je polsen en vingers fijn zullen vinden.

- **Koppel je Instagram-account met je Facebook-account en dan kun je de Facebook Messenger gebruiken voor je Insta-berichten.** Dan kan je dus alle berichten via je laptop of computer beantwoorden in plaats van dat je alle berichten beantwoordt via je telefoon. Op deze manier gaat het antwoorden vele malen makkelijker én sneller.

- **Check elke dag één keer je DM inbox.** Organiseer het zo dat je een bepaald moment van de dag pakt om al je berichten te beantwoorden. Doe dit niet 'er even tussendoor' want dan raak je afgeleid van je werkzaamheden. Dat werkt in de praktijk heel vermoeiend. In plaats daarvan check je je inbox één keer per dag en loop je door alle berichten heen. Wees slim en doe dit tegelijk met je Facebook inbox, zo sla je twee vliegen in één klap. Deze tip bespaart je enorm veel tijd als je zo je dagtaken inricht. Houd er altijd rekening mee dat wanneer je LIVE gaat of een nieuw IGTV content hebt geplaatst dat je wellicht meer reacties via je inbox krijgt dan op andere tijdstippen.

- **Maak standaard antwoorden.** Je zult zien dat je vaak dezelfde vragen krijgt. Niet alleen is dit een mooie inspiratie om die vragen op te nemen op je website in een FAQ sectie, maar het is ook handig om voor dit soort vragen een standaard antwoord klaar te hebben dat je met copy-paste snel erin plakt en je snel die vragen afhandelt. Zet die antwoorden bijvoorbeeld in een Word- of Googledocument zodat je er altijd overal bij kan.

Een andere optie is de optie voor een **Opgeslagen antwoord** zoals ik je hebt laten zien in het stuk over Instellingen.

Deze optie **Opgeslagen antwoorden** is een handige. Hier kun je antwoorden op veelgestelde vragen opslaan en deze onder een sneltoets zetten. Deze veelvoorkomende antwoorden kun je dan op elk gewenst moment gebruiken. Dit scheelt je enorm veel tijd als je heel vaak dezelfde vragen binnenkrijgt via DM.

- **Antwoord op dezelfde manier als je een bericht plaatst.** Je *'tone of voice'* moet hetzelfde zijn als de teksten die je bij je berichten plaatst, anders wordt het verwarrend voor degene die je een boodschap stuurt. Als je bijvoorbeeld plotseling een DM antwoordt met 'u' terwijl je in je posts lekker informeel 'je' gebruikt, dan wekt dat verwarring op. Als het goed is heb je al nagedacht over hoe je op social media 'praat', houd deze manier dan ook aan in je DM's.

- **Hang een label aan het gesprek.** Via de Facebook Messenger heb je de mogelijkheid om een label aan een gesprek te hangen. Heel erg handig, want zo categoriseer je de persoon met wie je het gesprek voert. Geef bijvoorbeeld het label 'Belangrijke klant' aan iemand die al jaren trouwe klant is. Of 'zeurpiet' als het om iemand gaat die veel loopt te klagen om niets. Zo hou je voor jezelf het overzicht, maar het is ook duidelijk voor een ander mocht iemand anders de inbox moeten uitlezen. Je hebt de mogelijkheid om daar zelf eigen labels te maken en te beheren.

Je vindt deze optie aan de rechterkant van FB Messenger.

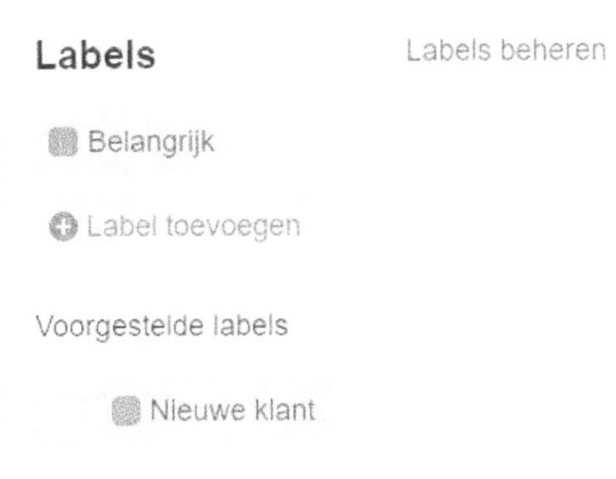

- **Plaats een notitie erbij.** Niet alleen een label is makkelijk. Zeker voor het terugvinden van een gesprek, maar een notitie is ook bijzonder handig om erbij te plaatsen. Je vindt deze optie aan de rechterkant van je FB messenger. Dit helpt je om belangrijke details te onthouden over de desbetreffende persoon.

- **Blokkeer en/of rapporteer een vervelend persoon.** Ja, die heb je er helaas ook tussen zitten. Mensen die heel vervelend zijn, je bestoken met nare berichten, schelden of erger. Haal die negatieve energie weg en blokkeer deze persoon. Als het echt te ver gaat dan heb je de optie om deze persoon aan Instagram te rapporteren. Je vindt beide opties in het gesprek dat je met die persoon hebt. Bij de FB Messenger klik je op de **drie puntjes rechtsboven (Meer opties)** en kies voor **Blokkeren** of **Rapporteren**. Op je mobiel vind je deze opties ook in het gesprek, alleen daar klik je bovenaan op de **i**.

Zie de berichten in je inbox niet als een last, maar juist als een grote kans om (nog) dichter bij je doelgroep te komen. Koester het feit dat mensen jouw bedrijf, jouw product of jouw organisatie hun aandacht aan je geven. Het is een teken dat ze zich betrokken voelen bij je en dat ze alles aan je kunnen vragen of meedelen. Als je de DM inbox goed beheert, je volgers de juiste aandacht geeft, dan heb jij de mogelijkheid om fans voor het leven te maken en te houden. Alles wat je aandacht geeft, groeit. Dat geldt zeker voor deze optie binnen Instagram.

Checklist na hoofdstuk 12

Na het doornemen van dit hoofdstuk:

- ☐ Weet je hoe Instagram Messenger werkt;
- ☐ Heb je Instagram Messenger gekoppeld aan Facebook;
- ☐ Heb je handvaten gekregen om jouw Messenger goed te gebruiken;

13. #Hashtags

We kunnen vandaag de dag niet meer zonder hashtags. Dit bekende begrip is in 2007 ontstaan op Twitter en is nu ook op andere socialmedia-kanalen in gebruik. Niet alleen op Instagram maak je gebruik van hashtags, ook op LinkedIn is het tegenwoordig ingeburgerd om dit te gebruiken. Een hashtag is een trefwoord of groep van trefwoorden met het hekje-teken (#) ervoor en het ziet er dan zo uit: #hashtag. Deze hashtag wordt dan een linkje naar alle andere Instagram-berichten met dezelfde hashtag. Klik dus op een hashtag om alle content met die hashtag te zien op Instagram.

Vaak gebruikt men hashtags op social media voor grote gebeurtenissen zoals het nieuws (denk bijvoorbeeld aan #CoronaPandemie) of bij hele belangrijke sociale onderwerpen. Denk dan bijvoorbeeld aan de #metoo waarmee vele Instagrammers hun afschuw uitspraken over seksueel misbruik en seksuele intimidatie. Of over #BLM (#BlackLivesMatters) wat een statement is tegen racisme. Deze hashtags hebben ook direct een emotionele lading. Een ander goed voorbeeld van nieuws en sociale onderwerpen is de hashtag #JeSuisCharlie na de verschrikkelijke aanslagen in Parijs bij Charlie Hebdo, waarin eenieder zijn medeleven toonde.

Maar denk ook aan algemene termen zoals #liefde of #verliefdheid die mensen plaatsen bij romantische foto's. Of #lekker als je in een goed restaurant zit te eten. Want net als bij het plaatsen van emoticons zorgen dit soort hashtags voor nét even die extra lading in je Instagram-bericht.

Hashtags zie je ook veel voorbijkomen bij grote (sport)evenementen en festivals. Je ziet dat ervoor, tijdens en na deze evenementen de hashtag heel populair is. Alle bezoekers van het grote festival Tomorrowland plaatsen bij hun Instagram-berichten allemaal de hashtags #Tomorrowland (of de korte versie #TML) met daarachter het jaartal en vormen zo hun eigen (sub)community op Instagram waar iedereen elkaars foto's en filmpjes bekijkt.

Het gebruik van hashtags is namelijk ook tegelijk een mooie manier geworden om socialmedia-berichten te labelen en te categoriseren. En daarom is het een heel belangrijk element om hashtags te gebruiken als bedrijf, organisatie en als merk zijnde.

Hoe maak je hashtags?

Een hashtag maken is heel eenvoudig. Zoals eerder vermeld, is een hashtag niets anders dan een woord met daarvoor een 'hekje' (#) zonder spaties ertussen, bijvoorbeeld #lekkereten, #restaurant of #pizzaavond. Als een hashtag uit twee of meer woorden bestaat, wat ook mogelijk is, dan kun je voor de duidelijkheid ook hoofdletters gebruiken zoals #LekkerEten of #PizzaAvond. Dan leest het makkelijker weg en is het direct duidelijk.

Als je een bericht op Instagram plaatst dan mag je zelf je eigen hashtags verzinnen. Je kunt van elk woord of woordencombinatie een hashtag maken. Je bent daar als Instagrammer helemaal vrij in. Er zijn echter **een paar kleine spelregels:**

- **Begin niet met of gebruik alleen getallen:**
  Het enige wat niet kan is een hashtag die begint met een reeks cijfers. De hashtag #2020Tomorrland kan dus niet. #Tomorrowland2020 kan dus wel. Een hashtag met alleen maar getallen zoals #90210 is ook niet te gebruiken.

- **Geen spaties:**
  Je merkt het direct al als je in een hashtag een spatie wilt doen tussen twee woorden; dat gaat niet. Je schrijft losse woorden dus aan elkaar vast na het hekje (#).

- **Je kunt geen speciale tekens gebruiken:**
  Nee, je kunt geen uitroepteken of een vraagteken gebruiken in je hashtag. Speciale tekens werken niet. Deze tekens kun je dus niet gebruiken: !, $, €, %, ^, &, *, +, .

Hoeveel hashtags gebruik je?

Deze vraag komt vaak bovendrijven bij ondernemers als het over het gebruik van hashtags gaat op Instagram. *'Hoeveel hashtags plaats ik onder een bericht?'* Laat ik beginnen met het feit dat Instagram een maximum aantal van 30 hashtags heeft. Per bericht dat je post kun je dus 30 hashtags plaatsen. Moet je ze dan alle 30 gebruiken? Dat hangt weer heel veel af van je doelgroep.

Sommige doelgroepen vinden 30 hashtags enorm 'spammerig' en druk overkomen. Vooral de oudere doelgroep die het niet gewend is om met hashtags te werken, vindt het erg verwarrend en erg 'reclame-achtig' overkomen. Maar ik heb ook voor bedrijven een strategie ontwikkeld waarbij het juist enorm goed werkte. Het is dus een kwestie van uitproberen.

Volgens diverse onderzoeken die gedaan zijn door enkele socialmedia-tools zorgen 11 of meer hashtags voor het beste engagement.

En dan de volgende vraag: **waar plaats je je hashtags?** Plaats je ze in je post of juist in de comments? Ook dat is een vraag die ik vaak in mijn trainingen krijg. Gelukkig heeft de website Socialinsider.com daar een uitgebreide studie naar gedaan. Ze hebben ruim 600.000 posts onderzocht en daar kwamen de volgende resultaten uit. Het belangrijkste voordat je hashtags gaat plaatsen is weten wat je doel is van je post. Als je dat helder hebt kun je keuzes maken. Wil je:

- Meer likes
- Meer reacties
- Meer bereik
- Meer engagement

Want uit het onderzoek van Socialinsider kwamen verschillen naar boven met betrekking tot deze doelen.

Wil je een groter bereik en meer weergaven creëren:

- Plaats onzichtbare hashtags in het bericht als je Instagram-profiel minder dan 100.000 volgers heeft.

- Boven de 100.000 volgers plaats je zichtbare hashtags in de eerste reactie.

Wil je meer engagement creëren:

- Instagram-account met 0 – 5.000 volgers, plaats 6 onzichtbare hashtags in het bericht.
- Instagram-account met 5.000 – 10.000 volgers, plaats 5 zichtbare hashtags in de eerste reactie.
- Instagram-account met 10.000 – 50.000 volgers, plaats 2 onzichtbare hashtags in het bericht.
- Instagram-account met 50.000 – 100.000 volgers, plaats 8 onzichtbare hashtags in het bericht.
- Instagram-account met 100.000+ volgers, plaats 6 zichtbare hashtags in de eerste reactie.

Onzichtbare hashtags zijn hashtags die je niet direct ziet als je door je feed heen scrolt. Die zie je pas wanneer je op 'meer' klikt. Gebruik de truc om je hashtags niet direct in het zicht te laten komen, door onder je tekst een paar regels met alleen een punt te plaatsen. Op die manier 'verberg' je de hashtags onder de 'meer' knop en zijn ze niet direct zichtbaar als men door de Insta-feed scrolt.

Zichtbare hashtags zijn de hashtags die je wél direct ziet als je door een tijdslijn scrolt.

Zelf plaats ik altijd de hashtags gewoon in het bericht zelf. Volgens het onderzoek van Socialinsider doet 89% van de onderzochte bedrijven dat ook. Het is namelijk een extra handeling die je moet doen om hashtags in een comment te plaatsen. Een handeling die je niet kunt inplannen. Het kost mij te veel tijd en te veel aandacht om daar op te letten.

Welke hashtags ga jij gebruiken?

Dat hangt sowieso af van het thema en onderwerp van je bericht. Gebruik dus niet voor alle berichten dezelfde hashtags, want dan sla je de plank mis.

- **Je keywords:**

Als het goed is, gebruik je al een flink aantal keywords in je website om beter gevonden te worden in Google. Deze keywords zijn een goede eerste start om te gebruiken, want daar heb je immers al onderzoek naar laten doen. Je weet welke van deze woorden het vaakst gebruikt worden om te zoeken. Dit zal op Insta niet anders zijn.

- **Jouw locatie:**

Gebruik de hashtag van jouw stad, dorp of zelfs land om onder de aandacht te komen van gebruikers. Hashtag-locaties zoals #amsterdam, #amersfoort of #hillegom geven jou de kans om te worden voorgesteld aan mensen die zich in jouw buurt bevinden. Het op deze manier gebruik maken van een locatie-hashtag is wat anders dan de locatie-tag waar ik uitgebreid op inga in een ander hoofdstuk.

- **Gebruik de suggesties van Instagram zelf:**

Als je begint met het typen van een hashtag, dan zie je dat Instagram je gelijk een flink aantal suggesties geeft. Het fijne daarvan is, dat je die gelijk kunt aanklikken om die in je bericht te zetten. Onder elke suggestie zie je ook hoe vaak die bepaalde hashtags voorkomen in berichten op Instagram. Een handige indicatie om te zien of het een populaire hashtag is.

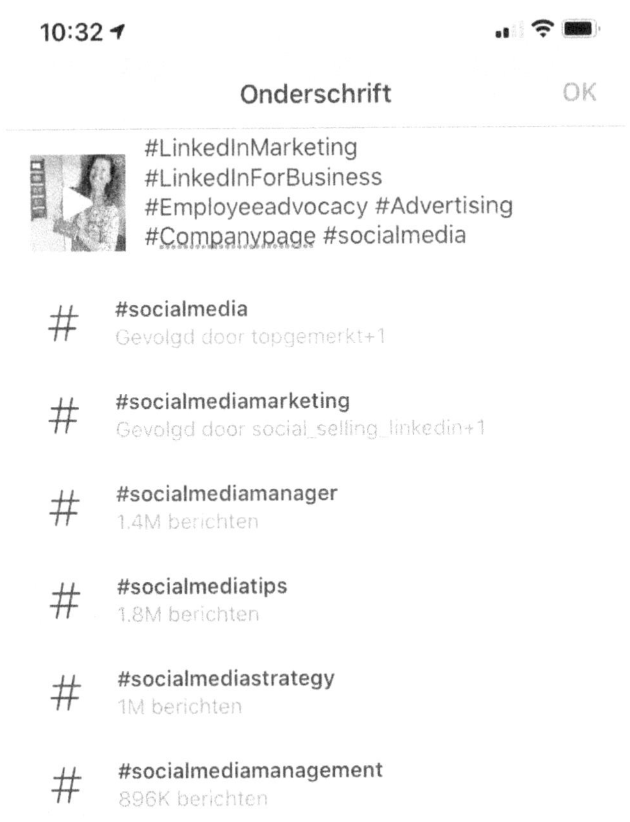

- **Haal inspiratie bij anderen:**

Je hoeft niet altijd zelf het wiel uit te vinden. Je conculega's zullen ongetwijfeld ook onderzoek gedaan hebben en gebruiken ook hashtags onder hun berichten. Scrol langs hun accounts en bekijk welke hashtags die zij gebruiken voor jou van toepassing zijn en probeer ze uit.

- **Maak gebruik van externe websites boordevol suggesties:**

Het internet zou het internet niet zijn als er niet speciale tools voor zoiets zouden zijn. Ook voor het vinden van bepaalde hashtags zijn er websites die jouw hulp bieden.

- Surf naar TagsFinder (https://www.tagsfinder.com/nl-nl/) en vul daar je hashtag(s) in en je krijgt direct een x-aantal andere hashtags als suggestie.

- Keyword Tool (https://keywordtool.io/instagram) geeft ook talloze suggesties wanneer jij je hashtag invoert. Let wel even op dat je de juiste taal selecteert.

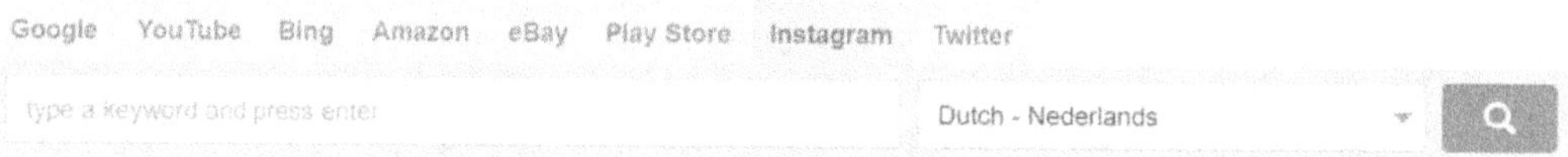

- Hashtags for Likes (https://www.hashtagsforlikes.co/) is ook een fantastische website waar je inspiratie voor hashtags vandaan kan halen. Vul je hashtag in, klik op het vergrootglas en scrol daarna naar beneden. Je ziet daar een grote waslijst aan gerelateerde hashtags verschijnen. Gebruik ze en kijk of jij er succes mee hebt.

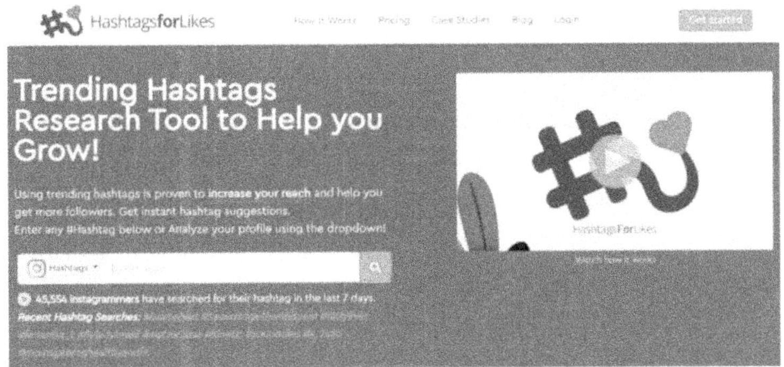

Coole tools die jij gratis kunt raadplegen om je kennis over de te gebruiken hashtags te vergroten. Ga op onderzoek uit en raadpleeg ze alle drie, is mijn advies.

- **Wat gebruiken influencers?**

De huidige 'sterren' van het internet, de influencers: altijd hip en trending en altijd op de hoogte van de laatste rages. Volg de influencers die voor jouw bedrijf of merk van belang zijn en kijk welke hashtags zij gebruiken en probeer dat ook uit bij jouw berichten.

- **Gebruik algemene hashtags:**

Jawel, deze was je bijna vergeten, hè? De algemene hashtags die bij jou van toepassing zijn. Dan heb ik het over hashtags die gaan over jaargetijden, feestdagen, emoties, locaties, etc. Denk aan populaire hashtags als #love, #kerst, #zomer, #photooftheday #fashion #beautiful, #happy #ibiza en ga zo maar door. Elk jaar worden er lijsten op diverse websites geplaatst met de Top 100 beste Instagrams waar jij je inspiratie uit haalt.

Mogelijkheden genoeg dus om de juiste hashtags te vinden voor jouw bedrijf. Hashtags zijn een enorm belangrijk onderdeel van je Instagram-strategie. Vat dit niet te lichtzinnig op en ga serieus aan de slag om de juiste hashtags te vinden die je succes gaan geven op Instagram.

Gebruik een eigen 'branded hashtag'!

Een branded hashtag is een hashtag die uniek is voor alleen jouw bedrijf of jouw merk. De slimme bedrijven op social media gebruiken deze aloude truck al en hebben het geïntegreerd in hun Instagram-strategie. Een branded hashtag is bijvoorbeeld;

- De naam van je bedrijf
- De naam van één van je producten
- Een evenement dat je organiseert (al dan niet met een afkorting zoals #TML die het festival Tomorrowland gebruikt)
- Speciale marketingcampagnes met unieke taglines of een slogan.

Als je dit goed inzet en het slaat aan bij je doelgroep, dan kan het zomaar zijn dat jouw eigen hashtag een leven op zichzelf gaat krijgen en dat deze hashtag viraal gaat. Vooral een branded hashtag waarbij User Generated Content ontstaat is een hele sterke manier om je merk in de markt te zetten. Het bedrijf GoPro (van de kleine action videocamera's) is daarbij misschien wel het allergrootste voorbeeld. Elk Instagram-account dat filmpjes maakt met een camera van GoPro gebruikt #GoPro bij zijn/haar posts. Dit zorgt natuurlijk voor een ongelofelijk bereik van dat merk!

En GoPro gaat nog een stap verder. Ze gebruiken de geweldige foto's en video's die hun gebruikers plaatsen op hun eigen Instagram-account. Ze hebben elke dag een 'Photo of the Day' waarin ze een foto plaatsen gemaakt met een GoPro door een gebruiker, die ze uiteraard taggen (en vast ook om toestemming hebben gevraagd). Het is een eer als je foto door GoPro wordt uitgekozen, dus je werkt uiteraard mee. Want als je getagt wordt door zo'n groot bedrijf met zoveel bereik is dat ook goed voor je eigen account.

Evenementen zoals Tomorrowland gebruiken de branded hashtag ook. Niet alleen bij hun eigen berichten, maar je ziet ook dat artiesten die geboekt zijn, diezelfde branded hashtag gebruiken. Daardoor wordt het bereik zoveel groter van dat festival. En dan heb ik het nog niet eens over alle bezoekers die hun Insta-accounts vol knallen met geweldige foto's en video's van hun belevingen op het festival... met de branded hashtag. Het gevolg is dat het festival enorm populair is geworden. Niet alleen vanwege de geweldige productie, maar ook doordat zij goed doorhebben hoe social media werkt.

De sleutel om ontdekt te worden door een nieuw publiek op Instagram is om mensen aan te moedigen om jouw branded hashtag te gebruiken in hun feed en in hun Stories.

Op deze manier kan je doelgroep op de hashtag klikken en andere berichten over jouw merk bekijken én jouw merk wordt door je volgers verspreid. Je bereik wordt hierdoor groter én je krijgt ongetwijfeld meer volgers.

Checklist na hoofdstuk 13

Na het doornemen van dit hoofdstuk:

- ☐ Weet je wat hashtags zijn en hoe je deze gebruikt;
- ☐ Heb je externe websites gebruikt om te kijken welke hashtags voor jou goed zouden werken;
- ☐ Weet je hoeveel hashtags je per bericht gebruikt;
- ☐ Weet je wat branded hashtags zijn;
- ☐ Heb je voor je eigen organisatie bepaald welke hashtags je gaat gebruiken;

14. Hoe krijg je (meer) Instagram volgers?

De allergrootste uitdaging van elk social media platform is het krijgen van volgers. Hoe zorg jij nou dat mensen je gaan volgen en wat met jouw content gaan doen? Het is zeker niet zo eenvoudig om je aanwezigheid op Instagram snel op te bouwen en binnen een korte periode ontzettend veel volgers te krijgen. Zeker niet nu er al zo ontzettend veel accounts zijn. Het is moeilijk om daar tussen te komen. Het is een proces dat tijd en moeite kost, daar wind ik geen doekjes om, maar met deze tips, een gezonde *let's do it* attitude en de juiste middelen zie je jouw cijfers groeien.

De basis: een top profiel!

Het begint écht met de basis. Optimaliseer je Instagram-profiel. Zonder een goed profiel met een aantrekkelijke bio (die ook SEO geschreven is met de juiste keywords) én een geweldige profielfoto, begin je nergens. Laat je potentiële volgers in één klap zien waar jouw account over gaat, grijp die aandacht en overtuig ze om jou te volgen! Dat is de sleutel voordat je überhaupt verder gaat met je aanwezigheid op Instagram. Je hebt in de eerste hoofdstukken van dit boek al gezien hoe je dit het beste opzet. Zorg ervoor dat je dit ook voor 200% in orde hebt.

Fantastische content

Waarom zou iemand je volgen als jij geen moeite doet om fantastische content te maken én dat je die consequent publiceert? Exact. Dat gebeurt niet. **'Content is King'**, en zonder content die waarde geeft aan je volger ga je niets bereiken. Schenk aandacht aan je afbeeldingen, je video's én je teksten. Investeer tijd én budget en maak die waanzinnige berichten 😊 en doe dit consequent.

Gebruik de gratis contentkalender en vul die met creatieve content. Download mijn template gratis via deze link (als je dat nog niet gedaan had): https://bit.ly/instagramcontentkalender.

Bedenk een goed werkende digitale strategie!

Hartstikke leuk dat je een aantrekkelijke bio hebt en dat je fantastische content wilt gaan maken, maar dit gaat niet werken zonder een strategie erachter om meer volgers te krijgen! Want zonder plan ben je zomaar wat aan het doen. En dat wil je niet.

Zet de koers uit en bepaal waar jij heen wilt gaan en hoe je daar wilt komen. Maak dit onderdeel van je algehele Instagram-strategie, want je hebt nu eenmaal een groep volgers nodig om de doelen en doelstellingen van jouw activiteiten op Insta te behalen. Houd je aan je eigen strategie en evalueer regelmatig of deze succesvol niet. Zo niet, wees niet bang om bij te sturen.

Timing is everything

Ken je doelgroep door en door en weet wanneer deze online is. Plaats op die tijdstippen jouw content zodat je de kans vergroot dat zij het daadwerkelijk te zien krijgen. Het heeft absoluut geen zin om je berichten te plaatsen als je doelgroep op dat bepaalde moment niet aanwezig is.

Laat je Instagram-content zien op andere platformen

Een hele simpele, maar eentje die gek genoeg zo vaak over het hoofd wordt gezien. Het plaatsen van jouw Instagram-content op andere platformen, zoals je website. Laat je Insta-feed op je website verschijnen en grote kans dat die bezoeker jouw Instagram-account gaat bekijken. En je website krijgt regelmatig verse content, want je plaatst natuurlijk elke dag minimaal één nieuwe post op Insta 😊. Zo blijft je website up-to-date.

Voor websites gebouwd met Wordpress zijn er diverse plugins beschikbaar om je Insta-feed op je website te plaatsen, zoals Smashballoon's Instagram Feed Pro (https://smashballoon.com/instagram-feed/) waar ook een gratis versie van te vinden is: https://wordpress.org/plugins/instagram-feed/ Met meer dan 1 miljoen gebruikers is dit de populairste plugin op dit moment.

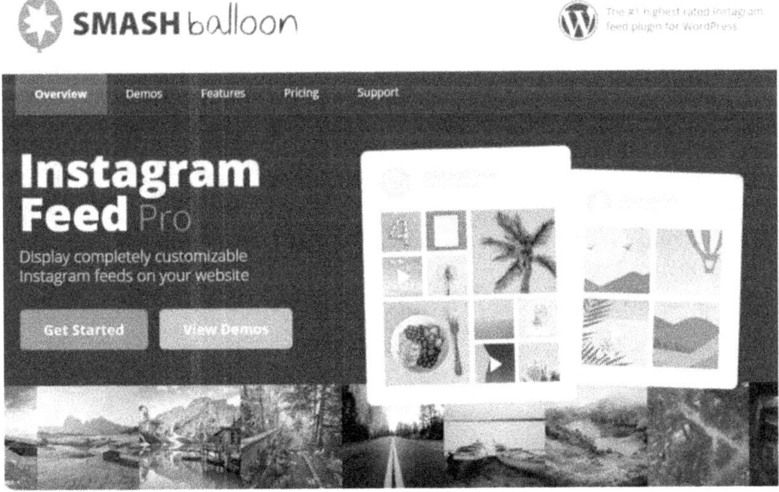

Een andere die ik aan kan raden is de bekende fotogalerij-plugin Envira waarin je je Insta-foto's kan importeren: https://enviragallery.com/

Andere manieren om je Instagram-kanaal te promoten via andere platformen:

- Voeg een Instagram-button toe aan de topnavigatie van je website.
- Plaats een link naar je Instagram-profiel in de handtekening van je e-mail (laat iedereen binnen je bedrijf dit doen).
- Zet een link naar je Insta in je e-mail nieuwsbrief.
- Bij elk filmpje dat je op YouTube post, voeg je in de bijbehorende omschrijving de link naar je Instagram-account toe: ('*Volg ons op Instagram via <link>*').
- Heb je een Twitter-account? Dat is natuurlijk ook een mooi platform om je Insta-posts te delen of om daar aandacht voor te vragen via een Tweet.
- Heb je een TikTok-kanaal? Sluit dan je Instagram daar ook op aan.

Als laatste wil ik je een andere unieke mogelijkheid geven om je Instagram-kanaal onder de aandacht te brengen. Via je Facebookpagina! Op die pagina kun je namelijk een tabblad plaatsen waarin je je Instagram-feed toont. Gebruik hier de tools van Woobox voor (https://woobox.com/campaigns/facebook-page-apps).

Het is ontzettend makkelijk om deze op te zetten en je hebt dit binnen een paar minuten voor elkaar. Woobox heeft deze tabs ook voor YouTube, Pinterest en Twitter, mocht je daar interesse in hebben.

Gebruik een branded hashtag

Yes! Zet die hashtag in om meer volgers te krijgen. Ik heb het je in het vorige hoofdstuk al uitgelegd hoe dit werkt. En het werkt! Zeker in combinatie met een ijzersterk product of dienst welke jouw bedrijf levert. Maak dit een onderdeel van je strategie en het levert je meer volgers op.

Ga de samenwerking aan

Samen sta je sterk. Dat geldt op het internet en op social media niet anders. Maak gebruik van elkaars krachten en ga de samenwerking aan met andere accounts. Plaatst berichten, tag of mention de accounts met wie je een samenwerking aan bent gegaan en je krijgt een kruisbestuiving van volgers. Die andere accounts plaatsen op hun beurt een bericht waarin zij jou taggen of noemen en de wisselwerking is compleet. Het aloude 'voor wat, hoort wat'. Heel handig om dit bijvoorbeeld samen te doen met andere lokale ondernemers om elkaar te helpen groeien. Of merken van producten die je gebruikt. Want ook zij zoeken naar mogelijkheden om het aantal volgers van hun account te laten groeien. Samenwerking is een heel sterk middel om dit doel te bereiken.

Dit kun je ook doen met de Instagram-accounts van je klanten! Mention of tag ze in je posts en tien tegen één dat zij een soortgelijke post gaan maken en dan jou noemen zodat jouw account weer bij hun volgers in beeld komt.

Om nieuwe volgers te krijgen is het ook een goed idee om een samenwerking aan te gaan met influencers. Instagram-accounts van influencers hebben een vaak een grote aanhang en dat publiek volgt graag hun grote voorbeeld.

Maar niet alleen de mega grote accounts zijn interessant voor je. Ook via micro-influencers met tussen de 5.000 en 100.000 volgers, behaal jij ontzettend goede resultaten als je daarmee een samenwerking aangaat. Denk aan lokale bekende mensen die iedereen in de omgeving kent, influencers in bepaalde niches of juist een upcoming influencer.

Speur Instagram af opzoek naar deze influencers en ga het gesprek aan. Wie weet kunnen jullie wat voor elkaar betekenen. Wanneer je eenmaal met elkaar hebt samengewerkt, laat deze influencer dan niet vallen en blijf deze aandacht geven. Behoud die relatie en verdiep deze. Blijf sociaal en vergeet ze niet!

Bedenk een uitdagende challenge en maak een virale hit!

We kennen ze allemaal wel: filmpjes die werkelijk iedereen nadoet en een eigen versie van plaatst op hun eigen Insta. De challenges! Jaren geleden had je al de 'Ice Bucket Challenge' waar je zelf een filmpje plaatste hoe je nat werd door onder een emmer met ijskoud water te gaan. Een geweldige promotie voor de spierziekte ALS. Deze challenge ging de hele wereld over en sindsdien kent iedereen deze verschrikkelijke spierziekte. Missie geslaagd. Op naar meer donaties voor dit goede doel!

In 2020 had je de bekende #FlipTheSwitch waarbij je samen met een partner een filmpje maakte waarin je halverwege van rol veranderde. Supergrappige filmpjes leverde dat op. Check die hashtag maar eens.

Een andere grote bekende is de challenge waarbij je een flesje water in de lucht gooide die dan rechtop moest landen. Ontelbare filmpjes zijn hiervan op Instagram terecht gekomen met #bottleflip. De ene nog gekker dan de ander.

En ik hoef je vast niet uit te leggen wat #planking of de #HarlemShake is. De twee bekendste challenges van de afgelopen jaren. Maar ook #dryjanuary, waarin je een maand lang geen alcohol drinkt is een bekende challenge.

Deze challenges hebben allemaal iets gemeen: ze zijn makkelijk uit te voeren, hebben een hoog entertainmentgehalte en het wordt je als Instagrammer niet via een commerciële boodschap opgedrongen. Dat laatste is waar veel bedrijven de fout ingaan, omdat ze te snel iets willen verkopen. Maar daar draait het niet om bij een challenge. Het draait om de funfactor, en dat je daarmee uiteindelijk naamsbekendheid of meer verkopen haalt is natuurlijk meegenomen.

Een mooi voorbeeld is een grote organisator van wandelevenementen die zijn deelnemers opriep om mee te doen aan een Winterchallenge om minimaal 1.000 kilometer te wandelen in de koude maand december. Een hele inspirerende uitdaging voor hun doelgroep en er deden ontzettend veel mensen aan mee. Vrienden en vriendinnen werden ook aangespoord om mee te doen en via die challenge zetten zij op hun beurt die organisatie weer in de spotlights. Geweldige promotie terwijl de onderliggende insteek van de organisator was om mensen in beweging te blijven houden zodat ze, uiteindelijk, in de lente en zomer weer aan de start zouden staan van hun evenement(en). Een challenge die volledig bedacht is vanuit de kennis van de doelgroep.

Popster Justin Bieber begrijpt dit principe als geen ander. Als hij een nieuwe track uitbrengt dan zie je hem al een kleine dans-challenge doen op zijn eigen muziek, zonder dat hij dat ook benoemt verder. Hij roept niet actief op om hem na te doen, hij plaatst alleen een hashtag met de naam van een challenge. Zijn fans pikken dit op en voordat je het weet zie je overal zijn dansje op social media voorbijkomen. En dus ook zijn nieuwe track. Heel slim om dat zo aan te pakken, nietwaar?

Wees creatief en ga lekker brainstormen! Bedenk een uitdagende challenge die écht leuk is om te doen en mensen inspireert om mee te doen, en hun volgers om na te doen. Gegarandeerd dat wanneer jij hier succes mee haalt, dat je volgers dan door het dak gaan.

Zet een leuke prijsvraag in

Winnen, winnen, winnen! Mensen zijn er gek op! Zo zijn ontzettend veel Facebook-accounts gegroeid door de 'like-share-win' acties en dat principe werkt ook op Instagram. Het enige wat je hoeft te doen is een prijsvraag te verzinnen waar je doelgroep een leuke prijs mee kan winnen en mensen te vragen je te volgen én hun vrienden te taggen om mee te doen.

Om ervoor te zorgen dat ze alleen relevante mensen taggen die oprecht geïnteresseerd zullen zijn in je merk, vraag je aan je volgers om ook een reactie te geven waarom je juist die bepaalde persoon tagt. Deze extra stap is verstandig om te doen, omdat je anders alleen maar mensen krijgt die je volgen om gratis producten te scoren terwijl je juist wil dat mensen je volgen om jou en je merk.

Een andere reden om een reactie te vragen is dat Instagram dat ziet als interactie met als gevolg dat door het algoritme van Insta jouw bericht meer en meer naar boven zal komen drijven in de tijdslijn van je volgers.

Een prijsvraag opzetten is een makkelijke manier om meer volgers te krijgen, maar het vergt wel enige voorbereiding en denkwerk om het ook goed te doen. Ga niet zomaar lukraak een prijsvraag op Insta plaatsen zonder er goed over nagedacht te hebben. Plan je prijsvraag zorgvuldig zodat je het beste resultaat krijgt.

- **Ken je doelgroep door en door** en weet voor welke prijs ze mee willen doen en begrijp ook wat ze ervoor over willen hebben om die prijs te winnen. Stem daar je prijsvraag op af. Maak de drempel in ieder geval niet te hoog voor ze, want dan zal je niet veel mensen krijgen die aan je prijsvraag mee gaan doen. Het moet in één klap duidelijk zijn wat men moet doen om die mooie prijs te winnen.

- **De prijs is enorm belangrijk als je een prijsvraag maakt.** Dat is tenslotte de trigger voor iemand om mee te doen. Denk goed na over wat je weggeeft. Geef in ieder geval iets weg wat bij je merk hoort. Denk daarom goed na of de prijs ook bijdraagt aan het groter maken van je brand, en het aantal volgers van je Instagram-account zal laten groeien. Dat is ook iets om rekening mee te houden.

- **Maak een compleet plan van A tot Z hoe je deze prijsvraag opzet en afhandelt.** Zorg dat je alles klaar hebt staan voor het complete verloop van de prijsvraag. Houd je het bij één post of besteed je er meerdere berichten aan? Hoe lang laat je de prijsvraag lopen? Wanneer en wie gaat er intern de prijswinnaar trekken en wie zorgt ervoor dat de winnaar de prijs krijgt? Wat doe je met de uitreiking van de prijs, maak je daar nog een media-moment van of stuur je het gewoon op per post? Mijn ervaring is dat het succes van prijsvragen niet alleen afhankelijk is van de prijs en van wat je ervoor moet doen, maar ook in het bewijs dat er daadwerkelijk een winnaar uitkomt.

  En vergeet niet om te checken of je prijsvraag wettelijk wel mag. Er zijn bepaalde regels waar prijsvragen aan moeten voldoen. Check dit bij je juridisch adviseur voordat je je prijsvraag live zet. Op de website van de Kamer van Koophandel staat een interessant overzicht voor je klaar: https://ondernemersplein.kvk.nl/kansspel-of-loterij-organiseren/

  Al deze bovenstaande vragen dien je vooraf goed en helder beantwoord te hebben om een positief verloop van je prijsvraag te garanderen.

- **Zorg voor duidelijkheid en stel voorwaarden op.** Om problemen te voorkomen is het verstandig om voorwaarden op te stellen voor je prijsvraag. Stel daarin duidelijk wat de prijsvraag is, wat de prijs is, hoe lang deze loopt en hoe de prijswinnaar wordt bepaald. Duidelijke en transparante communicatie hierover voorkomt eventueel later gesteggel en gedoe over wie nou gewonnen heeft en wat deze persoon krijgt.

- **Vergeet de promotie niet.** Een enkel bericht op Instagram kan voldoende zijn, maar hoe maak je een prijsvraag groter? Kruisbestuiving met je Facebookpagina en daar een post over de prijsvraag plaatsen is een goed idee. Vermeld je actie ook in je nieuwsbrief en op je website. Een paar Tweets eruit sturen dat je een prijsvraag op Instagram doet zal zeker ook helpen als je een Twitter-account hebt. Misschien zelfs (micro)influencers inschakelen om je prijsvraag onder de aandacht te brengen?

- Als je budget hebt, dan is de mogelijkheid om je prijsvraagbericht te boosten via betaalde advertenties ook een fantastische manier om van deze prijsvraag een knaller te maken. Doe er alles aan om je prijsvraag een succes te laten worden en zorg dus dat je promotie tiptop in orde is. Je kunt het altijd groter maken dan je denkt.

- **Stel jezelf ook doelen per prijsvraag.** Wanneer is een prijsvraag succesvol? Bij welke hoeveelheid deelnemers? Met hoeveel volgers wil je dat je Instagram-account groeit door deze prijsvraag?

Neem alle stappen goed door en ga aan de slag met prijsvragen. Bekijk de statistieken na elke prijsvraag en trek daar lering uit en verbeter jezelf continue met deze leuke en vooral interessante mogelijkheid om je volgers te laten groeien.

Gebruik de prijsvraag met mate. Op prijsvragen komen veel mensen af die gek zijn op gratis spullen en verder niets met je merk te maken willen hebben. Als je daar te veel van krijgt, dan gaat dit op den duur tegen je werken als het gaat om het algoritme van Instagram.

Volg andere Instagram-accounts

A follow for a follow. Je hebt hier vast wel van gehoord. 'Ik volg jou, volg jij dan mij?'. Een aloude manier om meer volgers te krijgen die ook in de beginperiode van Twitter en van Instagram vaak gebruikt werd. En nog steeds werkt. Want je wordt toch nieuwsgierig als je ziet dat je door een ander account wordt gevolgd en je gaat dan toch kijken en, hoogstwaarschijnlijk, terugvolgen als dat profiel je aandacht heeft getrokken.

Ga op zoek naar profielen die passen bij jouw doelgroep en ga ze volgen. Of kijk in de lijst van volgers bij concurrerende profielen en zoek daar de juiste profielen uit en klik op die **Volg** button. Let wel op dat je dit niet met massa's accounts tegelijk doet, want dan ziet Instagram je als spammer en krijg je een block voor je kiezen. Na een week check je welke van de accounts die jij volgt jou terug volgt. Laat die staan. Ontvolg degene die jou niet volgen.

Zeker in het begin van je avonturen op Instagram is deze manier om volgers te krijgen de moeite waard om toe te passen.

Reageer op andere Instagram-accounts

Je kunt altijd op je eigen socialmedia-eiland blijven rondlopen, maar neem ook eens een kijkje buiten jouw omgeving. Want waarom moet iedereen naar jou toe komen als jij niet de moeite neemt om bij een ander te kijken? Zoek als merk de interactie op bij berichten van anderen. Een 'vind-ik-leuk' is snel gegeven en doet al snel heel veel. Maar een opmerking geven bij een ander account heeft een grotere impact dan een 'like'. Zo'n opmerking is zichtbaar voor anderen en kan een mooie aanzet zijn om eens bij jou te gaan kijken.

Reageer bijvoorbeeld op de meest betrokken volgers van jouw merk, want de kans is groot dat bij hen zich potentiële klanten bevinden. Zij zien namelijk ook dat jij reageert, en worden daardoor naar jouw profiel getrokken. Op deze manier groeit het aantal volgers van je profiel snel.

Of reageer op relevante berichten bij concurenten. Doe dit uiteraard altijd positief en niet op een reclame-achtige, spammende manier, want dan werkt het tegen je. Maar je kunt best een reactie geven onder een post van een ander bedrijf. Als je bijvoorbeeld een restaurant runt en een ander restaurant in jouw omgeving plaatst een bericht met een foto van een nieuw fornuis in de keuken, dan is het helemaal niet vreemd als jij ze feliciteert met hun nieuwe aanwinst. Zeker niet als je vrienden bent met de eigenaar of chefkok.

Andere ideeën om bij anderen op te reageren:

- Op berichten van bedrijven met wie je samenwerkt (leveranciers bijvoorbeeld).
- Op berichten van je werknemers, bijvoorbeeld als zij een bericht geplaatst hebben dat ze aan het werk zijn.
- Op berichten van een andere lokale ondernemer.
- Op berichten met nieuws over jouw vakgebied of bedrijfstak.

Maak het reageren op andere accounts ook onderdeel van je socialmedia-strategie. Ruim daar tijd voor in en meet de resultaten ervan. Het belang van interactie is op social media enorm groot. Het *voor wat, hoort wat* principe werkt zeker hierdoor. Je zal zien dat door te liken en te reageren op andere accounts, ze dit ook bij jou gaan doen en je account gaan volgen.

Broadcast live video op Instagram

Spannend! Ja, dat is het zeker! Een live-uitzending maken op welk socialmedia-kanaal dan ook, is superspannend. Of het nu op LinkedIn is, op Facebook óf op Instagram. Maar het is zeker de moeite waard om dit te gaan doen! Doe je dit goed, dan zorgt het voor méér betrokkenheid, méér interactie en zeker méér volgers. Ik heb je al diverse ideeën voorgehouden.

Vraag hulp aan je familie en vrienden

Je familie en vrienden willen je best wel een handje helpen om jouw bedrijf of producten bekend(er) te maken. Vraag aan je broer of beste vriendin of ze een berichtje op hun eigen Instagram-kanaal willen plaatsen waarin ze jou taggen en noemen. En wie weet zit er onder jouw vriendenkring wel een (micro) influencer die jou wil helpen om meer bekendheid te krijgen.

Vragen staat vrij en als het echt goeie vrienden zijn, dan zullen ze vast positief reageren op je verzoek.

Schakel je medewerkers in

Ja, de kans is heel groot dat je werknemers ook een Instagram-account hebben met daaraan gekoppeld een groep volgers. Dat is wellicht een interessante ingang voor jou, om die volgers via je medewerker te benaderen. Vraag vriendelijk aan je personeel of ze regelmatig een positief bericht willen plaatsen op hun eigen privé Instagram-account. **'Employee Advocacy'** heet dat met een mooie marketingterm. Mensen houden van mensen en je neemt eerder iets aan van iemand die je goed kent dan van een bedrijf. Als jouw enthousiaste personeelslid iets op zijn/haar Instagram-account plaatst over jouw bedrijf, dan vergroot jij daar indirect je netwerk en bereik mee. Probeer daarom je medewerkers te enthousiasmeren om dit te doen en maak van hen echte merkambassadeurs.

Adverteer op Instagram

Het advertentieplatform van Instagram werkt fantastisch, en dus mag in de lijst met opties om meer volgers te krijgen het adverteren natuurlijk niet ontbreken. Maak jaarlijks budget vrij om puur en alleen meer volgers te krijgen en zet regelmatig advertentiecampagnes op. Target jouw specifieke doelgroep met doelgerichte advertenties en het aantal volgers zal snel groeien. Al met een paar euro budget bereik je duizenden potentiële nieuwe volgers. Uiteraard heb je ervoor gezorgd dat je profiel en je content prima in orde zijn, anders is het weggegooid geld.

Je hebt nu aardig wat tools gekregen waarmee je aan de slag kan gaan om meer volgers te krijgen. Vergis je niet: dit doe je niet eenmalig, het is een proces waarmee je elke dag bezig bent. Je wilt namelijk niet dat je heel veel moeite steekt in het krijgen van volgers en dat ze dan vervolgens weer weglopen omdat je vergeet ze te blijven boeien met je content. Het binnenhalen van nieuwe volgers is een moeilijk proces, het behouden van volgers is waarschijnlijk nog moeilijker. Maar maak dit tot één van je top prioriteiten.

Checklist na hoofdstuk 14

Na het doornemen van dit hoofdstuk:

- ☐ Weet je hoe je meer volgers aantrekt;
- ☐ Heb je onderzocht hoe je jouw Instagram-berichten op je website krijgt;
- ☐ Ben je op zoek gegaan naar influencers om samenwerkingen mee op te zetten;
- ☐ Heb je een leuke challenge bedacht voor jouw doelgroep;
- ☐ Heb je een prijsvraag bedacht en opgezet;
- ☐ Ben je andere Instagram-accounts gaan volgen;
- ☐ Heb je reacties achtergelaten bij andere accounts;
- ☐ Heb je familie, vrienden en medewerkers ingeschakeld om verder te groeien;

15. Hoe krijg je (meer) interactie?

Interactie is één van de zes pijlers waar volgens Instagram het algoritme van hun platform op is gebaseerd. Het plaatsen van reacties onder berichten is voor Instagram een goede indicatie dat de berichten interessant zijn én dat er blijkbaar een goede relatie tussen gebruikers onderling is. Als er een gesprek tot stand komt ziet Instagram dat als waardevol en beloond daarom de berichten van jouw Instagram-account. Goede content is dus het sleutelwoord en vanuit die goede content komt interactie. Je ziet echter op Instagram dat de meeste gebruikers een like geven en dan door-scrollen. Dus hoe krijg je nu interactie? Hoe beweeg je je volgers ertoe om meer te reageren op jouw berichten?

Start een gesprek met je volgers

De makkelijkste manier om interactie te krijgen met je volgers is om ook daadwerkelijk het gesprek met ze aan te gaan. Post een bericht met een actuele vraag erin over jouw product of dienst. Denk bijvoorbeeld aan tijdstippen waarop personen jouw product gebruiken:

- Jaargetijde
- Feestdagen
- Bepaalde dag (weekend bijvoorbeeld)
- Bepaalde tijd op een dag (ontbijt, lunch of diner bijvoorbeeld)

Het Italiaans restaurant in het volgende voorbeeld weet dat zijn klanten op vrijdagavond trek hebben in pizza. Dan is het op een vrijdagmiddag een perfect moment om de interactie aan te gaan en op het 'hongergevoel' van zijn klanten in te spelen. Door het bericht zo te maken dat het een reactie uitlokt, heeft hij meer kans dat zijn volgers gaan reageren en ook vrienden gaan taggen, wat het bereik natuurlijk ten goede komt.

Een andere eenvoudige maar ook leerzame manier om interactie te krijgen met je volgers is, het geven van een keuze. Als je je volgers laat kiezen tussen bijvoorbeeld twee opties, dan is de kans aannemelijk dat ze dat ook doen. De meeste mensen vinden het leuk als je hen om een mening vraagt en op deze manier zullen ze dat ook snel doen.

Plaats een afbeelding met daarin twee opties en vraag heel simpel welke ze moeten kiezen: links of rechts? Gerecht A of gerecht B? Kleur A of kleur B? Versie 1 of versie 2? Bedenk zelf welke keuzes jij je volgers voor zou kunnen leggen. Denk dan heel simpel aan bijvoorbeeld:

- Keuze uit twee verschillende producten
- Keuze van één product in verschillende uitvoeringen

Zoals in het volgende voorbeeld waar de restauranteigenaar een keuze geeft tussen twee verschillende producten, in dit geval pizza's:

Het zou natuurlijk niet slim zijn om niets met de resultaten van je vraag te doen. Leer van de mening van je volgers en gebruik deze in je bedrijfsvoering. Als de meeste volgers kiezen voor de

Pizza Margherita, dan moet je je als eigenaar van het restaurant achter je oren krabben en je afvragen of de Pizza Speciale wel zo speciaal is?

Een bericht plaatsen met daarin de volgers de keuze geven welk product zij het beste vinden, is dus ontzettend leerzaam en kan soms ingrijpende gevolgen hebben voor je bedrijf. Maar wel eentje die ingegeven wordt door jouw klanten. Gebruik deze optie dus regelmatig, al is het alleen maar om sommige dingen te toetsen bij je volgers. Zie het als een mini-enquête. Je kunt er zelfs een vast item van maken in je contentstrategie. Elke week 'De keuze van...'

Een stelling voorleggen bij je volgers is een volgende manier om interactie uit te lokken. Het is tevens een geweldige manier om interactie tússen je volgers onderling te creëren. Je geeft hen immers de keuze om vrij te antwoorden op je vraag. Mijn ervaring is dat vanuit hier vaak ontzettend mooie gesprekken en discussies onder je bericht komen, waaruit ik weer inspiratie haal voor nieuwe berichten.

Zorg ervoor dat de stelling positief geformuleerd is en dat deze zelf geen argument bevat. De stelling mag verder niet innerlijk tegenstrijdig zijn en moet volledig duidelijk zijn. Lekker kort en krachtig.

Als ik bovenstaande voorbeelden verder zou analyseren dan kom ik bijvoorbeeld op de volgende stellingen voor een pizzeria:

- Vrijdagavond is de beste avond voor pizza.
- De pizza Margherita is de allerlekkerste pizza.

Bedenk voor jezelf welke stellingen op jouw bedrijf of organisatie van toepassing zijn. Zorg ervoor dat deze stellingen ook bepaalde leermomenten bevatten voor jou. Zomaar een stelling plaatsen heeft geen zin. Het gaat er juist om dat je leert van de antwoorden én de discussies die daar op volgen.

Reageren op reacties

Ik zie veel socialmedia-managers en vooral marketeers die denken dat het plaatsten van een bericht het eindpunt is van hun werk. Dat is echter niet zo. Want onder jouw berichten komen reacties van jouw volgers. Deze nemen de moeite te reageren op jouw bericht, dan is het niet meer dan vanzelfsprekend dat jij ook antwoord teruggeeft. Dit is het sociale aspect van social media.

Ga het gesprek dus aan met je volgers als zij reageren. Als je goede content plaatst, dan krijg je die reacties van zelf. Reageer en betrek je volgers in dit gesprek. Als jij actief meedoet aan deze gesprekken, dan krijg je vanzelf ook weer nieuwe reacties en vliegt het bereik van je bericht omhoog.

Denk maar eens aan een geanimeerd gesprek wanneer je in een restaurant zit met een groepje vrienden en bekenden. Als er een stilte valt, dan slaat het gesprek dood en is er geen interactie meer aan tafel. Maar wanneer je het gesprek gaande houdt door leuke vragen en antwoorden heen en weer, dan krijg je die positieve energie en willen meer mensen meedoen aan het gesprek. Door te reageren op opmerkingen onder jouw post laat je de menselijke kant zien van je bedrijf.

Besef dus dat na het plaatsen van een bericht op Instagram je werk nog niet over is. Maak ruimte in je agenda om te reageren en zorg voor een goede workflow. Vooral de eerste uren na het plaatsen van een bericht is ontzettend belangrijk. Het algoritme van Instagram vindt die periode waardevol. Actualiteit is één van de pijlers, naast interactie. Het snel reageren op reacties zorgt ervoor dat jouw post elke keer een push omhoog krijgt en Instagram jouw bericht steeds meer waarde toekent, waardoor je bereik groter en groter wordt.

Dus, wat ga je voortaan doen als je een bericht hebt geplaatst:

- **Loop alle opmerkingen door.** Zijn er opmerkingen bij waarbij je dringend actie moet ondernemen, zoals een reactie van een ontevreden klant. Of een reactie die niet door de beugel kan (scheldwoorden).

- **Geef (bijna) elke opmerking een like.** Deze stap hoort standaard in je werkzaamheden. Alleen al door deze makkelijke handeling te doen zien jouw volgers dat je hun reacties ziet en dat je betrokken bent. Een 'like' zorgt voor erkenning en zorgt ervoor dat je volger een kleine dopamine-shot (gelukshormoon) krijgt. Je zal zien dat je volgers vaker reageren als jij hun reacties liket.

- **Probeer op (bijna) elke opmerking te reageren.** Hiermee laat je je menselijke kant zien van je bedrijf. Je volgers doen de moeite om te reageren en hopen op een reactie terug. Laat weten wat je van de reactie vindt. Misschien moet je een probleem oplossen van deze volger en kun je hem/haar verder helpen. Of heb je misschien een bedankje, een wedervraag of een aardige opmerking voor deze volger?

- **Reageer als mens.** Dit wordt zo vaak vergeten. Ik zie vaak voorgekauwde corporate boodschappen op Instagram geplaatst worden. Dat werkt niet. Mensen doen zaken met mensen, niet met bedrijven. Reageer daarom altijd als mens zijnde. Reageer zoals je in het 'echte' leven ook zou doen. Wees sociaal. De term social media zegt het al.

Maak dit een vast onderdeel van je werkzaamheden. Zeker het eerste uur nadat je een bericht geplaatst hebt is het cruciaal om die conversatie op gang te helpen én te houden. Niet alleen je volgers waarderen dit, maar het algoritme van Instagram vindt dit ook fantastisch. Loop je berichten dan ook enkele malen per week even langs om te kijken of er nieuwe reacties bij zijn gekomen en reageer daar weer op. Zo hou je je post ook langer 'levend'.

Mentions en Tags

Wanneer je iemand of een merk tagt op Instagram, krijgen ze een melding en worden ze meteen naar je post geleid. Dit betekent dat ze veel sneller geneigd zullen zijn om je foto te liken of er commentaar op te geven - en zo je betrokkenheid te vergroten. Een ideale manier dus om de eerste aandacht te trekken van iemand met wie je samenwerkt.

Een 'mention' gebruik je als je over iemand wilt praten, terwijl je een tag gebruikt als je wilt zeggen dat je met iemand was. Taggen doe je in je foto of je video, terwijl je iemand noemt (mention) in de begeleidende tekst of in een reactie die je plaatst. De mensen die je in een foto of filmpje tagt, zijn zichtbaar voor iedereen die de foto of video kan bekijken. Dit geldt ook voor een mention. De mention is echter direct zichtbaar voor iedereen. Om de tags te zien moet je eerst even de foto of video aanklikken voordat je deze te zien krijgt. Dat is tegelijkertijd een nadeel van iemand taggen, want niet iedereen doet dat. Ik merk aan mijzelf dat ik dat zelden doe. Jij?

Echter zit er een bijzonder positief verschil tussen een tag en een mention: als je iemand tagt dan komt dat in een apart tabblad te staan op het profiel van degene die je tagt.

Klik op **het icoontje met het poppetje** op iemands profiel en je krijgt dan alle Instagram-berichten te zien waar deze persoon getagt is. Als jouw bedrijf getagt wordt door een ander account, dan komt dat dus op een apart tabblad terecht op jouw profiel en dat is natuurlijk super om te krijgen! Want het zijn allemaal foto's van mensen die wat met jouw product aan het doen zijn, met jouw merk bezig zijn en dat posten op hun eigen kanaal. Doordat ze jou taggen eindigt hun materiaal op jouw profiel. Gratis promotie door de gebruiker van producten of diensten van jouw bedrijf! Dat is te gek natuurlijk!

Andersom werkt dat natuurlijk net zo. Als jij iemand tagt op jouw foto, dan komt jouw foto in het aparte tabblad terecht op die persoons profiel. Jouw post (en dus jouw merk) krijgt daardoor nog meer zichtbaarheid.

Er is nog een ander verschil tussen een mention en een tag: mensen die je tagt, krijgen een aparte melding. Accounts die je in je tekst noemt krijgen een melding te zien in hun activiteitenoverzicht, maar dit overzicht toont alleen de 100 meest recente meldingen, dus als jij een druk account hebt, dan kun je deze over het hoofd zien.

Er is een limiet gesteld aan het aantal accounts dat je kunt taggen of noemen:

- **Taggen:** Maximaal 20 accounts per bericht.
- **Mentions:** Maximaal 10 per bericht.

Ga niet in het wilde weg iemand taggen in je post omdat je hun aandacht wilt trekken. Ik zie dat helaas vaak genoeg gebeuren op Instagram. Het wekt irritatie op bij accounts die je zonder reden tagt en werkt op den duur averechts. Tag alleen accounts die ook daadwerkelijk iets met je bericht te maken hebben.

Hoe plaats je een mention of een tag?

Een mention plaatsen is vrij simpel. Als je in je bericht iemand wilt noemen, dan typ je gewoon het apenstaartje (@) en Instagram geeft al direct suggesties. Typ achter het **@-teken** de naam van het account, en dat is alles.

Het taggen van een account in je bericht gaat nét even anders. Onder het bericht dat je aan het schrijven bent, zie je de button **Personen taggen.** Klik daarop en je wordt naar een volgend scherm gebracht. Daar klik je **op de foto** om een Instagram account te taggen.

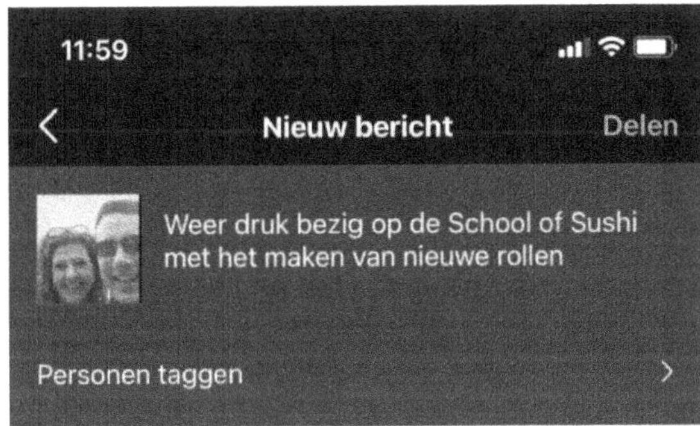

Als je op de foto of video klikt, dan opent er een scherm waar jij het desbetreffende account kunt opzoeken. Wil je meerdere accounts taggen? Klik dan weer op je afbeelding of filmpje en selecteer het volgende account.

Heb je iedereen getagt? Klik dan rechtsboven op **Klaar** en je wordt weer teruggebracht naar je bericht waar je achter **Personen taggen** het aantal personen ziet dat je in je bericht getagt hebt. Ga nu verder om je bericht te plaatsen.

Mentions en tags helpen je dus om meer exposure en meer bereik te krijgen. Pas dit dan ook regelmatig toe in je berichten, zowel in je feed als in je Stories (via de tag Sticker). Maar gebruik alleen een tag of mention wanneer iemand daadwerkelijk iets met je post te maken heeft, anders word je al snel als spammerig gezien. Accounts kunnen hun tag eruit laten halen en als je dat vaak gebeurt, dan neemt Instagram maatregelen tegen je, wat je natuurlijk niet wilt.

Checklist na hoofdstuk 15

Na het doornemen van dit hoofdstuk:

- ☐ Weet je hoe je meer interactie krijgt;
- ☐ Is reageren en liken een vast onderdeel van je strategie geworden;
- ☐ Weet je wat mentions en tags zijn;

16. Tag je locatie

We hebben de gewone tags al gehad, we hebben de hashtags doorgelopen, maar er is nog een derde soort tagging mogelijk op Insta en dat is de locatietag (ook wel 'geotag' genoemd). Als je op zoek bent naar meer bereik en betrokkenheid op Instagram, en zijn we dat niet allemaal, dan is het gebruik maken van deze functie zeker de moeite waard. Waarom het altijd een goed idee is om ze toe te voegen aan je berichten ga ik je in dit hoofdstuk uitleggen.

Wat zijn nou locatietags? Met locatietags heb je de mogelijkheid om je locatie toe te voegen aan je bericht, bijvoorbeeld de locatie van je bedrijf of de locatie waar je een evenement organiseert of de locatie van een partnerbedrijf met wie jij samenwerkt. Deze tag is ontzettend handig en interessant voor lokale ondernemers, het mkb óf als je meer volgers wilt aantrekken die zich op dezelfde locatie, of in dezelfde omgeving bevinden als jij. Verder is de 'location tag' een handige tool om toeristen te trekken als je werkzaam bent in horeca of toerisme. Niet alleen ontdekken ze jouw merk op Instagram omdat jij fantastische content hebt geplaatst met de juiste hashtags, maar ze zien door die locatietag ook in één klap waar jij met je bedrijf zit! Win-win!

De optie om een locatie toe te voegen vind je vlak voor je een bericht gaat plaatsen. Daar zie je de optie staan en je krijgt gelijk al een aantal voorstellen van plaatsen te zien. Dit zijn de plaatsen waar jij op dat moment het dichtst bij bent.

Staat jouw locatie er niet tussen? Klik dan op **Locatie toevoegen** dat je naar een volgend scherm brengt.

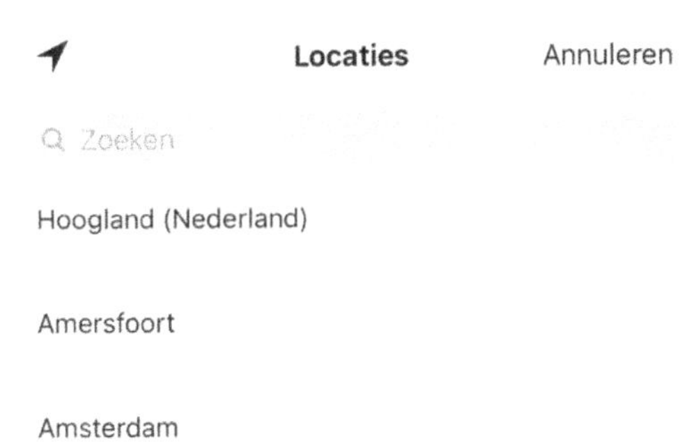

Staat jouw locatie niet tussen de voorgestelde keuzes? Gebruik dan de zoekbalk om jouw locatie te vinden. Zodra je begint te typen komt, als het goed is, jouw locatie naar boven zoals in dit voorbeeld.

Selecteer je locatie naar keuze en je ziet dat deze gelijk verschijnt in je opmaakscherm waar je je bericht verder af kunt maken. Neem het taggen van je locatie standaard mee als je een nieuw bericht maakt voor in je feed.

Als je eenmaal je bericht hebt geplaatst, dan verschijnt deze in je bericht onder je gebruikersnaam. En nu komt gelijk de reden waarom het een goed idee is om je locatietag toe te voegen aan je berichten in je tijdslijn. Als je namelijk op een locatietag klikt, dan kom je in een nieuw scherm terecht waar je alle berichten ziet staan die met dezelfde locatietag zijn getagt. Men kan dus alle andere berichten bekijken die op die locatie zijn geüpload.

Locatietag (ook wel 'Geotag' genoemd)

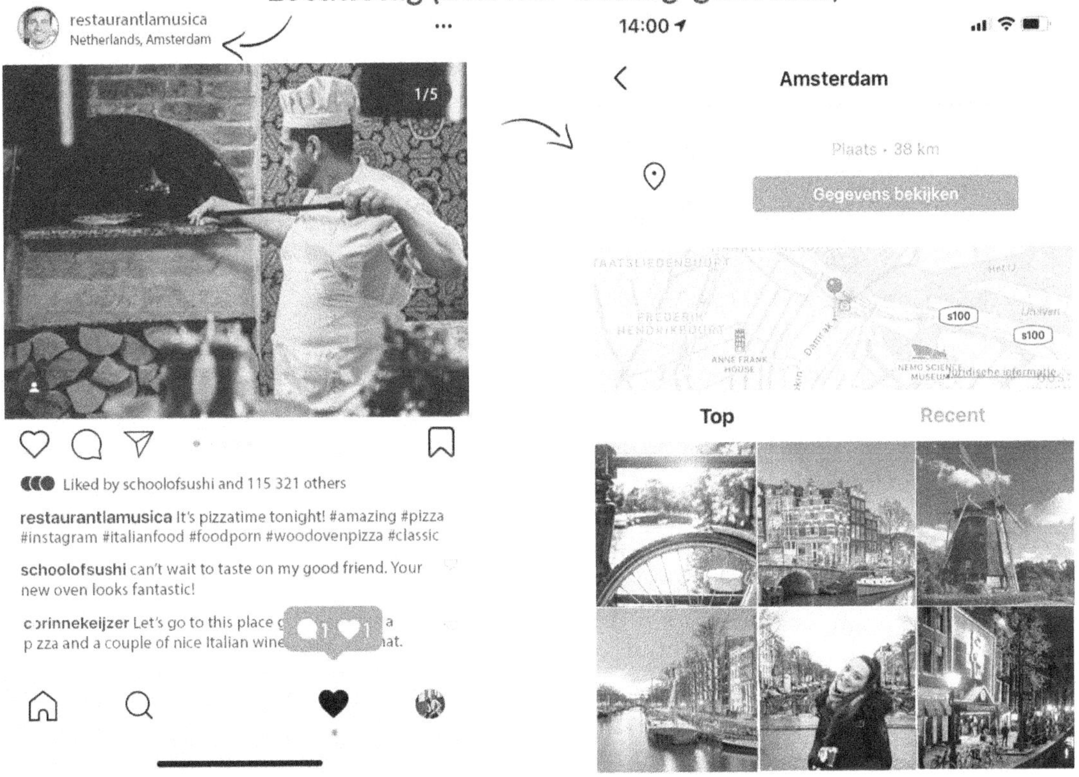

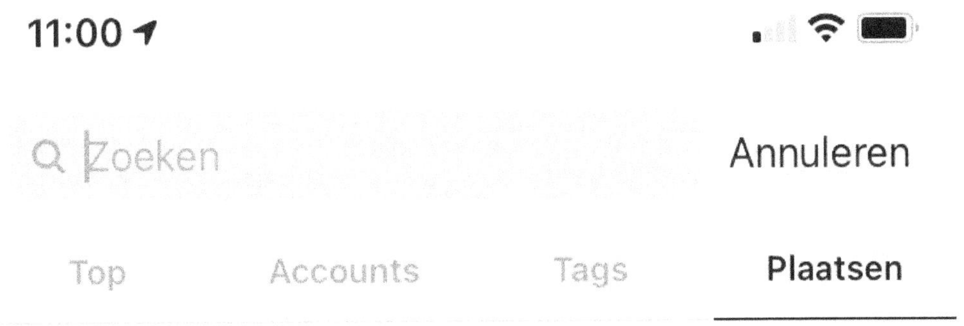

De voordelen om als bedrijf een eigen locatietag te gebruiken zijn duidelijk:

- **Je vergroot je bereik:** Je hebt meer kans om gevonden te worden door je doelgroep, omdat je in het locatie-overzicht terecht komt. Op Instagram zoek je niet alleen op accounts of op hashtags, maar je kunt ook zoeken op plaatsen.

- **Het zet je bedrijf op de kaart:** De socialmedia-kaart in het locatie-overzicht wel te verstaan ☺, en men ziet jouw tag terugkomen in het lijstje met locatietags. Wanneer mensen op Instagram zoeken naar leuke dingen om te doen of interessante plaatsen om naartoe te gaan in een bepaalde omgeving, dan bestaat de kans dat jouw bedrijf naar boven komt, samen met alle foto's en video's die zowel door jezelf als door je klanten die jouw locatietag hebben gebruikt. Gebruik je geen locatietag, dan mis je deze kans volledig!

- **Extra exposure, content én contactmoment:** Als andere accounts jouw locatietag gebruiken, dan krijg je vanzelf een soort *User Generated Content* dat jij weer kunt delen én waarmee jij contact kan maken.

Dat laatste leg ik nog even uit. Niet alleen jij hebt de mogelijkheid om je eigen locatietag onder een bericht te plaatsen, maar ook andere Instagrammers kunnen hier gebruik van maken. En dat is precies wat jij wilt! Als anderen jouw bedrijf bezoeken en deze als locatietag toevoegen bij hun posts op hun eigen Insta-tijdslijn ('inchecken'), dan komt jouw locatie in zicht bij de volgers van die persoon. Met als gevolg free exposure voor jouw merk! Moedig dus gebruikers aan om jouw locatietag te gebruiken als ze iets over je posten op Instagram.

En jij kunt al die posts zelf ook volgen door regelmatig te kijken wie er allemaal ingecheckt heeft op jouw locatietag. Het is natuurlijk superleuk om op jouw beurt die weer te delen óf contact te zoeken met die gebruikers. Volg ze, reageer op hun posts en ga actief de relatie aan met deze mensen. Ze kennen je merk of bedrijf al, dit is de kans om hen te leren kennen (en van ze te leren).

Reden genoeg dus om die ene kleine handeling te doen bij het maken van je berichten. Kleine moeite die ontzettend veel resultaat oplevert voor je Instagram-kanaal én voor je merk!

Maak je eigen locatietag

En nu wil jij natuurlijk een eigen locatietag voor jouw bedrijf om bij je Insta-berichten te plaatsen. Heel goed! Je begrijpt écht dat het belangrijk is! Als je nog geen aangepaste locatietag voor je bedrijf hebt dan moet je een aantal handelingen nalopen om deze te maken en toe te voegen. Je zou verwachten dat dit een optie binnen Instagram is, maar helaas, dat is het niet. Je moet daarvoor naar Facebook, naar je eigen bedrijfspagina om precies te zijn. Instagram (dat onderdeel is van Facebook, zoals je weet) gebruikt de locatietags die in Facebook worden opgesteld.

Ga naar je bedrijfspagina op Facebook en klik op **Info** en daarna op **Locatie invoeren**.
Als je deze optie niet hebt, dan staat daar als het goed is je adres al. Top, dan heb jij je locatietag al ingevoerd en kun je deze al op Insta gebruiken.

ALGEMEEN

mensen volgen dit

School · Restaurant · Sushirestaurant

Locatie invoeren

Staat er nog **Locatie invoeren**? Klik daar dan op en vul je gegevens in op het volgende scherm.

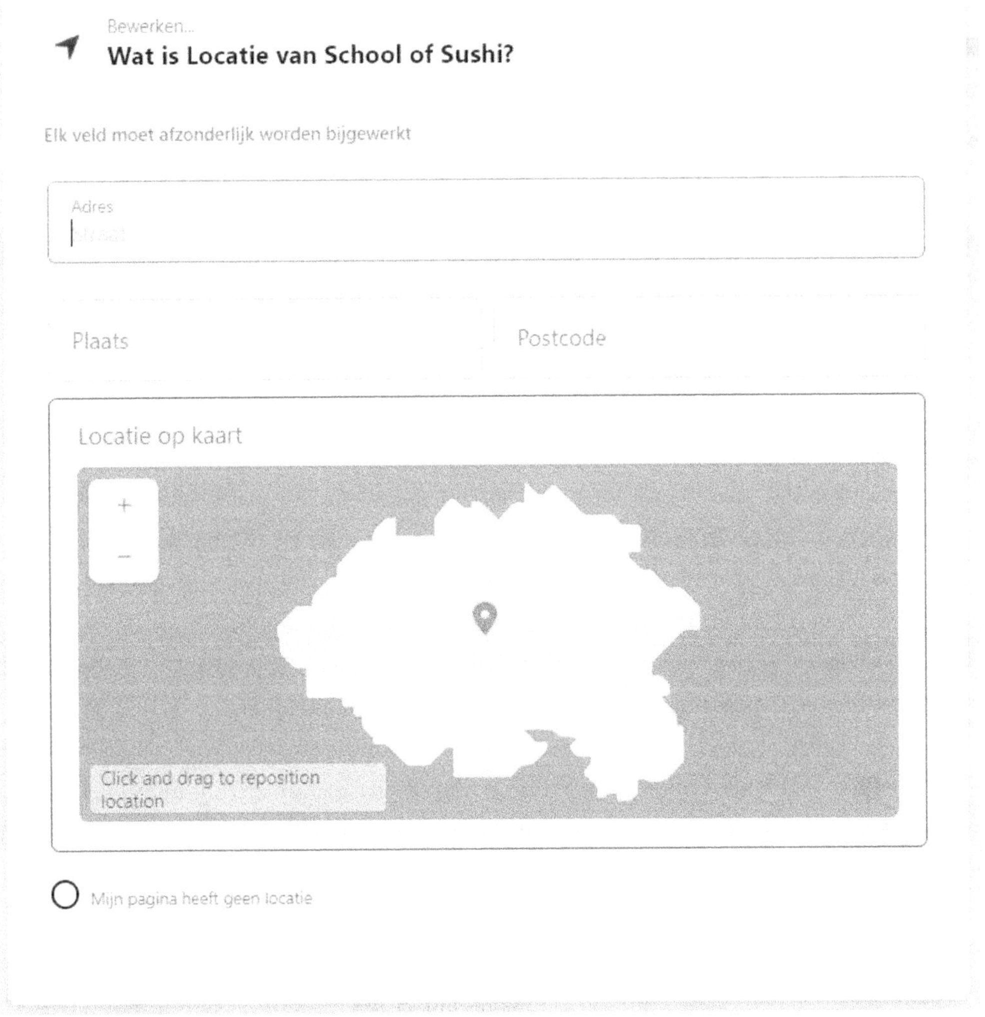

Bewerken...
Wat is Locatie van School of Sushi?

Elk veld moet afzonderlijk worden bijgewerkt

Adres
Straat

Plaats   Postcode

Locatie op kaart

+
–

Click and drag to reposition location

Mijn pagina heeft geen locatie

Jouw locatietag komt dan vanzelf terecht in Instagram.

Er is ook een andere manier om dit te doen, mocht je bijvoorbeeld geen Facebook bedrijfspagina hebben, maar wel een persoonlijk Facebook-account.

Maak een nieuw bericht op Facebook en klik op **Inchecken.** Vul in het zoekveld bovenaan je scherm de naam van jouw locatie. Doe dit netjes en zorgvuldig. Maak hier geen typefout in. Als je eenmaal een locatie hebt aangemaakt is het niet mogelijk om deze te wijzigen.
Als de door jouw gekozen naam al bezet is, probeer dan creatief te zijn en een andere te verzinnen, maar gebruik wel herkenbare trefwoorden voor jouw doelgroep. Heb je bijvoorbeeld een restaurant, zet dat woord dan voor je bedrijfsnaam.

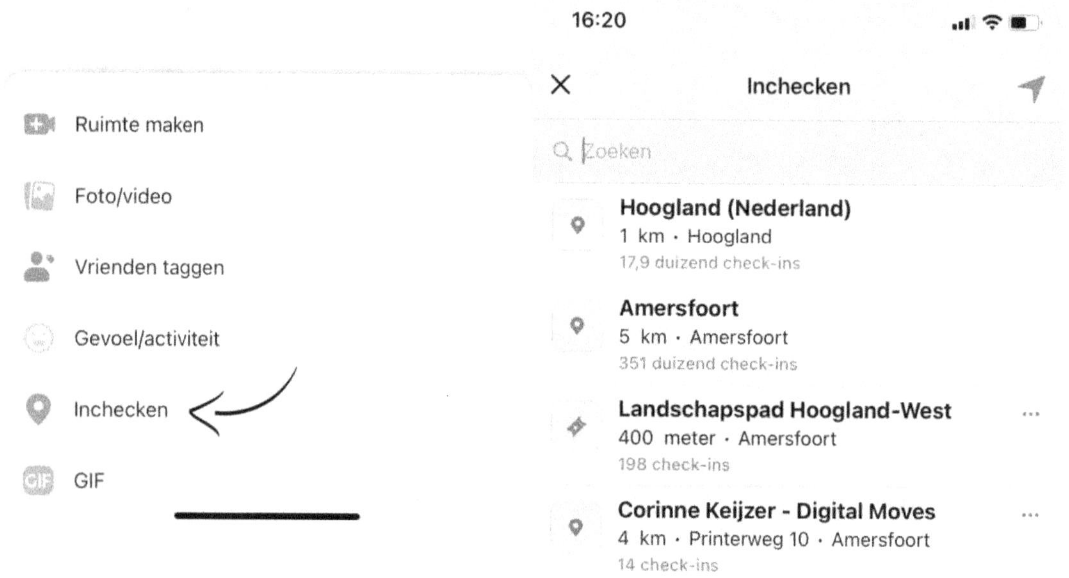

Heb je je naam goed ingevuld? Scrol dan helemaal naar beneden en klik op **Toevoegen.** Je wordt dan naar een volgend scherm verwezen waarbij je je categorie moet invullen. Doe ook dit zorgvuldig. De volgende stap, na het kiezen van een categorie, is het bepalen van de exacte locatie. Ik heb gemerkt dat dit proces het beste werkt als je ook daadwerkelijk fysiek op de plek van je te plaatsen locatie bent. Gek genoeg maakt dat alles net even makkelijker.

Wanneer je alle stappen hebt doorlopen, moet je nog één ding doen om het in werking te stellen, en dat is deze locatie claimen. Typ de naam van de locatie die je net hebt ingevoerd in de zoekbalk van Facebook en selecteer de bijbehorende pagina van de plaats. Klik daarna op **Is dit uw bedrijf?** onder de omslagfoto en claim de pagina. Wanneer je nu een foto of een video op Instagram gaat plaatsen, zou jouw nieuw gemaakte locatie beschikbaar moeten zijn om te taggen. Is dat nog niet het geval? Maak dan eerst een post op Facebook met je nieuw gemaakte locatietag. Ik heb gemerkt dat dit nog weleens wil helpen als je tag niet direct te zien is in Instagram.

Zoals je hebt gemerkt is het nog vrij omslachtig om een locatietag op Instagram te maken en ik hoop dat dit in de toekomst een stuk makkelijker gaat. Desondanks adviseer ik je om dit te doen. Een locatietag is onmisbaar voor jouw bedrijf als je meer bereik en betrokkenheid op Instagram wilt. En je kunt het beter zelf maken voordat iemand anders deze maakt én claimt. Dan kost het je heel veel moeite om deze over te nemen.

Gebruik de locatietag in jouw voordeel

Er is nog een andere manier om de locatietag in jouw voordeel te gebruiken. Ga zelf op zoek op Instagram wat er allemaal in jouw stad of dorp gepost wordt. Zeker als jij een bedrijf hebt wat lokaal gericht is, is dit een fantastische manier om nieuwe mensen (= potentiële nieuwe klanten) te leren kennen. Reageer op verhalen van bedrijven en gebruikers die in jouw omgeving posten. Typ de naam van jouw regio en ga eens kijken wie er enthousiast aan het posten is op Insta. Scrol door de resultaten en kijk welke gebruikers in jouw doelgroep vallen. Ga ze volgen, reageer op hun berichten, ga die connectie aan en maak vrienden. Deze lokale gebruikers kunnen jouw bedrijf wellicht weer een tandje verder helpen.

Deze fantastische manier om nieuwe mensen te leren kennen heb ik vaak gebruikt om evenementen te promoten. Zodra er een (nieuw) feest of festivals in een bepaalde stad werd georganiseerd ging ik samen met een collega (of stagiair) op zoek naar gebruikers uit de regio en zocht ik vooral naar gebruikers die én in de doelgroep vielen én ook veel volgers hadden én veel topcontent plaatsten waar ze veel likes en reacties op kregen. Die moet je zien te vinden! Want die gebruikers waren onze lokale influencers. Met deze mensen wilde ik contact leggen om te zien, te horen en te voelen wat er leefde in de regio en daardoor werd het voor mij makkelijker om tickets voor die events te verkopen. Niet alleen leerde ik veel over wat er speelde in de regio, maar hielpen deze gebruikers mij ook actief aan klanten. Voor een paar vrijkaartjes plaatsten zij een positief bericht op Instagram dat midden in mijn doelgroep terecht kwam. Ik zag de ticketverkoop groeien uit de omgeving als één van hen wat over ons feest plaatste. En de influencers zelf waren blij omdat ze gratis naar binnen mochten. Voor beide partijen een uitstekende samenwerking. En dat is waar het om draait: samenwerken.

Deze strategie werkt ontzettend goed voor elke lokale ondernemer. Zoek die lokale influencers op en ga op den duur een partnerschap aan. **Dat kan jij ook doen!** Met je speciale aanbiedingen, met de lancering van je nieuwe product, met de organisatie van je evenement. Denk lokaal en zoek lokaal naar de bekende gebruikers. Het is niks anders dan vroeger op het schoolplein waar de populairste jongen of meisje van de klas de grootste invloed had op bijvoorbeeld welke merk schoenen er in waren of welke haarstijl trending was. Door social media is die impact alleen vele malen groter. Maak deze manier van vrienden zoeken onderdeel van je socialmedia-strategie en investeer daar in. Wat ik vanuit mijn ervaring mee wil geven is dat wanneer je altijd oprecht en open bent en daadwerkelijk tijd en aandacht investeert in deze (online) vriendschappen dat dit zichzelf enorm uitbetaalt. Je wordt er zelf een beter mens van, je leert nog meer leuke mensen kennen én je bedrijf profiteert hier enorm van!

Checklist na hoofdstuk 16

Na het doornemen van dit hoofdstuk:

- ☐ Weet je wat een locatietag is en waarom je deze in zet;
- ☐ Heb je je eigen locatietag gemaakt;

17. Berichten inplannen

Met de Instagram-app is het alleen mogelijk om direct een post te plaatsen. Je kunt een bericht helaas niet inplannen. Ook niet via de webversie van Instagram. Irritant, want als je op een bepaalde dag en tijdstip een bericht wilt plaatsen, dan moet je daar altijd aan denken. En soms heb je zelf niet eens de mogelijkheid om een bericht te plaatsen.

Het nieuws dat je met de Creator Studio van Facebook nu eindelijk ook Instagram-berichten kunt inplannen is met gejuich ontvangen door social media managers vanuit de hele wereld. Jarenlang was dit onmogelijk tenzij je een betaalde tool als *Later* gebruikte of via de app *Planoly*.

Het niet kunnen inplannen van Instagram-berichten was dan ook de meest gehoorde klacht over dit mooie socialmedia-platform. Je moest een bericht altijd direct plaatsen en dat is op sommige tijdstippen natuurlijk superervelend. Maar gelukkig... er is nu verandering in gekomen.

Sinds de update in 2019 van Creator Studio van Facebook zit nu namelijk de optie om Instagram-berichten die op je feed terechtkomen in te plannen. En dat niet alleen, je kunt ook al je IGTV content via deze tool inplannen. Fijne update nietwaar?

De Facebook Creator Studio

Deze gratis tool van Facebook geeft je als beheerder van één of meerdere Facebookpagina's niet alleen de mogelijkheid om content te plaatsen, maar ook om deze te beheren en alle insights ervan te zien. En nu dus ook van je businessaccount van Instagram. Instagram in Creator Studio is namelijk alleen beschikbaar voor iedereen met een Instagram-bedrijfsprofiel of een Creator-account.

Koppel je Instagram aan Creator Studio (Studio voor makers)

Als je een beheerder bent, dan ga je naar https://business.facebook.com/creatorstudio/. De Creator Studio (in het Nederlands 'Studio voor makers') opent zich. Als het goed is, zie je gelijk al je Facebookpagina's die je beheert staan.

Boven in de balk zie **twee iconen** staan. Eén van Facebook en één van Instagram.

Klik op **het Instagram icoon** om een Instagram-account toe te voegen. Je krijgt dan de volgende opties:

1. Als je een Facebook-pagina beheert die al verbonden is met het Instagram-account dat je wilt gebruiken in Creator Studio, klik dan om verbinding te maken met die pagina.
2. Als je nog geen Facebook-pagina beheert die is verbonden met een Instagram-account, klik dan op **Verbinding maken met Instagram**. Volg vervolgens de instructies om in te loggen op het Instagram-account die je wilt verbinden.
3. Als je een Facebook-pagina beheert die verbonden is met een Instagram-account, maar je wilt een andere Instagram-account gebruiken dat je niet in de lijst ziet, klik dan op **Verbind een andere Instagram-account** en volg de instructies.
4. Als je meerdere Instagram-accounts hebt die al verbonden zijn met je Facebook-pagina of pagina's en je wilt deze beheren in Creator Studio, klik dan op **Doorgaan met verbonden accounts**.

Zodra je je Instagram-account hebt toegevoegd, kun je aan de slag! Of misschien wil je meer Instagram-accounts toevoegen. Klik dan op de button **Instagram-account toevoegen**.

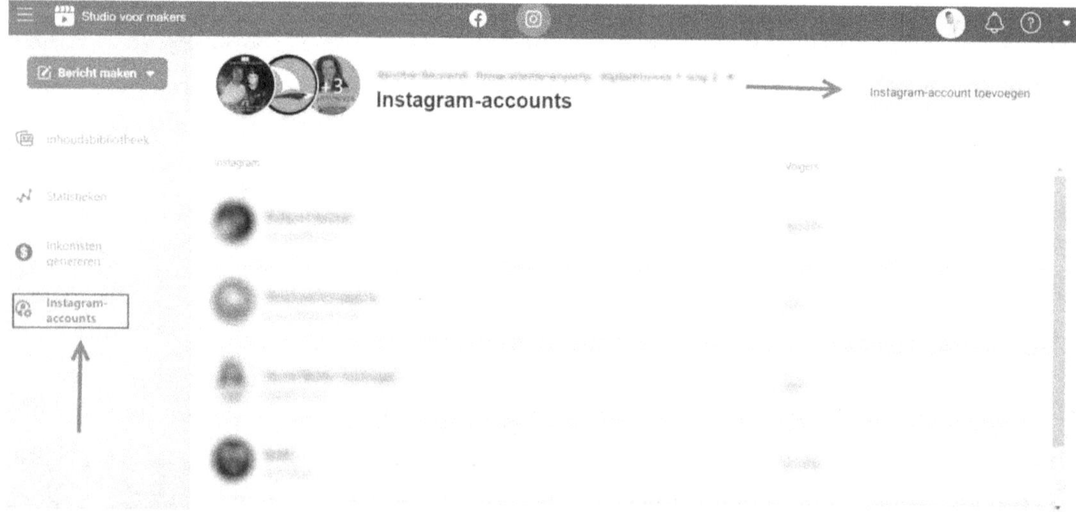

Hoe plan je een bericht op je Instagram-tijdslijn?

Klik bovenaan midden in de balk op **het Instagram icoon**. Daarna klik je links bovenin op **Bericht maken.**

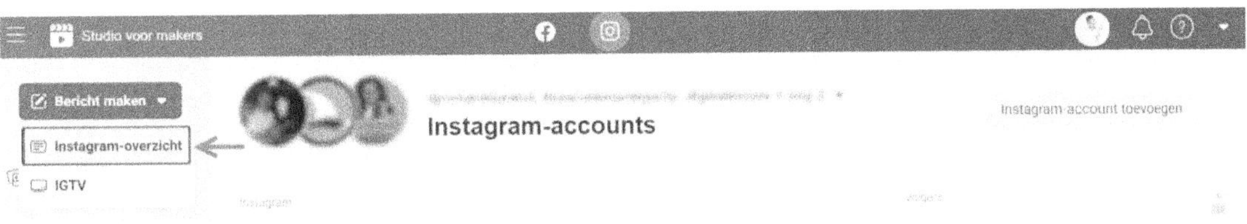

Je krijgt dan de keuze om een bericht te maken voor de Instagram-tijdslijn en voor IGTV. Kies **Instagram-overzicht.**

Een nieuw venster opent zich waar je je content in kunt plaatsen. In het bovenste vak vul je de tekst in die je wilt plaatsen. Wil je emoji's toevoegen? Dat kan. Klik dan op de smiley linksonder in dat zelfde venster en je krijgt het overzicht met alle emoji's te zien.

Een locatie toevoegen doe je in het venster eronder. Begin met typen in het veld en Instagram komt gelijk met een aantal suggesties. Klik degene aan die jij zoekt.

Een foto of video toevoegen doe je in het volgende venster. Klik op **Inhoud toevoegen** en selecteer **Van bestandsupload**. Zoek het bestand op je laptop of desktop. Je krijgt ook de mogelijkheid een bestand van je Facebookpagina te gebruiken. Als je op **Via Facebook-pagina** klikt kom je in een overzicht van je berichten van je pagina. Daar is het alleen mogelijk om afbeeldingen en video's aan te klikken die je hebt geupload. De afbeeldingen die naar voren komen als je een link op Facebook hebt gedeeld, kun je niet selecteren.

In Instagram-overzicht plaatsen

Je bericht

Schrijf je bijschrift...

Resterend: 2200 tekens 30 vermeldingen 30 hashtags

Locatie toevoeg...

⇧

Inhoud toevoegen

Kies de foto's of video's die je wilt plaatsen.

+ Inhoud toevoegen

Op Facebook plaatsen

Corinne Keijzer - Digital Moves   Selecteer één optie

Je kunt je bericht publiceren, plannen of opslaan als concept. Je kunt later meer aan het bericht toevoegen in de Inhoudsbibliotheek.

▤ **Berichtinformatie**

Voeg de benodigde informatie toe om je bericht te maken.

⚙ **Geavanceerde instellingen**

Geavanceerde instellingen voor opmerkingen, merkinhoud en meer.

De Creator Studio geeft je ook de optie om de post gelijk op je Facebookpagina te plaatsen, maar daar ben ik geen voorstander van. Instagram en Facebook zijn twee verschillende platformen met ieder hun eigen 'gebruik'. Op Insta gebruik je bijvoorbeeld veel hashtags die bij Facebook nog niet ingeburgerd zijn.

Aan de rechterkant van het grote venster heb je nog het tabblad **Geavanceerde instellingen**. Daar kun je opmerkingen in- of uitschakelen voor je bericht. Standaard staat deze op 'Aan'. Wil je niet dat je volgers een reactie onder je bericht kunnen plaatsen, dan zet je het schuifje even opzij.

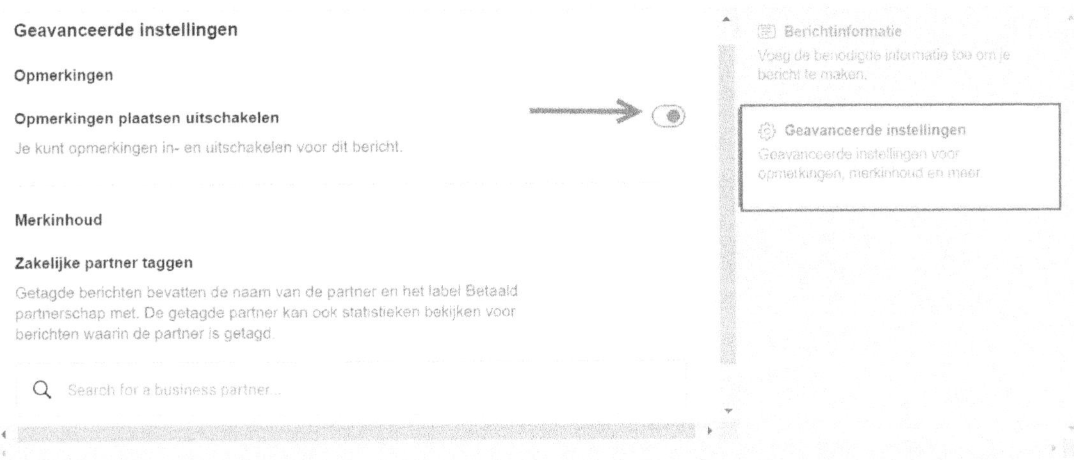

Als je alle content hebt ingevoerd, dan zie je rechts onderin de **Publiceren** button. Dan wordt je bericht direct op Instagram geplaatst. Klik je echter op het pijltje omlaag, dan krijg je de mogelijkheid om het bericht in te plannen. Kies een datum en tijd en klik op **Planning**. Je bericht zal op de door jouw gekozen datum en tijd worden gepubliceerd. *And that's it!*

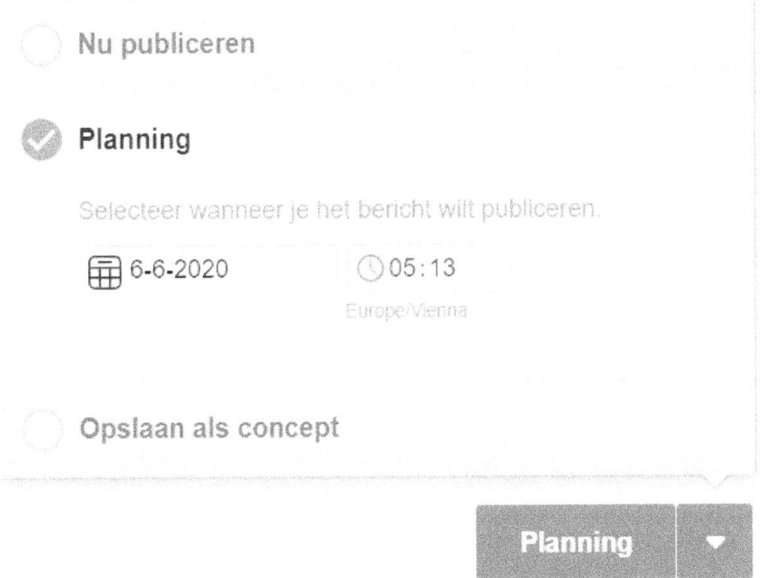

Je kunt nu eindelijk berichten inplannen en daardoor makkelijk ervoor zorgen dat je Instagram-kanaal een continue stroom van berichten laat zien. Mijn advies is dan ook om je contentkalender goed te gebruiken en je Instagram-berichten in te plannen met de Creative Studio. Daar vind je trouwens ook alle statistieken van je berichten. Wel zo handig om die gelijk ook te checken 😊.

Hoe plan je een bericht op je IGTV?

In het Instagram-overzicht klik je op **Bericht maken** en kies je voor IGTV.

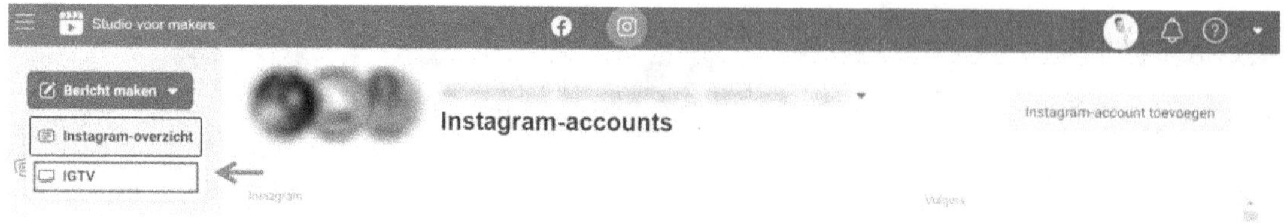

Je komt dan in het volgende venster terecht waarin je je content gaat plaatsen.

Aan de linkerkant upload je je video. Voor IGTV is een beeldverhouding van 9:16 (verticaal) het beste.

Geef je video een passende en aantrekkelijke titel. Denk goed na welke keywords je in de titel plaatst om goed gevonden te worden. Hetzelfde geldt voor de beschrijving die je daaronder invult.

Scrol verder omlaag en dan zie je het vak **Omslagafbeeldingen**. Dit is de allereerste afbeelding die men ziet in het IGTV overzicht. Deze is dus zeer belangrijk. Instagram maakt automatisch screenshots van je geuploade video waaruit je kunt kiezen, of je kunt zelf een afbeelding uploaden.

Omslagafbeeldingen

Verticaal

Aangepaste afbeelding uploaden

Kies waar je bericht moet worden weergegeven

Instagram

✓ Voorbeeld delen in overzicht Meer informatie

Vink het vakje aan als je een voorbeeld van je IGTV video wil delen in je overzicht en je profiel.

Als je verder scrolt krijg je ook hier de optie om tegelijkertijd je video op je Facebookpagina te plaatsen. Ik adviseer je om dit niet te doen. Niet alleen plaats je dan tegelijkertijd dezelfde content op twee verschillende socialmedia-kanalen, maar Facebook is een ander platform dan Instagram met zijn eigen 'gebruik' zoals eerder vermeld.

Je bent nu bijna klaar. Klik op de button **Publiceren** om direct je video op IGTV te zetten of klik op **het pijltje ernaast** om je video in te plannen.

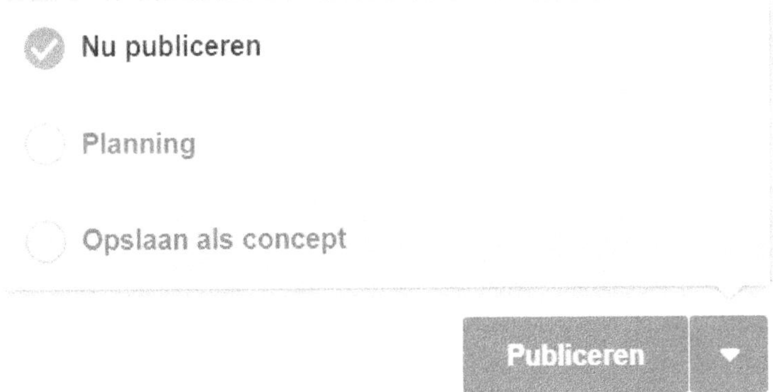

Zo gemakkelijk is het dus om via Facebook Creative Studio (Studio voor makers) berichten in te plannen op je Insta-tijdslijn én op IGTV. Het is te hopen dat er ook een aanvulling komt voor Insta Stories. Dan is deze tool helemaal compleet voor elke socialmedia-manager.

Overzicht van alle ingeplande berichten

Je hebt nu gezien hoe makkelijk het is om Instagram-berichten en IGTV video's in te plannen. Een hele fijne aanvulling van Studio voor makers is dat het ook een helder overzicht geeft van alle ingeplande berichten. Klik links op de **inhoudsbibliotheek** en daarna op **Berichtstatus**. Selecteer **Gepland** en je krijgt een overzicht te zien van al je geplande berichten.

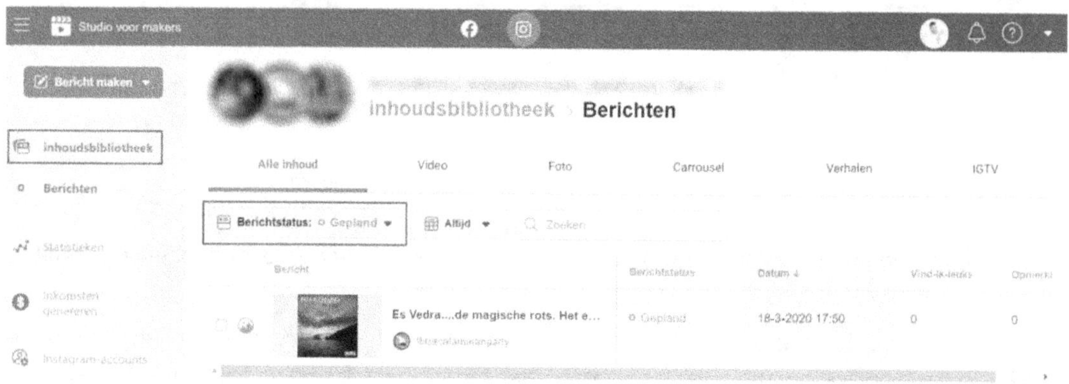

Als je meerdere Instagram-accounts hebt, dan zie je een overzicht van al die accounts. Wil je de ingeplande berichten zien van één specifiek account, klik dan helemaal **bovenaan het pijltje naast de opsomming van je accounts**. Daar selecteer je dan van welk account je de ingeplande berichten wilt zien.

Wil je de tekst van een bericht bewerken? Of een andere foto of video gebruiken? Selecteer dan het desbetreffende bericht en klik op de button **Bewerken**. Je krijgt dan alle velden te zien waar jij je aanpassingen in kunt maken.

Hootsuite

Hootsuite is één van de fijnst werkende 'socialmedia-managementplatforms' waarin je meerdere socialemedia-netwerken kunt beheren. Niet alleen is er een koppeling met Instagram, maar deze is er ook voor Facebook, YouTube, LinkedIn en Twitter. Het handige van Hootsuite is dat je vanuit één punt al je socialmedia-kanalen beheert en dat dit in één dashboard gegoten is.

Vanuit Hootsuite plan je je berichten in, je leest je statistieken uit en monitor je alles wat erover jouw bedrijf geschreven wordt. Een echt 'Zwitsers zakmes' dus dat er niet alleen voor zorgt dat je socialmedia-activiteiten gestroomlijnd worden, maar dat je ook meer inzicht krijgt in de resultaten ervan.

Inmiddels heeft Hootsuite al meer dan 16 miljoen gebruikers over de hele wereld. Het zijn vooral bedrijven, marketing en socialmedia-bureaus die hiermee werken. Zeker als je met meerdere mensen in een socialmedia-team werkt, is Hootsuite een aanrader om te gebruiken. Grote bedrijven als Sony, Panasonic, het Wereld Natuurfonds en de Virgin Group gebruiken Hootsuite. Zelf raad ik dit platform ook altijd aan bij bedrijven.

Hootsuite heeft een gratis basis starterspakket dat je kunt gebruiken, waar je drie verschillende socialmedia-kanalen aan kunt koppelen. Wil je meer mogelijkheden? Kies dan voor één van de drie betaalde pakketten of vraag een custom-made offerte aan via https://www.hootsuite.com.

Koppel Instagram aan Hootsuite

Het koppelen van een socialmedia-kanaal is ontzettend eenvoudig binnen Hootsuite. Klik op **je profiel** en kies **Social networks and teams**.

Klik daarna op de knop **+ Private Network** om je Instagram-kanaal toe te voegen. **Let op: Je kunt alleen met een Instagram Bedrijfsaccount (Business account) werken in Hootsuite.**

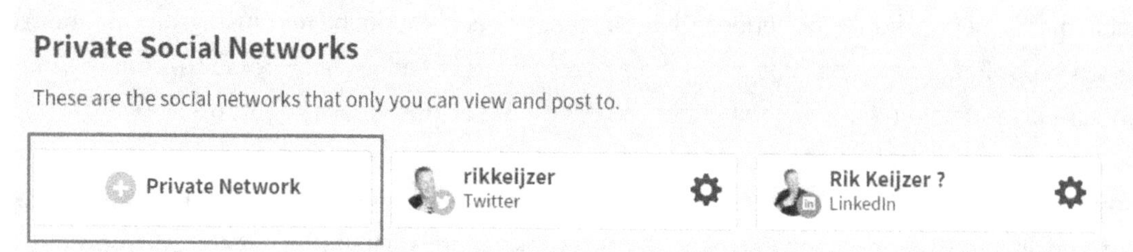

Verbind daarna je Instagram-account met Hootsuite. Om Hootsuite toegang te geven tot je account, moet je eerst toestemming geven. Zorg ervoor dat je wel al ingelogd bent op het juiste Instagram-account. Anders wordt het verkeerde account toegevoegd.

Klik op de button **Verbind met Instagram** om toegang te geven.

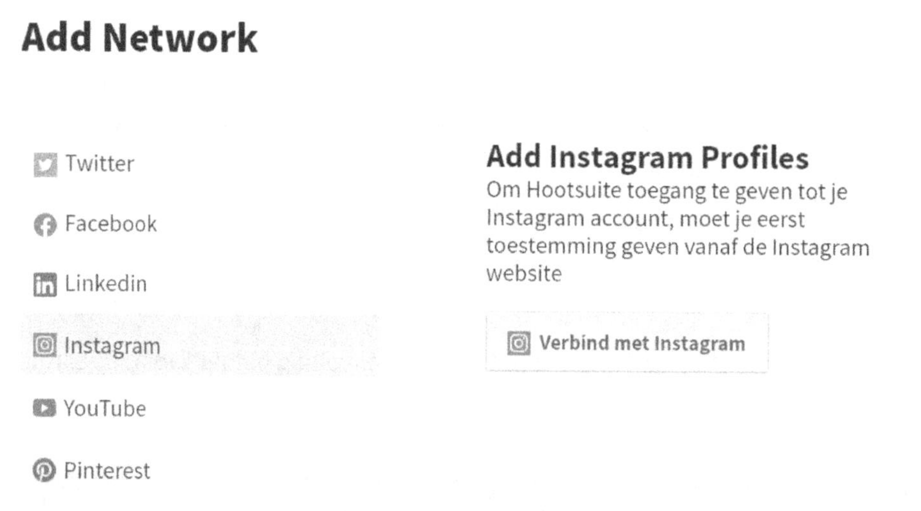

Klik in het volgende scherm op **Toestaan.** Er wordt nu gevraagd om bij Facebook in te loggen om te bevestigen dat je bent gekoppeld aan een pagina. Volg die stappen en je Instagram-bedrijfsaccount wordt gekoppeld aan Hootsuite. Je ziet deze nu staan onder **Private social accounts.** Alles is nu gereed om via Hootsuite berichten te plaatsen op Instagram.

Hoe plan je een bericht in via Hootsuite

Het inplannen van je Instagram-berichten via Hootsuite is eenvoudig. Klik bovenaan op **het icoontje van een nieuw bericht** en klik vervolgens op **Bericht**.

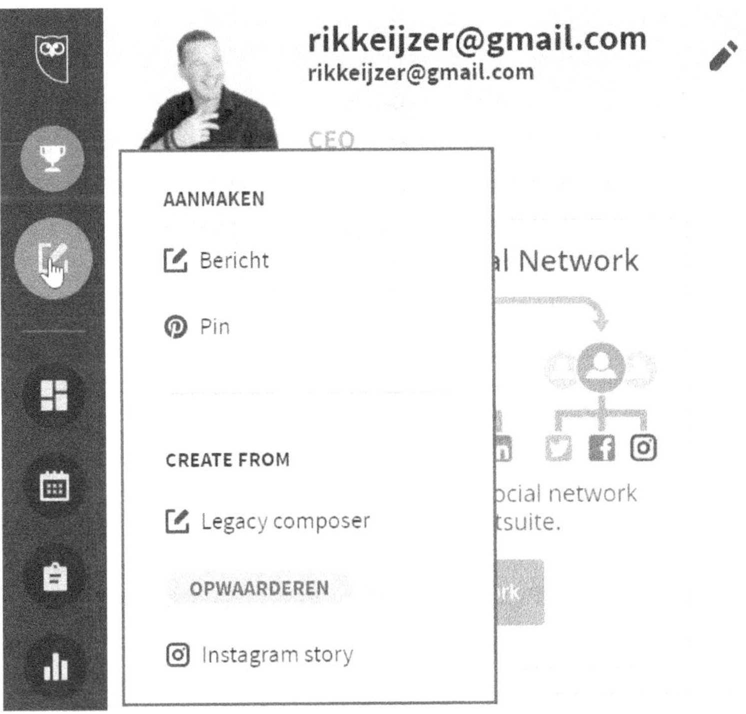

Je krijgt nu een venster te zien waar je het juiste account moet selecteren. Klik bovenaan op **het dropdown menu** bij **Select a social account**. Selecteer daar het Instagram-account dat je wilt gebruiken voor je bericht.

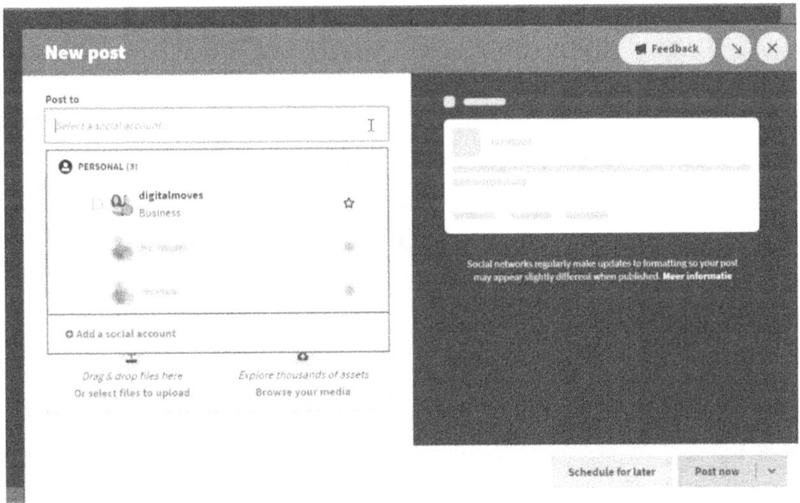

Vul nu de tekst in die je bij je post wilt plaatsen. Hootsuite geeft je 2200 tekens om je beschrijving te maken. Ben je klaar met je tekst? Dan is het tijd om één of meerdere afbeeldingen toe te voegen. Je kunt dus vanuit Hootsuite ook een Carrousel-post maken als je meerdere foto's uploadt. Voeg deze toe via het Media gedeelte. Drag & drop je bestanden of selecteer deze om ze up te loaden. Let goed op wat voor foto's je wilt uploaden. Een afbeelding mag namelijk maximaal 5 MB zijn. Op dezelfde manier voeg je video toe.

Ben je klaar met je tekst en je media? Klik dan op de button **Post now** om ze direct te publiceren. Of klik op de button **Schedule for later**. Dan krijg je een kalender te zien waar je datum en tijd kunt selecteren. Klik op **Klaar** als je dat gedaan hebt. Je ziet nu de button veranderen in de datum die je gekozen hebt en dat de button **Post now** is veranderd in **Inplannen**. Klik daarop en je bericht wordt ingepland.

Zo makkelijk is het dus om met Hootsuite een bericht in te plannen. Een aanrader om deze tool eens goed te bekijken.

Wat is de beste tijd om te posten?

Eén van de meest gestelde vragen over Instagram is de vraag wat de beste dag én het beste tijdstip is waarop je een bericht plaatst. Deze vraag is niet zo snel en makkelijk te beantwoorden. Er zijn namelijk diverse factoren die bepalen wanneer een bericht op Instagram het beste aanslaat. De allerbelangrijkste factor is je eigen publiek. Ieder bedrijf, organisatie of instelling heeft zijn eigen doelgroep met zijn eigen kenmerken. Het is dus noodzakelijk om duidelijk te bepalen wie jouw doelgroep is. Dit kan zelfs per bericht verschillen. Het ene bericht wil je bijvoorbeeld naar doelgroep A sturen, een ander bericht naar doelgroep B.

Stap 1: bepaal je doelgroep en analyseer deze

De eerste stap is om je doelgroep te bepalen en om alle informatie over jouw doelgroep te verzamelen en deze te analyseren. Stel je daarbij de volgende vragen: Wanneer is mijn doelgroep online? Wanneer hebben ze tijd om hun smartphone te pakken en om op Instagram te kijken?

Is dat bijvoorbeeld in de ochtend tijdens het ontbijt? Of is jouw doelgroep meer online tijdens of vlak na de lunch of het avondeten? Of is dat een heel ander moment van de dag?

Bedenk goed hoeveel tijd ze op bepaalde momenten hebben. Hebben ze tijd om te reageren en interactie met je aan te gaan en eventueel een product te kopen of een website te bezoeken? Of is het even vluchtig een 'like' geven.

Grondige analyse van het online gedrag van jouw specifieke doelgroep is daarom verstandig om te doen ter voorbereiding van je Instagram activiteiten.

Stap 2: bekijk de statistieken van Instagram, je andere socialmedia-kanalen én je website!

Om meer te weten te komen over het online gedrag van je doelgroep is het bekijken van je statistieken een vereiste. Instagram geeft gelukkig inzicht in hoe jouw doelgroep zich gedraagt.

Bekijk je Instagram-statistieken door naar je account te gaan en rechtsboven **op de drie streepjes** te klikken. Selecteer daarna **Statistieken** en je ziet daar de activiteit van je account.

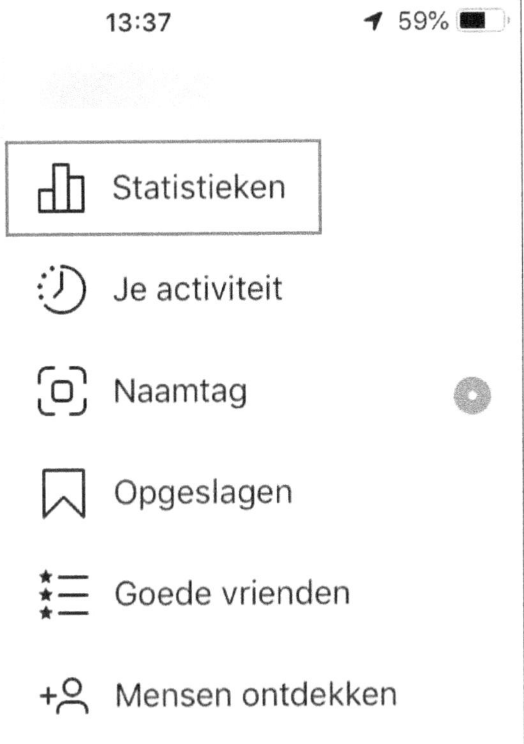

Selecteer daarna **Doelgroep** en scrol naar beneden. Daar zie je de eerste informatie over je volgers verschijnen. Je ziet niet alleen de leeftijden en het geslacht, maar vooral de gemiddelde tijden dat je volgers op Instagram zijn. Instagram geeft je daar twee opties om te bekijken.

De eerste optie is het tijdstip waarop je volgers Instagram gemiddeld gebruiken. Bekijk dit per dag om een accuraat beeld te krijgen. Wat voor een doordeweekse dag geldt, hoeft bijvoorbeeld niet te gelden voor een weekend.

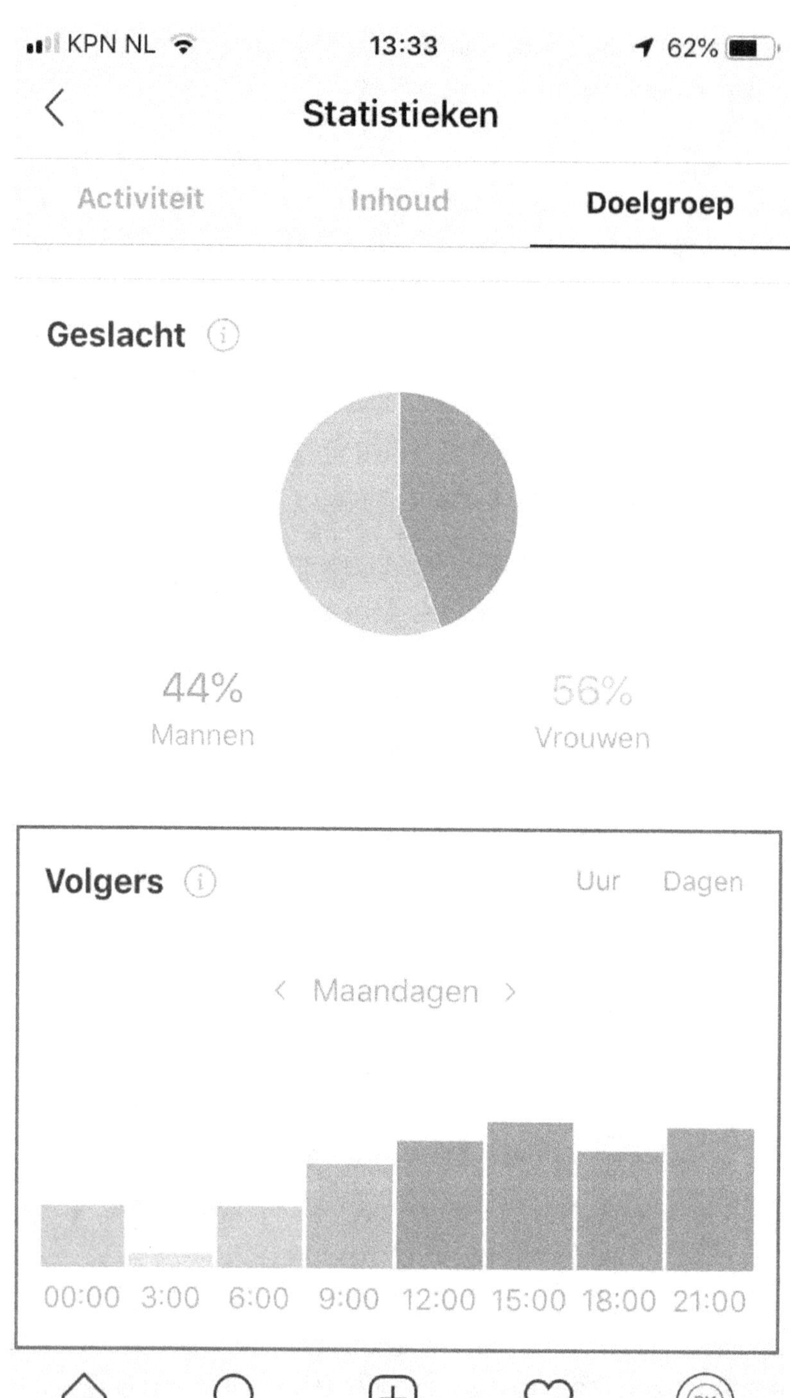

De tweede optie is de dag waarop je volgers het meest actief zijn. Verstandig om deze goed te bekijken en juist jouw belangrijke berichten op de dag te plaatsen waar de meeste van jouw volgers aanwezig zijn. Kleine moeite om te checken, maar met heel veel waarde.

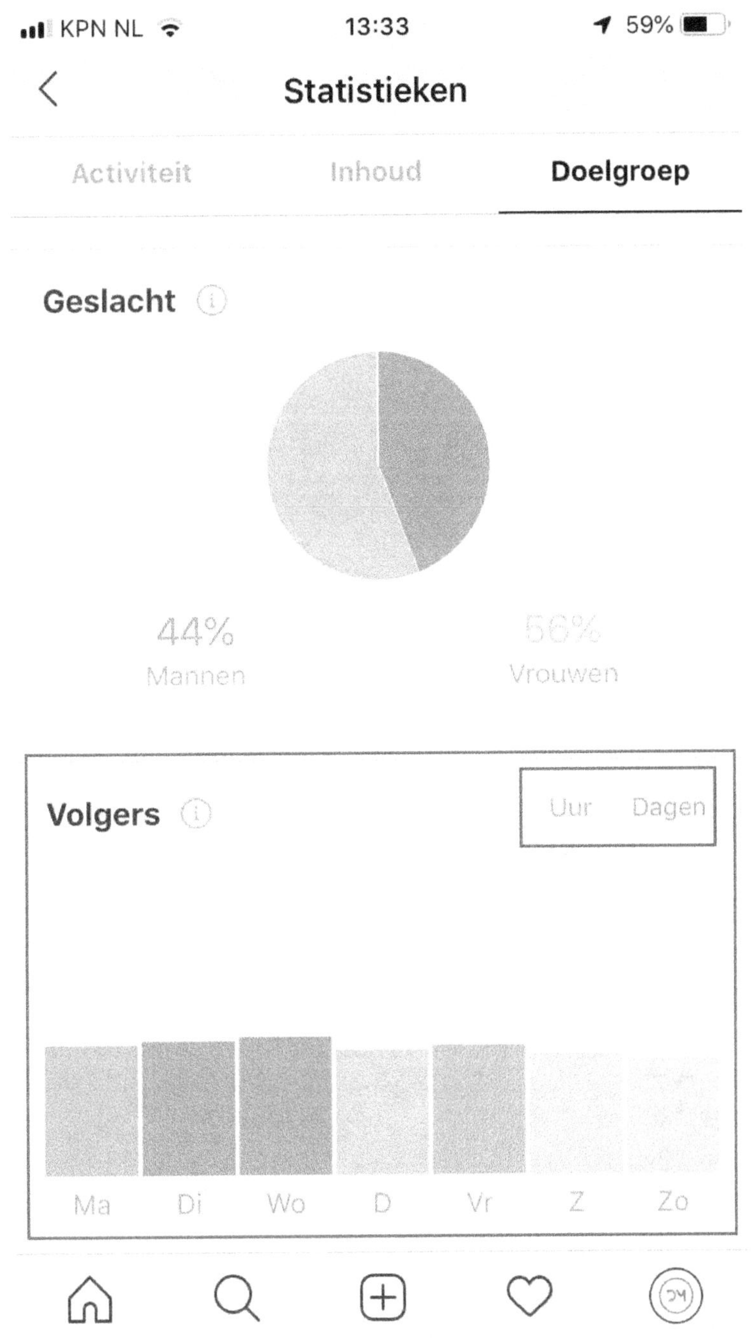

Gebruik de statistieken van je Facebookpagina

Het loont ook de moeite om de statistieken te checken van je Facebookpagina (indien je deze hebt). Deze zijn uitgebreider dan die van Instagram en geven je ook een schat aan informatie. Gebruik deze om meer succes te halen met je Instagram-account.

Ga naar je Facebookpagina en klik bovenaan op **Statistieken.** Klik daarna in de linkerkolom op **Berichten** en je ziet in één oogopslag de dagen én de tijden waarop jouw likers het meeste actief zijn. Super waardevol voor je socialmedia-activiteiten!

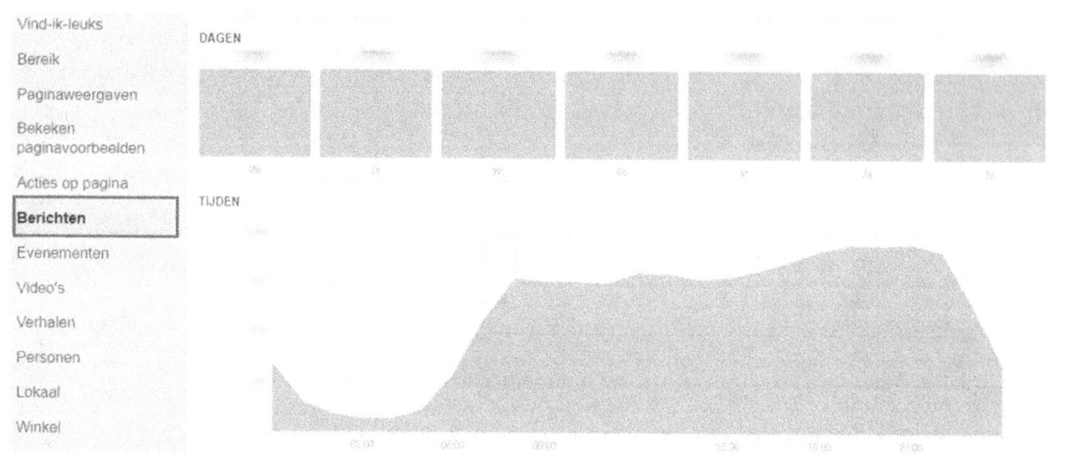

Gebruik de statistieken van je website

Een ander handig hulpmiddel die je daarvoor gebruikt zijn de statistieken van je website. Daar haal je enorm waardevolle informatie vandaan. Google Analytics is een digitale schatkist die enorm vol waardevolle informatie bevat die in jouw voordeel werkt als je deze gebruikt in jouw Instagram-strategie.

Zo geeft Google Analytics de trend aan op welk uur van de dag jouw website wordt bezocht. Verstandig om deze te gebruiken voor je socialmedia-berichten.

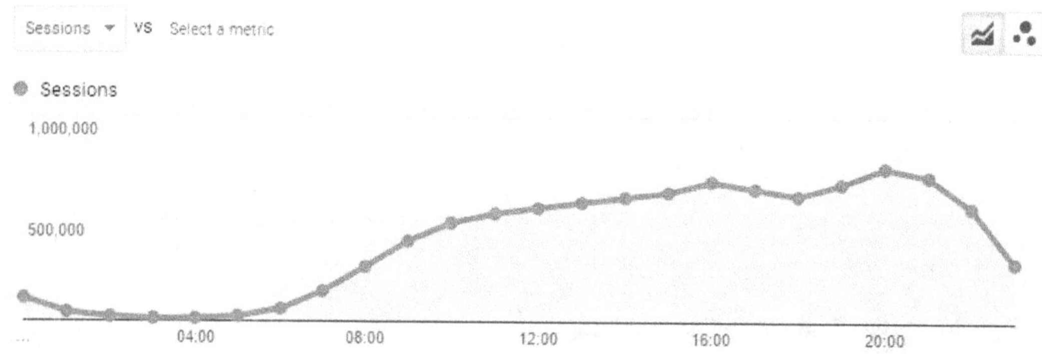

Stap 3: bepaal de doelstelling van je bericht

Elk bericht heeft een eigen doelstelling. Wil je gewoon mensen op de hoogte houden van wat je bedrijf aan het doen is? Wil je meer 'awareness' creëren voor je product of merk? Of wil je juist dat je doelgroep jouw product gaat kopen op het moment dat ze jouw bericht zien?

Zo heeft elk bericht dus zijn eigen doelstelling en daar is ook een tijdstip aan verbonden. Bekijk in je statistieken goed wanneer je klanten een product bij jou online kopen. Dat is een goede indicatie om aan de slag te gaan met een bericht wat voor conversie moet zorgen.

Stap 4: plaats berichten en houd alle statistieken bij

Heb je de vorige stappen doorlopen en heb je genoeg informatie verzameld? Dan is het tijd om in actie te komen. Begin met het plaatsen van berichten en houd de statistieken daarvan bij. Immers: *social media is learning by doing!* Als je het zelf niet in de praktijk uitprobeert, dan kom je er nooit achter.

Bekijk wekelijks de scores van je Instagram posts. Hoe is je bereik? Hoe is je interactie? Krijg je veel likes? Varieer de tijdstippen van je berichten en op den duur kom je erachter welke post op welk tijdstip het meeste effect heeft.

Het heeft echter wel tijd nodig om iets zinnigs te zeggen over je statistieken. Dit vereist tijd en veel berichten die geanalyseerd dienen te worden.

Gebruik van speciale tools

Gelukkig zijn er ook handige tools op de markt die jou helpen bij het vinden van het juiste tijdstip en dag om te posten op Instagram. Coosto en Later zijn bijvoorbeeld twee bekende software-oplossingen die jou daarbij helpen.

Deze tools hebben al een analyse gemaakt van hun huidige gebruikers en hebben de resultaten daarvan al gedeeld op het internet. Ze zijn een mooi startpunt om te beginnen met jouw Instagram-strategie. Neem ze niet klakkeloos over en gebruik vooral je eigen data en statistieken. Maar zie het als een middel om je op weg te helpen.

Het gemiddelde in Nederland

Het Nederlandse bedrijf Coosto heeft meer dan 10 miljoen openbare Nederlandstalige posts en reacties onder de loep genomen. Zij zagen dat op Instagram vooral de woensdag als beste dag beschouwd kan worden wat betreft de interactie met een Instagram-bericht. De vrijdag kwam kort daarachter op de tweede plek.

Het uur met de meeste interactie was gemiddeld genomen 's avonds om 20:00 uur gevolgd door 19:00 en 21:00 uur. De beste tijd om te posten is om 10:00 en om 22:00 uur, zo zagen zij in hun resultaten. Maar dat is het gemiddelde. Test en houd alles bij en je komt erachter op welk tijdstip jouw doelgroep aanwezig is en zich met jouw content wil bezig houden. Meten is weten...

Checklist na hoofdstuk 17

Na het doornemen van dit hoofdstuk:

- ☐ Weet je hoe je berichten inplant;
- ☐ Heb je je Instagram-account gekoppeld aan Facebook Creator Studio;
- ☐ Of heb je je Instagram-account gekoppeld aan Hootsuite;
- ☐ Heb je onderzocht wat voor jouw bedrijf de beste dag en tijd is om te posten;
- ☐ Heb je berichten ingepland;

18. Meten is weten – jouw statistieken

Mijn vader was jarenlang werkzaam in de bouw als timmerman. Alles wat hij wilde maken startte met een tekening waarop alle afmetingen in detail waren weergegeven. Ik zie hem nog staan met zijn meetlat om te kijken of hij daadwerkelijk alle maten correct had. *'Meten is weten, jongen!'*, zei hij altijd tegen mij. En die zin gebruik ik zelf ook nog elke dag. Meten is weten. Zonder statistieken weet je niet of je het goed doet op social media. Je weet niet of je video aanslaat, je weet niet of je foto leuk wordt gevonden, je weet niet of je meer omzet krijgt door social media, je weet helemaal niets als je niet je statistieken bekijkt.

Ik check daarom altijd hoe de berichten het doen. Niet alleen hoeveel likes ik krijg, maar vooral wat het bereik is van een bericht en hoeveel reacties ik krijg. Doen mijn volgers wat met mijn bericht? Gaan ze de interactie aan? Hoe lang bekijken ze mijn video? Allemaal belangrijke factoren die ik bekijk om ervoor te zorgen dat de content die ik maak elke keer beter wordt.

Om maar even een voorbeeld te nemen. Stel dat je elke week een video plaatst op IGTV, waarin je heel veel tijd, heel veel moeite én heel veel geld in stopt. Dan wil je toch weten of de energie (en budget) die je in deze video's steekt de moeite waard is. Zo ja, dan is dat geweldig. Zo nee, waarom werkt het dan niet? Post je de video op de verkeerde dag of de verkeerde tijd? Zijn de video's te lang? Of vindt je doelgroep jouw video's niet leuk? Dat zijn vragen die je met goed onderzoek beantwoord krijgt om vervolgens betere video's te maken. Al doende leert men.

Belangrijke factoren om te meten zijn:

- Aantal volgers
- Aantal likes
- Het bereik van je bericht
- Aantal opmerkingen
- Gemiddeld kijkpercentage (bij video)

Ook de demografische gegevens vind ik bijzonder interessant om te bekijken. Ziet de juiste doelgroep mijn berichten? Of juist niet? Daarom meet ik altijd:

- Locatie
- Leeftijdscategorie
- Geslacht
- Tijdstip

Het is zo belangrijk om je statistieken in de gaten te houden en om voor jezelf doelstellingen daar in te stellen. Met welk percentage wil je je Instagram-kanaal laten groeien per maand? Hoeveel likes moet een bericht hebben om 'succesvol' te zijn? Stel voor jouw bedrijf de juiste doelstellingen op en streef ernaar om die te halen of om het beter te doen.

Zorg dat je minimaal één keer in de week de statistieken doorloopt en trek daaruit je conclusies. Ik kan niet genoeg benadrukken hoe belangrijk dit is.

'Meten is weten!' Houd daarom je statistieken bij en analyseer deze elke week met elkaar. Bepaal wat er goed ging en waar de verbeterpunten liggen. Alleen dan weet je of de gekozen strategie werkt, of dat moet je bijsturen.

Statistieken via Facebook Creator Studio

De statistieken van Instagram zelf vind ik persoonlijk wat lastig te lezen op een smartphone. Gelukkig zijn deze statistieken nu ook terug te vinden in de Facebook Creator Studio (Studio voor Makers). Deze vind ik overzichtelijker en makkelijker te gebruiken. Klik op de **Inhoudsbibliotheek** waar je al je gepubliceerde posts ziet staan. Per bericht zie je dan al de 'Vind-ik-leuks' (de likes) en het aantal opmerkingen staan. Als je op een bepaald bericht klikt, dan opent er zich een nieuw scherm met veel meer interessante informatie. Je vindt daar:

- Het aantal likes
- Het aantal reacties
- Hoeveel acties er uitgevoerd zijn vanuit het bericht
- Hoeveel accounts je hebt bereikt
- Het percentage accounts dat je bereikt hebt maar die jou nog niet volgen
- Het aantal weergaven (wat daaronder wordt verdeeld naar waar men vandaan komt)

Berichtprestaties

♡ 684   💬 22   🔖 3

Interacties

30

Acties uitgevoerd vanuit dit bericht

Profielbezoeken	**30**

Ontdekking

7.141

Bereikte accounts

7% volgden je niet

Volgers	--
Bereik	**7.141**
Weergaven	**7.255**
Via startpagina	6.688
Via Ontdekken	542
Via profiel	9
Via ander kanaal	16

Ontzettend interessante statistieken die een goede indicatie geven over de kwaliteit van je berichten. Deze statistieken vind je ook in de app van Instagram. Ga naar een bepaalde post van je en klik op **Statistieken bekijken**. Je krijgt dan onderaan de standaard statistieken te zien. Maar deze kun je omhoog swipen en dan kom je in hetzelfde overzicht terecht als welke je hierboven ziet.

Maar je hebt meer statistieken die ontzettend belangrijk zijn, namelijk die van je hele Instagram-account. Je vindt deze statistieken aan de linkerkant van je scherm.

Je hebt, net als in de app, de keuze uit **Activiteit** en **Doelgroep**. Ook hier is het helaas alleen maar mogelijk om de activiteit van de laatste 7 dagen te zien, en niet meer.

Het eerste wat je ziet zijn het aantal acties uitgevoerd in je account.

Acties uitgevoerd in je account

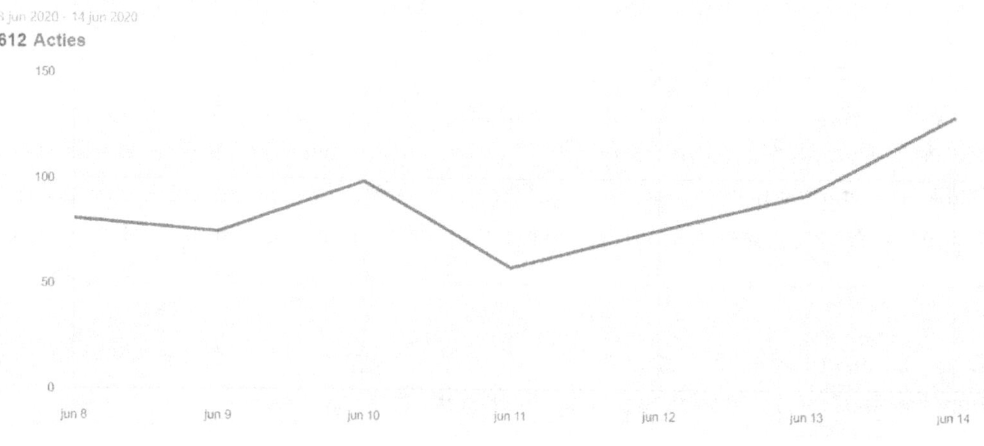

Daaronder vind je een mooie lijndiagram met het aantal unieke accounts dat één of meerdere van je berichten heeft bekeken.

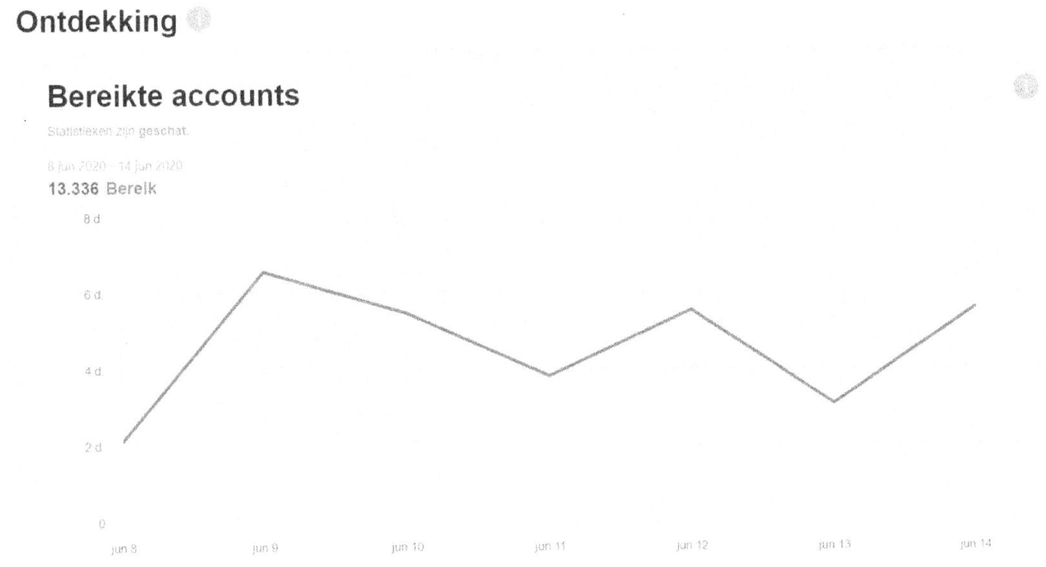

Als laatste zie je het aantal keer dat je berichten zijn bekeken in die 7 dagen bij het kopje **Weergaven.**

Als je links op **Doelgroep** klikt, dan krijg je het overzicht te zien van je doelgroepsactiviteit van de laatste 7 dagen, net als in de app. Het grote verschil is dat deze diagrammen duidelijker zijn dan die op de app. Zo staan leeftijd en geslacht naast elkaar zodat je goed het verschil kunt zien tussen beiden.

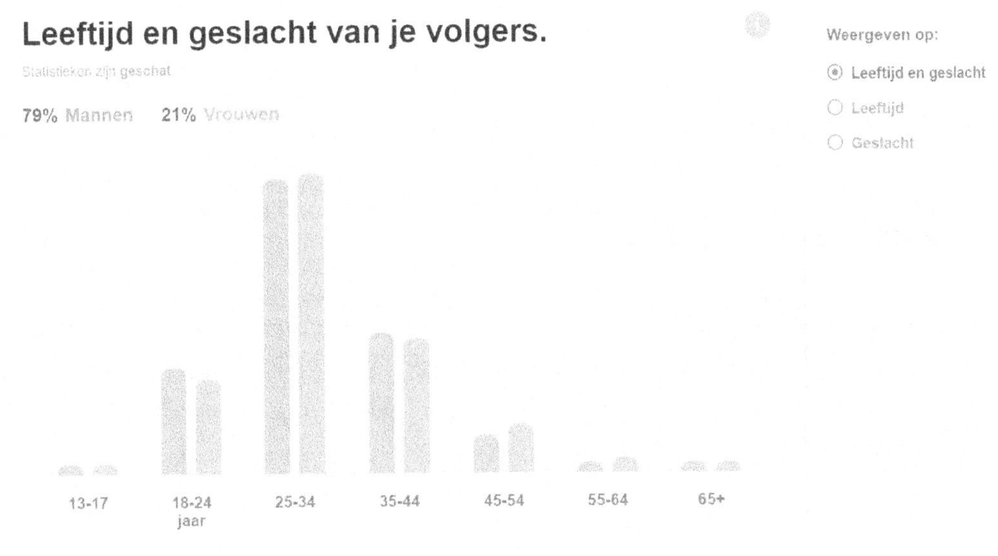

Maar de mooiste grafiek vind ik deze: wanneer je volgers Instagram gebruiken. Een duidelijk blokkengrafiek waar je in één oogopslag goed kunt zien op welk tijdstip en op welke dag mijn volgers aan het Instagrammen zijn. Deze informatie gebruik ik natuurlijk om mijn eigen berichten in te plannen.

De laatste grafiek laat zien uit welke landen en plaatsen je volgers komen.

Helaas ook hier maar weinig informatie, want je krijgt alleen de top 5 te zien, terwijl het veel interessanter is om meer landen en plaatsen te zien. Als je als bedrijf in meerdere landen aanwezig bent, dan is het natuurlijk fijn om te zien of deze landen ook jou op Instagram goed volgen.

Qua statistieken vanuit Instagram zelf is het helaas maar een karige bedoening. Je zou verwachten van een tool die in handen is van Facebook dat je daar hetzelfde niveau van de statistieken mag verwachten. Wellicht komt dat nog, maar voorlopig ben je afhankelijk van betaalde tools zoals Hootsuite, Later, Loomly of Sprout. Of kies één van de Nederlandse bedrijven Coosto en Obi4Wan. Deze socialmedia-managementtools geven veel meer inzichten over je socialmedia-kanalen en zijn zeker een verrijking van je data. Er hangt een prijskaartje aan, maar je krijgt er heel veel waardevolle informatie voor terug.

Stel jezelf doelstellingen

Meten is weten. Dat heb je inmiddels geleerd van mij. Maar het meten is maar één element. Je hebt de cijfers, maar dat zegt nog niets of je op de goede weg bent of dat het juist niet goed gaat. Het is bijvoorbeeld leuk om te zien dat het aantal volgers met 10 is gegroeid deze week, maar wat zegt dat nu? Eigenlijk niets.

Stel jezelf daarom doelstellingen, die ook **SMART** meetbaar zijn: **Specifiek, Meetbaar, Acceptabel, Realistisch en Tijdsgebonden.** Deze doelstellingen moeten ervoor zorgen dat het uiteindelijke doel van jouw bedrijf wordt behaald.

Denk dan aan de volgende doelstellingen:

- De groei van het aantal volgers van je Instagram-kanaal
- De groei van het aantal volgers in een bepaalde doelgroep (bv geslacht, in een bepaalde locatie)
- De groei van het aantal likes op de berichten die je plaatst
- Het aantal berichten dat je per week plaatst op je Instagram-tijdslijn
- Het aantal Instagram Stories dat je per dag plaatst
- Het aantal IGTV video's dat je per week/maand plaatst
- Het aantal reacties dat je per week op je berichten krijgt

Dit zijn duidelijk meetbare doelstellingen die je uit de statistieken van Instagram kunt halen. Maar denk ook aan in hoe verre jouw activiteit op Instagram bijdraagt aan de verkopen van jouw product of diensten en aan de groei van jouw bedrijf.

- Het aantal mensen dat via Instagram op jouw website komt
- Het aantal mensen dat via Instagram een product bij jou kopen
- Het aantal Instagram-accounts dat jouw specifieke hashtag gebruikt

En zo zou je nog een aantal van deze doelstellingen voor jezelf kunnen definiëren. Denk hier goed over na en zet deze op papier. Zorg ervoor dat alle doelstellingen SMART meetbaar zijn en bedenk hoe je deze doelstellingen gaat behalen. Daaruit volgt jouw Instagram-strategie.

Vergelijk elke week de cijfers uit je statistieken met de door jouw bepaalde doelstellingen. Zit je op koers? Of juist niet? Vanuit daar komt de volgende vraag:

Werkt jouw Instagram-strategie?

Je hebt naar aanleiding van het doel van je bedrijf en de doelstelling van het Instagram-kanaal een strategie bedacht. Je hebt op bepaalde tijdstippen denkbeeldige paaltjes in de grond geslagen en een pad uitgestippeld om die doelstellingen te halen. Het pad evalueer je dan zodat je ziet of de gekozen strategie werkt.

De groei van het aantal volgers van jouw Instagram-kanaal is een goed voorbeeld. Stel je hebt nu 1.000 volgers. Stel jezelf dan als doelstelling dat je over een jaar 5.000 volgers moet hebben. Dit betekent dat je in 12 maanden tijd 4.000 volgers erbij moet weten te krijgen.

Sla dan aan het einde van elke maand een paaltje met als doelstelling dat je er 334 volgers bij moet hebben. Dit betekent dat je een strategie moet gaan uitzetten om elke maand 334 volgers erbij te krijgen. Elke maand check je het aantal volgers om te bepalen of je nog op de juiste koers zit. Is dit het geval, dan kun je verder gaan met de door jouw gekozen strategie. Is dit echter niet het geval, dan is het wellicht noodzakelijk om je strategie onder de loep te nemen en deze bij te stellen.

Dit doe je met elke doelstelling die je voor jezelf hebt bepaald. Kijk niet alleen naar interne factoren die deze doelstelling bepalen (bv budget en/of mankracht), maar ook naar externe factoren. Het nieuws in de wereld kan al van enorme invloed zijn op de prestaties van jouw Instagram-kanaal. Hetzelfde geldt voor het algoritme waar Instagram regelmatig aan sleutelt.

Leer van alles wat je doet en wat er gebeurt op je Instagram-kanaal.

Checklist na hoofdstuk 18

Na het doornemen van dit hoofdstuk:

- ☐ Weet je hoe belangrijk statistieken zijn voor jouw strategie;
- ☐ Heb je gekeken waar je deze vindt;
- ☐ Heb je het bekijken van je statistieken een vast onderdeel van je werkzaamheden gemaakt;

19. Gebruik ook deze handige apps

Aanwezig zijn op Instagram betekent berichten plaatsen. Je hebt naast aantrekkelijke teksten ook afbeeldingen en video's nodig. Content die je moet creëren. En waar doe je dat dan mee? Voorheen was dat alleen voorbehouden aan bedrijven die een groot budget hadden en daarmee fotografen en complete videoteams inhuurden. En wat dacht je van alle software die aangeschaft moest worden? Software zoals Photoshop om foto's te bewerken. Premiere Pro, Final Cut Pro (Mac) en After Effects om video's te editten. Stuk voor stuk uitgebreide en dure pakketten die je ook nog maar eens moest snappen óf je moest er iemand voor inhuren die met deze pakketten uit de voeten kon. Op deze manier werken nog steeds heel veel bedrijven. En terecht. Dit is de allerbeste manier om content van hoge kwaliteit te maken en op deze manier werk ik zelf al jaren. Maar wat nou als je minder budget hebt? Wat als je nou zelf aan de slag moet gaan om content te maken?

Gelukkig kun je tegenwoordig ook met minder budget enorm veel bereiken, want er zijn talloze apps op de markt gekomen die jouw social media leven een stuk makkelijker maken. Apps waarmee je zelf je foto's verbetert of waarmee je zelf filmpjes kunt knippen en plakken. Deze zijn zo goed geworden dat ik vele van deze apps zelf ook vaak gebruik om leuke content te maken! Hoe handig is het dat ze al op je telefoon zitten. Je telefoon waarin tegenwoordig ook een kwalitatief goede camera op zit waarmee je in 4K kwaliteit prachtige foto's en video's schiet.

Instagram-apps voor fotobewerking

Ik geef je hier een lijstje van mijn favoriete apps om foto's te bewerken.

Adobe Photoshop Express (Android en iOS)

Het 'kleine' broertje van het bekendste fotoprogramma Photoshop. Deze snelle en gebruikersvriendelijke foto-editor gebruik ik dagelijks om mijn foto's nét even beter te maken en is inmiddels mijn favoriete app.

Er zit een breed scala aan foto-effecten en bewerkingsfuncties op die simpel te bedienen zijn. Je vindt heel snel je weg in deze app. Kleuren verbeteren, retoucheren, teksten plaatsen, foto's uitsnijden, filters plaatsen en indrukwekkende fotocollages. Het zit er allemaal in.

Camera +2 (iOS)

Deze app maakt van jouw iPhone een mini spiegelreflex camera met uitgebreide mogelijkheden om betere foto's te schieten dan met de standaard camerafunctie. Via deze app heb je de mogelijkheid om een specifieke lens te kiezen, om je ISO waarden aan te passen, om je witbalans te regelen en om je sluitertijd andere waardes te geven. Net zoals je doet met je DSLR-fototoestel.

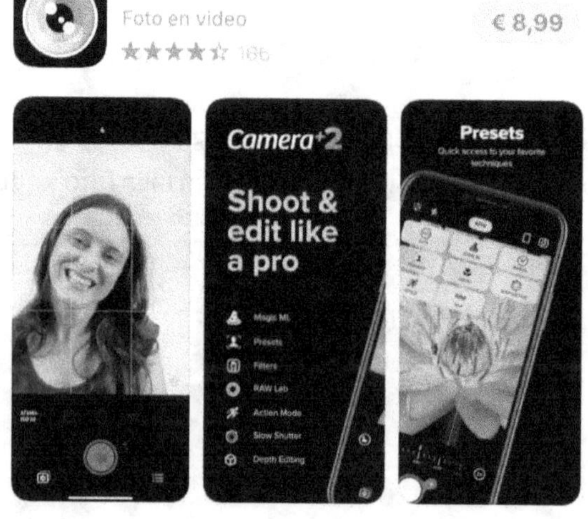

Naast deze geweldige optie is het ook mogelijk om je gemaakte foto's te bewerken. Een fijne tool die ik al jaren gebruik.

Snapseed (Android en iOS)

Snapseed is weer een andere fotobewerkings-app die je de mogelijkheid biedt om je foto's te verbeteren. Deze app zit barstensvol geweldige filters om jouw foto's een eigen look te geven. Van 'Glamour Glow' tot 'Retro', van 'Grunge' tot speciale filters voor een portret; de keuze is gigantisch en bij elke optie heb je nog eens de mogelijkheid om je filter naar je eigen smaak aan te passen. Een aanrader om te proberen.

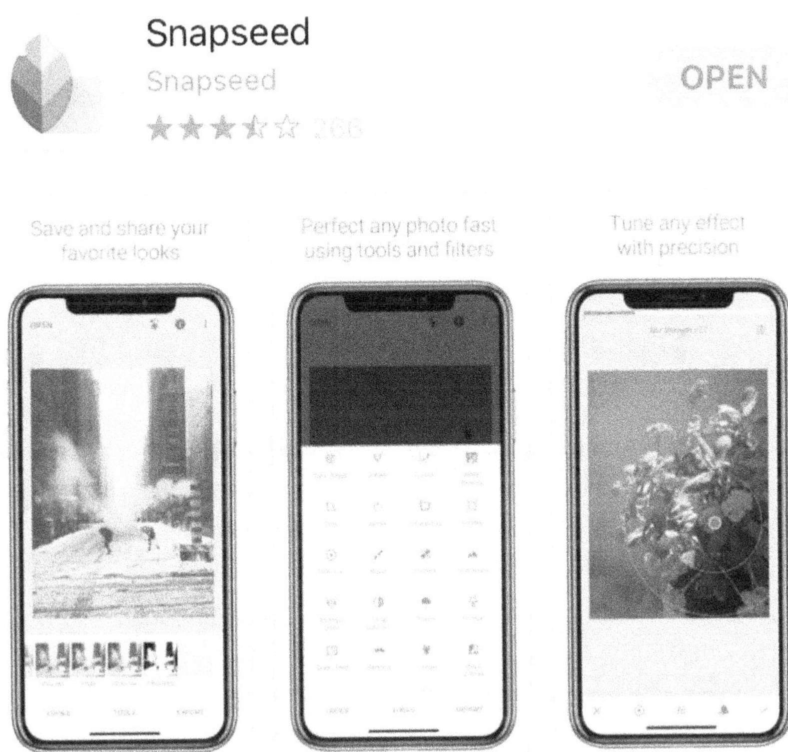

Canva (Android en iOS)

In het lijstje van apps mag Canva simpelweg niet ontbreken. Deze bekende website heeft een app en die geweldig is. Met Canva kan iedereen professionele ontwerpen maken. Het is gemakkelijk te gebruiken én gratis. Deze app zit boordenvol geweldige templates die je heel simpel kunt aanpassen naar jouw behoeften. Maar liefst 50.000 sjablonen staan klaar voor je om te gebruiken.

Alles is al op maat gemaakt, dus je hoeft je geen zorgen te maken over de formaten voor je feed of voor je Stories. Dat zit al in deze tool.

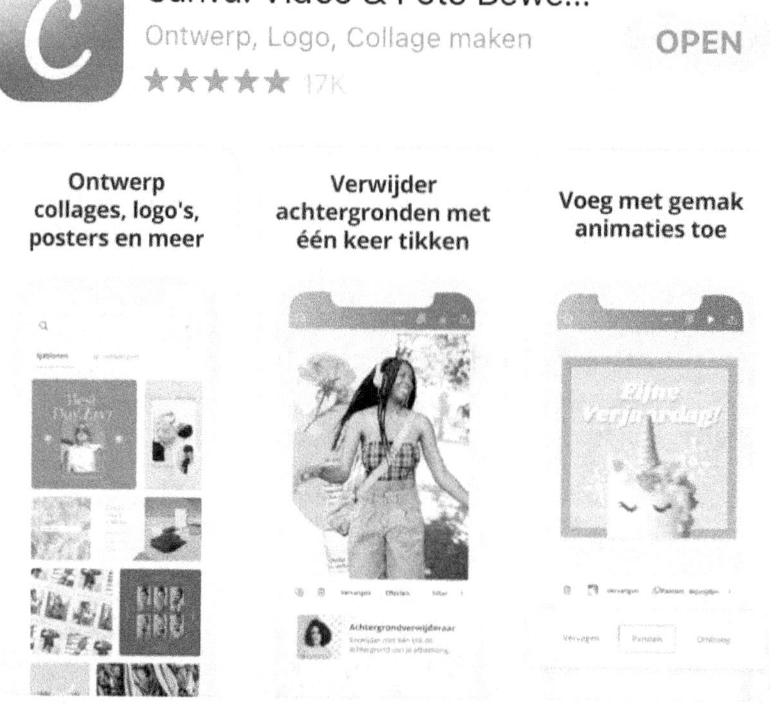

Ga niet compleet los met alle mogelijkheden die Canva heeft. Dat gevaar ligt op de loer met zoveel templates. Gebruik in plaats daarvan consistent een paar afbeeldingsformaten en lettertypes die bij jouw huisstijl passen Zo zorg je dat je volgers je content altijd herkennen.

Deze app is niet alleen handig voor het gebruik voor Instagram, maar kent nog veel meer mogelijkheden, zoals het ontwerpen van posters, flyers, fotocollages, visitekaartjes en ga zo maar door. Een echt Zwitsers zakmes dat handig is voor elke socialmedia-gebruiker.

Ik gebruik naast de bekende versie van Canva ook af en toe de speciale versie voor Stories: Canva: IG Story, Video Collage. Dit is een andere app van Canva.

Instagram Layout (Android en iOS)

Even snel een paar foto's bij elkaar in een collage zetten? Dan pak ik altijd Instagram Layout. Simpel, snel en klaar. Verwacht verder geen indrukwekkende mogelijkheden van deze app, maar voor dit soort kleine klusjes is het ideaal om te gebruiken.

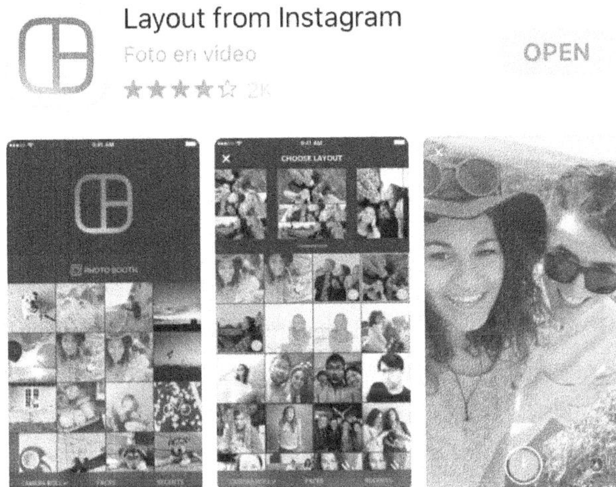

Adobe Lightroom (Android en iOS)

Een andere app van de makers van Photoshop en voor alle professionele fotografen onder ons geen onbekende: Adobe Lightroom. De tool waarmee elke fotograaf op zijn/haar Mac of PC werkt, en alleen daarom al mag deze niet in mijn rijtje ontbreken. Niet alleen heeft deze app geweldige presets waarmee je op een hele simpele en snelle manier je foto's aanpast, maar je kunt dit ook allemaal handmatig doen, tot in detail. Lightroom is een fijne tool om mee te werken en hij zorgt ervoor dat je foto's van het scherm afspatten. Ook deze tool van Adobe is een aanrader om mee te werken.

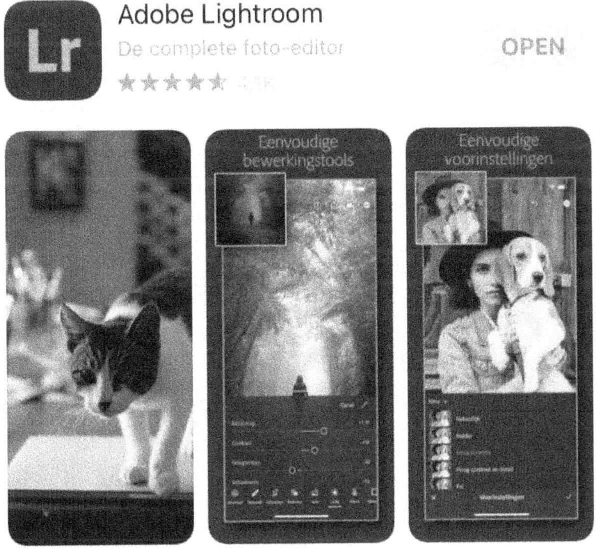

Instagram-apps voor videobewerking

Je Instagram-strategie kan niet zonder video's. Video is hotter dan hot en het is een must om video's te plaatsen. Hier mijn lijstje van apps die ik gebruik voor het bewerken van video.

Quik (Android en iOS)

Van de makers van de GoPro: Quik. Een superhandige app met een flink aantal verschillende templates waarmee je ontzettend makkelijk je eerste filmpjes in elkaar zet. Schiet diverse scenes (korte filmpjes) en laat Quik zelf deze achter elkaar zetten met bepaalde overgangen en filters. Zet er tekst op, kies je muziek erbij, bepaal de lengte en het formaat (16:9, vierkant of 9:16 voor je Stories) en klaar is je filmpje.

Deze videostijlen zijn de eerste stap als je deze app gebruikt, maar als je dieper onder de motorkap van deze app gaat kijken, dan zie je dat je alle scenes zelf handmatig nog kunt aanpassen. Daardoor krijg je meer controle over het eindresultaat. Ga ermee spelen, deze app is meer dan de moeite waard om de eerste stappen te nemen voor wat betreft het bewerken van video's. Quik is één van de eenvoudigste apps om prachtige video's te maken.

Nee, je hoeft geen GoPro te hebben om met deze video-editor aan de slag te gaan. Deze app pakt ook de filmpjes én foto's van je telefoon.

Splice (Android en iOS)

Ben je uitgespeeld met Quik? Ga dan een stapje verder met Splice. *'Simple yet powerful'* zeggen ze zelf en daar ben ik het helemaal mee eens. Deze app is eenvoudig te gebruiken en laat gebruikers HD-foto's en video's bewerken tot video's van professionele kwaliteit die uitstekend geschikt zijn om via Instagram te delen. De app biedt vele functies, waaronder overgangen, tekst-overlays, geluidseffecten, achtergrondmuziek en zelfs voice-over functie. Het biedt diverse kleurenfilters en je hebt de mogelijkheid om de afspeelsnelheid te vertragen zodat je een slowmotion-effect krijgt, wat erg cool kan zijn in je video.

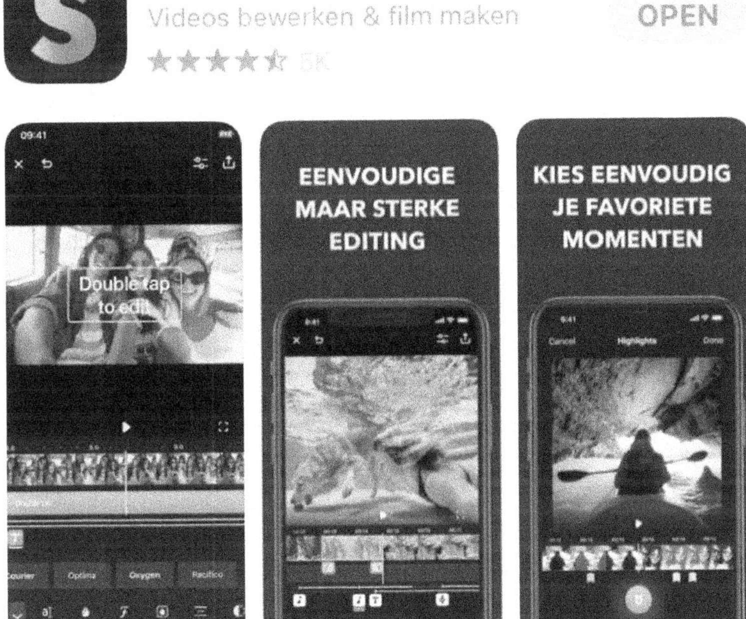

Het fijne van Splice is dat je verschillende lagen op elkaar kunt zetten, net als bij professionele videosoftware. Een app waarmee je eenvoudig hoge kwaliteit filmpjes maakt.

Adobe Premiere Rush (Android en iOS)

En dan de grote jongens. Adobe Premiere Rush is wat mij betreft één van de allerbeste videobewerkings apps die op de markt is. Het is werkelijk één complete video-app waar alles inzit dat je nodig hebt om video's te bewerken. Deze app is een afgeleide van de al bekende video software Adobe Premiere waar veel filmmakers mee werken. Het bewerken van video's werkt ontzettend makkelijk, met name voor de gebruikers die al bekend zijn met het softwareprogramma.

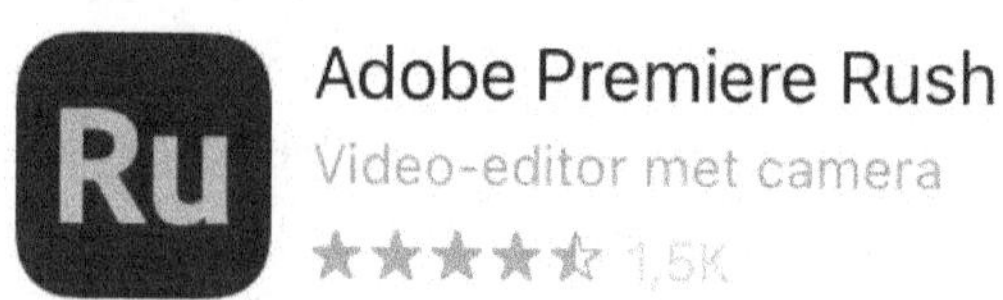

Het knippen en bewerken van video's gaat razendsnel en erg intuïtief. Je hebt de mogelijkheid om meerdere lagen video én geluid te gebruiken. Perfect voor bijvoorbeeld een beeld-in-beeld, een vaststaand logo ergens in een hoek of een lower-third onderin beeld waar je een naam en/of functie van een persoon zet.

Je hebt ook de mogelijkheid om de audio van een bepaalde scene af te halen. Dit is perfect voor fragmenten in je film waarin je alleen muziek wilt hebben óf waar je een eigen voice-over achter wilt plaatsen.

Kortom, deze app is echt de moeite waard om te gebruiken. Ga er een tijd mee spelen en je komt er vanzelf achter wat de kracht is van deze app.

InShot (Android en iOS)

Deze fantastische video-editor ben ik pasgeleden op het spoor gekomen. Dit is één van de beste Instagram-apps die er zijn voor videobewerking, vooral omdat het zo uitgebreid is. Je kunt videoclips trimmen, knippen, splitsen, samenvoegen en bijsnijden. Verder heeft deze app ontzettend coole overgangen die ook heel makkelijk zijn toe te passen. Hij heeft veel foto- en videofilters die je op je clip kunt leggen waarmee je een eigen look creëert.

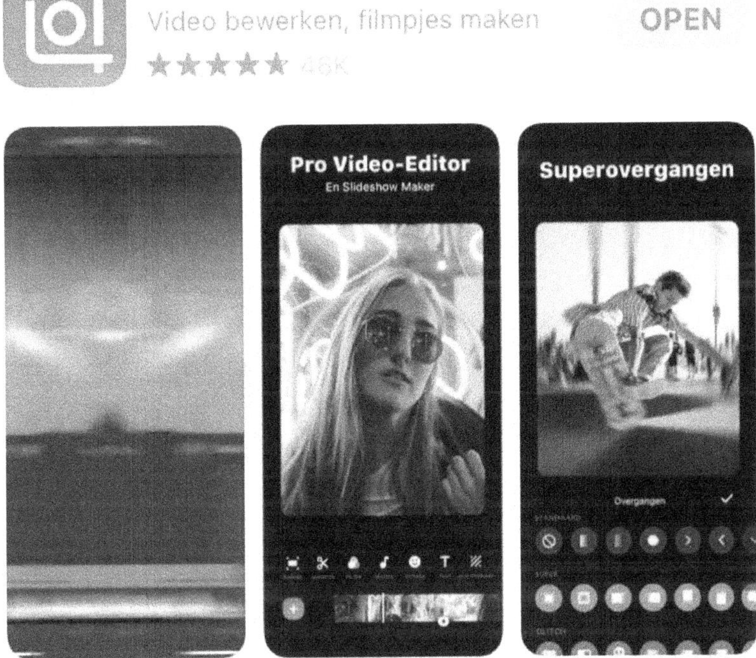

Deze app is perfect voor het bewerken van video's voor Instagram-posts, IGTV en Stories, maar ook video's voor andere socialmedia-platforms zoals Facebook, Twitter en YouTube. Net als bij Adobe Premiere Rush moet je wel er even voor gaan zitten voordat je alles onder controle hebt, maar als je eenmaal snapt hoe alles werkt, dan is de *sky the limit!*

Kinemaster (Android en iOS)

Nu we het toch over professionele video-apps hebben. Kinemaster mag daar zeker niet in ontbreken. Deze app is net als Premiere Rush en InShot een alles-in-één app voor video's op Instagram. En het heeft iets wat de andere twee niet in huis hebben: volledige ondersteuning voor 'greenscreens'! Hoe cool is dat! Zie je de mogelijkheden al voor je?

Naast deze fantastische functie heeft het ook ontzettend veel bewerkingsopties waar je mee kunt spelen. Verder alle andere opties die je mag verwachten van een professionele app. Zelfs de mogelijkheid om je eigen voice-over toe te voegen. Deze app raad ik dan ook aan om uit te proberen.

Instagram Hyperlapse (iOS)

Een aparte video-app van Instagram zelf die niets anders doet dan een time-lapse maken. Dat is het! Maar dat doet deze app zo geweldig goed, dat ik deze altijd gebruik om zo'n time-lapse-video te maken. De app heeft een ingebouwde stabilisatie, dus je kunt hem ook gebruiken als je in beweging bent, bijvoorbeeld al filmend vanuit een auto.

Met deze app film je een lange periode, en daar maak je dus een heel snel kort filmpje van. Je hebt zelf de mogelijkheid om de snelheid van het opgenomen filmpje aan te passen. Dit kan tot 12 keer de originele afspeelsnelheid.

Ik gebruik deze app voor als ik een time-lapse wil maken van bijvoorbeeld een opbouw van een podium voor een evenement, bij het vollopen van een zaal (club of café), maar ook als ik aan het schrijven ben achter mijn laptop. Je krijgt hartstikke leuke video's die het goed doen op Insta. Probeer het uit en laat je creativiteit de vrije loop.

Instagram Boomerang (Android en iOS)

En nog een app van Instagram. Eentje die al als tool aanwezig is in Instagram zelf: de Boomerang! Het enige wat deze app doet is korte loopvideootjes maken. Maar die loopvideootjes kunnen heel erg de aandacht van een gebruiker pakken als je het goed aanpakt.

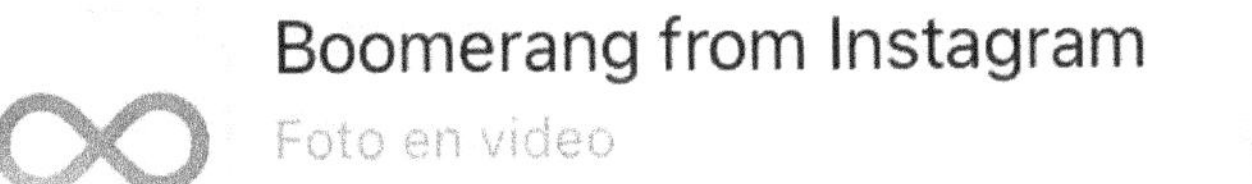

Download en installeer de app en ga er gewoon mee spelen. Wedden dat je er wat leuks mee maakt?

MixCaptions (iOS)

Het grootste gedeelte van de gebruikers van Instagram scrolt door de tijdslijn met het geluid uit. Dit is ontzettend belangrijk om te weten voor wanneer jij video's maakt. En vergeet trouwens niet dat er een hele grote groep mensen doof of slechthorend is. Daar is een ondertiteling onmisbaar voor. In Nederland zo'n 1,5 miljoen mensen en in België is dat 0,5 miljoen. Ondertiteling is wat mij betreft een must! Laat daar nou een ontzettend makkelijke app voor zijn om ondertiteling bij een filmpje te plaatsen, namelijk Mixcaptions. Laad je video in en laat deze app de ondertiteling automatisch genereren. Ideaal! En naderhand kun je deze nog aanpassen naar behoefte. Zo heb je heel snel je ondertiteling geregeld.

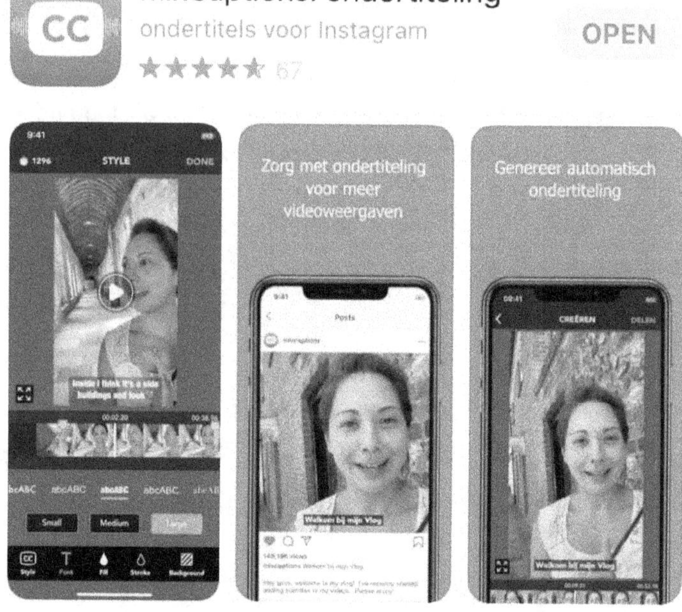

Je kunt het lettertype wijzigen, de kleur ervan en ook het formaat. Ook de achtergrondkleur van je ondertiteling kun je bewerken. Een must dus voor iedereen die met video bezig is. Deze app is alleen voor iOS beschikbaar. Gebruik de app **Autocap** voor wanneer je een Android toestel hebt.

Rechtenvrije muziek

Videocontent is tegenwoordig niet meer weg te denken in de socialmedia-strategie van een bedrijf of organisatie. Video is hot! Er worden grote budgetten voor vrijgemaakt en er wordt een camerateam ingehuurd om het filmpje te schieten en te bewerken. Maar als je weinig of geen budget hebt, dan kun je gemakkelijk zelf aan de slag! Een video maken voor je socialmedia-kanaal is superleuk om te doen. Met een smartphone waar een goede camera op zit kom je al een heel eind. Je hebt net al een waslijst met videobewerkings-apps gezien waar je mee aan de slag kunt.

Maar wat is een video zonder (achtergrond)muziek? Ik geef je een lijst met mijn favoriete websites waar je rechtenvrije muziek kunt downloaden, die jou helpen je video professioneler te maken.

Waarom rechtenvrije muziek?

Als je muziek in je video wilt gebruiken, dan is het noodzakelijk dat deze rechtenvrij is. Veel nummers mag je niet zomaar gebruiken omdat je de auteursrechten van de componist/artiest daarmee schendt. Voor veel muziek moet je een licentie kopen. Je kunt dus niet willekeurig een nummer uit de Top 40 pakken en deze achter je video plakken. Dus zet niet zomaar jouw favoriete plaat van Madonna, Kate Perry of Metallica achter je video, want dan schend je de auteursrechten en zul je flink moeten betalen. Of het wordt simpelweg al bij het uploaden uit je video gehaald. Je zal bij het uploaden van je video op Instagram (maar ook op Facebook en YouTube) gelijk een boodschap zien dat de muziek gedempt is vanwege het schenden van deze rechten. Het mag dus echt niet.

Gelukkig zijn er veel websites waar je muziek kunt downloaden die je wél mag gebruiken en waar het auteursrechtelijk goed geregeld is. Sommige hebben gratis muziek, bij anderen zul je een kleine vergoeding moeten betalen. Ik zet mijn favorieten even op een rijtje voor je.

Audiojungle

Ik trap dit lijstje af met één van de bekendste plekken om rechtenvrije muziek te downloaden, namelijk Audiojungle. Deze site is een onderdeel van Envato. Een website waar je enorm veel interessante digitale hulpmiddelen kunt vinden, zoals templates voor videocommercials, stockfoto's en nog veel meer. Audiojungle is de audiotak van deze website en zit bomvol geweldige nummers én soundeffects die je rechtenvrij kunt gebruiken voor je video.

Er zit echter wel een prijskaartje aan het gebruik hiervan en dat varieert per nummer. Heb je budget om muziek aan te schaffen, dan is Audiojungle een goede keuze om te gaan zoeken.

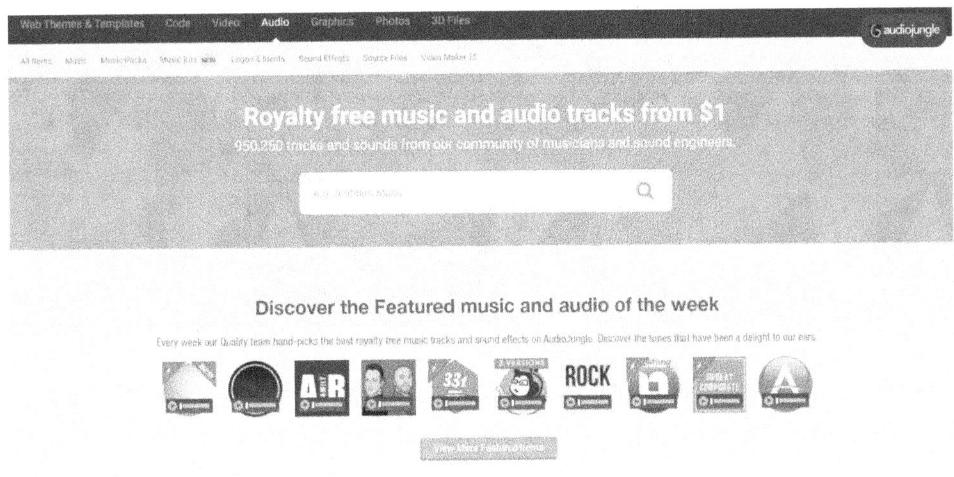

Audiojungle is enorm uitgebreid en bevat naast 22 verschillende genres ook diverse music packs die je kunt downloaden. In zo'n musicpack zitten dan diverse tracks in hetzelfde thema. Ideaal als je iets gevonden hebt waar je blij mee bent.

Het mooie van Audiojungle is het feit dat je alvast een preview van een nummer kunt downloaden en gebruiken in je filmpje. Op deze manier kom je er direct achter of het nummer past ja of nee. In het preview-nummer zit uiteraard wel een audio-watermerk van Audiojungle, zodat je dit nummer niet stiekem kunt gebruiken. Na aanschaf wordt het watermerk verwijderd.

Link: https://audiojungle.net/

Epidemic Sound

Mijn favoriete plek om rechtenvrije muziek te vinden is Epidemic Sound. Ik ontdekte deze website doordat GoPro een samenwerkingsverband met deze website heeft. Vanaf het eerste moment dat ik hierop kwam, was ik gelijk verkocht. De website is rustig en overzichtelijk. De keuze uit diverse soorten genres is ideaal. Maar liefst 25 verschillende genres staan voor je klaar om uit te kiezen. Wat ook gemakkelijk is: je kunt kiezen uit 24 verschillende soorten stemmingen, zoals 'vrolijk', 'romantisch', 'laid back' of 'droevig'. Op dit moment staan er al meer dan 30.000 titels in hun bibliotheek. Jouw keuze zit hier vast tussen.

Het is allemaal gratis voor persoonlijk, niet-commercieel gebruik. Wil je het voor commerciële doeleinden gebruiken, dan betaal je € 49 per maand. Dit betekent wanneer jij direct of indirect inkomsten werft dankzij het filmpje dat je plaatst (met de muziek eronder), dat je de muziek commercieel gebruikt. Het enige wat je hoeft te doen is de beste tracks voor je video te vinden. Probeer het anders uit. Ze hebben een 30 dagen gratis plan waar je je voor moet registreren.

Link: https://www.epidemicsound.com/

YouTube Audiolibrary

Deze mag natuurlijk niet ontbreken in het lijstje. Het is de eerste plek waar ik rechtenvrije muziek vandaan haalde: de YouTube audiolibrary. Een enorm uitgebreide bibliotheek met ontzettend veel nummers waar je uit kunt kiezen. Naast hele nummers is er ook een sectie met geluidseffecten die je kunt gebruiken in je video.

Minpunt van deze website is dat je niet lekker makkelijk kunt vinden waarnaar je zoekt. Het ziet er allemaal een beetje out-dated uit en de meeste nummers lijken op elkaar. Maar wie weet zit er voor jou het juiste nummer tussen.

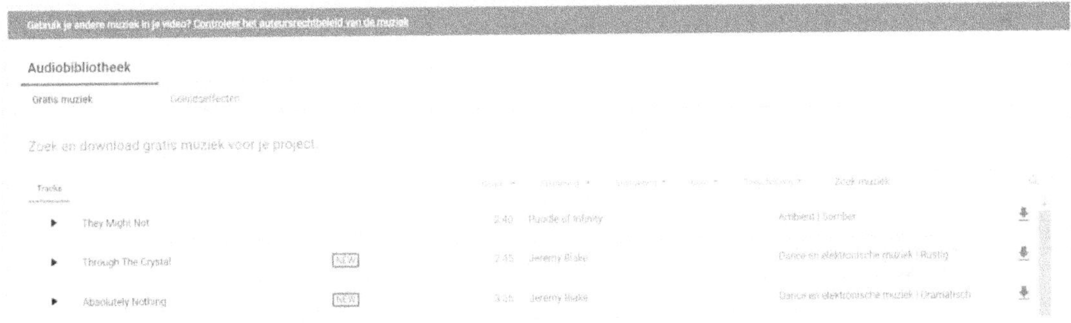

Goed om te weten dat je niet verplicht bent om je video op YouTube te plaatsen om gebruik te mogen maken van deze bibliotheek.

Link: https://www.youtube.com/audiolibrary/

Incompetech

Laat je niet afschrikken door het lelijke design van de homepagina. Want zodra je écht gaat zoeken op deze website, kom je in een overzichtelijke pagina terecht waar alle nummers duidelijk staan weergegeven. Click snel op de button **Royalty free music** en de buttons met diverse genres staan op je te wachten. Klik je op één van die buttons, dan pas kom je onderstaand overzicht binnen.

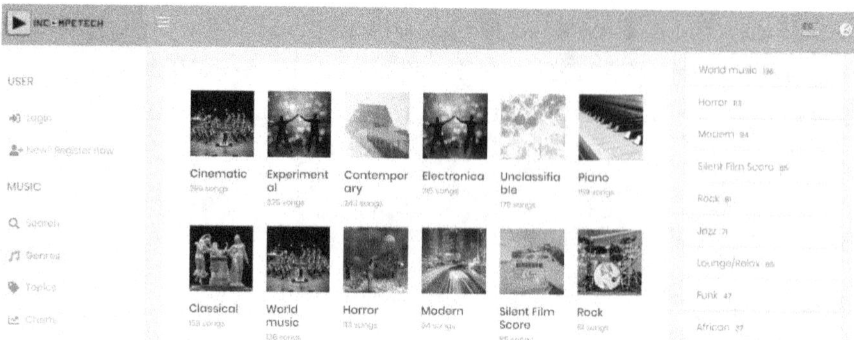

Alle nummers zijn instrumentaal en onder vermelding van de maker Kevin MacLeod gratis te gebruiken in je video's.

Link: https://incompetech.com/

Artlist

Een website die flink aan de weg timmert en welke ik pas recent op het oog heb is Artlist. De website ziet er goed uit en het is gemakkelijk zoeken naar de juiste song voor je video. De muziek wordt uitsluitend door professionele artiesten gemaakt en dat is ook te horen. De kwaliteit van de tracks is erg hoog. Ook bij deze website kun je gemakkelijk zoeken op zowel genre als thema. Een fijne optie is dat je de nummers op tempo kunt sorteren.

Bij Artlist betaal je niet per nummer of per maand, maar zij opteren voor een jaarabonnement. Voor $ 199 per jaar heb je dan volledige toegang tot alle muziek op Artlist. De nummers die je download mag je onbeperkt en je hele leven lang gebruiken en je mag zo veel nummers downloaden als je zelf wilt.

Ben je van plan om vaak gebruik te maken van muziek in je video's? Dan is Artlist zeker de moeite waard om te bekijken. Wellicht zit er voor jou de juiste nummers tussen.

Link: https://artlist.io/

Checklist na hoofdstuk 19

Na het doornemen van dit hoofdstuk:

- ☐ Heb je diverse apps voor foto's bewerken geïnstalleerd;
- ☐ Heb je diverse apps voor video's bewerken geïnstalleerd;
- ☐ Weet je waar je rechtenvrije muziek voor je video's vandaan haalt;

Dankwoord

Yes! Mijn allereerste boek is klaar! Wat een overweldigend gevoel van blijdschap geeft dit. Ik had nooit verwacht dat ik in mijn leven een boek zou gaan schrijven, laat staan dat ik het zo ontzettend leuk zou gaan vinden en zelfs al zit te denken aan het volgende onderwerp.

Mijn dank gaat daarom uit naar mijn kanjer van een echtgenote: Corinne, die mij geïnspireerd heeft om aan dit avontuur te beginnen. Zoals met elke avontuurlijke reis die we samen ondernemen daagde zij mij ook in dit project weer uit om verder te gaan dan de voor mij bekende grenzen. Ze heeft mij tijdens dit hele proces van schrijven ondersteund met adviezen, ze heeft mij aangehoord als ik het even niet meer wist, en ze heeft mij glimlachend gadegeslagen als ik opeens weer een creatieve brainwave kreeg en de trap op rende om achter mijn computer te gaan zitten om verder te schrijven (dit gebeurde regelmatig 😊). Zonder haar geweldige liefde en support was dit boek er nooit gekomen. Dank je wel lieverd. Ik hou van je.

Tevens wil ik mijn redacteur Roelof bedanken die dit boek van A tot Z heeft geredigeerd. Hij heeft mijn eindeloze energie goed weten te vatten en alle cijfers en letters perfect op zijn plaats gezet. Dank daarvoor.

Verder wil ik al mijn klanten bedanken die mij enthousiast hebben gemaakt om al mijn kennis op papier toe te vertrouwen. Velen van jullie zie ik elke dag positief bezig zijn met social media en mede daardoor zie ik jullie ondernemingen groeien. Het werkplezier spat ervan af. Ik ben blij voor jullie!

Tot slot wil ik jou bedanken dat je dit boek hebt gekocht én hebt gelezen. Ik hoop dat ik je op weg heb geholpen met al mijn kennis en ideeën en met alle voorbeelden van berichten die ik heb verzonnen. Je hebt de eerste stap gezet, nu is het tijd om al het geleerde in de praktijk te brengen.

Ik wens je ontzettend veel plezier én succes op Instagram. Aan de slag! 😁

Over de auteur

Al sinds 2000 werkt Rik Keijzer als internet-expert in de wereld van media & entertainment, horeca, toerisme en evenementen. Hij traint en adviseert bedrijven op het gebied van social media (Instagram, Facebook, YouTube), websites, online- en contentmarketing, en met het opzetten en uitvoeren van hun socialmedia-marketing en strategie.

Rik heeft gewerkt voor Walt Disney Benelux, Dance Valley, Dutch Valley, Ground Zero Festival, Dam tot Damloop, de Amsterdam Marathon en de halve marathon van Egmond. Daarnaast heeft hij samengewerkt met internationale artiesten als Armin van Buuren, Carl Cox, Ferry Corsten en DJ RAM. Zowel privé als zakelijk is hij de partner van LinkedIn-expert Corinne Keijzer met wie hij samen Digital Moves runt.

Workshops, sprekerssessies en trainingen

Op zoek naar de meest recente, interessante trainingen en workshops op gebied van social media? Wij zijn bij Digital Moves altijd volop in ontwikkeling. Ons doel is om kennis op een inspirerende manier te delen, zodat je dit direct in de praktijk kunt brengen binnen jouw bedrijf!

Via Digital Moves bieden we verschillende workshops, trainingen en sprekerssessies aan met verschillende doelen en voor verschillende doelgroepen. Onze trainers, sprekers en partners hebben jarenlang op het allerhoogste niveau binnen allerlei bedrijfstakken gewerkt en kennen als geen ander het digitale landschap. Al deze ervaring en kennis delen zij vol passie met talloze bedrijven en professionals.

De trainingen vinden plaats bij ons in Amersfoort of incompany bij jou binnen je bedrijf. Het is maar net wat je wilt. Zie voor meer informatie: https://www.digitalmoves.nl/

Online trainingen

Met de online videotrainingen van de Digital Moves Academy hoef je zelfs helemaal niet meer de deur uit. Kies je eigen training en leer lekker op je gemak achter je laptop, tablet of smartphone over alle ins en outs van de diverse socialmedia-platformen. Onze digitale specialisten delen al hun ervaringen met je!

Video én e-book
Naast de online training krijg je toegang tot meer lesmateriaal, zoals een e-book.

Topkwaliteit video: alle trainingen zijn in Full HD kwaliteit opgenomen voor de beste leerervaring.

Nederlands
Alle video's, teksten en e-books zijn in het Nederlands en voor iedereen te volgen.

Leren in je eigen tempo
Je bepaalt zelf wanneer jij wilt leren.

Certificaat
Je krijgt na elke training die je succesvol volbrengt een certificaat!

Bekijk alle video trainingen op https://www.digitalmoves.nl/